Alexander Rykow
Das Eselskind

Alexander Rykow

Das Eselskind

Re Di Roma-Verlag

Bibliografische Information der Deutschen Nationalbibliothek:
Die Deutsche Nationalbibliothek verzeichnet diese Publikation in der Deutschen Nationalbibliografie; detaillierte bibliografische Daten sind im Internet über http://dnb.ddb.de abrufbar.

ISBN 978-3-86870-432-7

Umschlagillustration: Dirk Nagel

www.rediroma-verlag.de
15,95 Euro (D)

Mariam und Dirk gewidmet,
ohne die dieser Roman niemals geschrieben worden wäre
und die mich immer dann unterstützt haben, wenn ich aufgeben wollte.

Inhaltsverzeichnis

Vorwort

„Ich komme, ich weiß nicht, von wo? Ich bin, ich weiß nicht, was? Ich fahre, ich weiß nicht wohin? Mich wundert, dass ich so fröhlich bin."
Heinrich von Kleist

Deutschland 1948:
Ein Junge wird geboren und betritt klein, zart, zerbrechlich, doch voller Hoffnung und Mut diese Welt.
Doch seine Erwartungen werden bitter enttäuscht, seine Wünsche bleiben unerfüllt.
Seine Seele wird ermordet, sein Körper geschändet, nur eines gelingt nicht:
Die Vergewaltigung seines Denkens.
Nicht der Gedanke an Rache lässt den Jungen weiterleben, sondern der unbesiegbare Eigenwille, zu überleben und das Glück zu finden.
Wie es ihm gelingt, den Glauben an das Gute nicht zu verlieren und dem Bösen die Macht zu nehmen, das ist die überaus spannende Geschichte dieses Romans!
Alle in diesem Roman geschilderten Begebenheiten entsprechen der Wahrheit.
Um aber die beteiligten Personen zu schützen, wurden in vielen Fällen die angegebenen Orte verfremdet und die genannten Personennamen geändert.
Die geschilderten Begebenheiten beruhen auf jahrelangen intensiven Recherchen, langen und intensiven Interviews mit den beteiligten Haupttätern und auf den eigenen überaus schmerzvollen Erinnerungen.

Alexander Rykow

Zeit des Schreckens

Kapitel 1

1963 / 1948
Traum und Wirklichkeit

„Schule ist wie die Gesellschaft: Böse. „...das Böse kommt nicht aus böser Absicht, sondern als Ergebnis einer chemischen Reaktion, die einsetzt, wenn lauter Einzelne zur Gruppe, zur Gesellschaft werden und sich nun einen ausgucken, an dem sie ihre Gemeinsamkeit zeigen können, nämlich indem sie diesen ausschließen und zum Opfer machen."
DIE ZEIT 33/2003

„Schmeckt es Ihnen?"
Ich war tief darin versunken, aus dem mannshohen Fenster der Bremer Jugendherberge meinen nachdenklichen Blick über die Weser schweifen zu lassen. Eine kleine Schiffssirene heulte. Ein schwer beladenes Binnenschiff und ein kleines wendiges Motorboot zogen aneinander vorüber.
„Schmeckt es Ihnen?" – Wieder drang die freundliche Stimme zu mir durch und dieses Mal nahm ich sie wahr und erwachte langsam aus meiner Gedankenfülle. Ein junger Mann stand direkt vor meinem Tisch und stellte sich mir als Küchenchef der Bremer Jugendherberge vor.
Ich muss diesen jungen Mann so fassungslos angeschaut haben, dass er, der noch gar keine Antwort auf seine Frage bekommen hatte, eine weitere Frage nachschob: „Habe ich vielleicht etwas Falsches gesagt?"
Inzwischen war ich aus meinem Gedankennebel wieder ganz in der Wirklichkeit angekommen: „Nein, nein!", beschwichtigte ich den jungen Mann, „Sie haben gar nichts Falsches gesagt. Ihre Frage und die Tatsache, dass Sie Küchenchef der Bremer Ju-

gendherberge sind, haben nur alte, fast vergessene, tief verwurzelte Erinnerungen in mir wach gerufen an die Jugendherbergen der 1960er Jahre."
Ich bat den jungen Mann, so es denn seine Zeit erlaube, doch einen Moment Platz zu nehmen, und da er außerordentlich daran interessiert war, mehr darüber zu erfahren, wie der Alltag in den Jugendherbergen der 1960er Jahre ausgesehen hatte, entspann sich zwischen uns in der Folge ein fast einstündiges intensives Gespräch. Das Ganze geschah an einem sonnendurchfluteten Sonntagmorgen und ich war zu einem Brunch in die Bremer Jugendherberge geradelt.
Brunch -- das ist eine wunderbare Kombination aus Frühstück und Mittagessen, eine einzige Schlemmerei, die sich über gut zwei Stunden hinzieht!
Das Besondere für mich daran war die Örtlichkeit, die Jugendherberge. Um den gewaltigen Unterschied zwischen den Jugendherbergen der 1960er Jahre und den heutigen Jugendherbergen zu charakterisieren, reicht der sprichwörtliche Vergleich vom Unterschied wie Tag und Nacht nicht annähernd aus, die Unterscheidung zwischen Himmel und Hölle scheint mir da doch schon wesentlich geeigneter und kennzeichnender. Die gravierenden Unterschiede zwischen den heutigen und den damaligen Jugendherbergen lassen sich in vier markanten Punkten beschreiben:

Die Gebäude

Bei den heutigen Jugendherbergen handelt es sich, wie bei der Bremer Jugendherberge, in der Regel um helle, moderne und funktionale Gebäude, oder aber sie wurden gründlich renoviert, mit hellen großen Zimmern, von denen jedes über eine eigene Duschzelle verfügt, die selbstverständlich abschließbar ist und so persönliche Intimität ermöglicht.

Zusätzlich gibt es z.B. Seminarräume, Aufenthaltsräume, einen Fernsehraum und die Möglichkeit, das Internet zu nutzen. Bei den Jugendherbergen der damaligen Zeit handelte es sich meistens um Altbauten mit dem Flair von heruntergekommenen Kasernen. Ihr Bild wurde bestimmt durch düstere Flure, dunkle Farben und große Zimmer mit zahlreichen Etagenbetten aus Stahl und einem Stahlfederrost, der bei jeder Bewegung knarrte. Die Fußböden waren meist mit PVC ausgelegt und verströmten den betörenden Duft einer Mischung aus Bohnerwachs und Sagrotan. Bei den Duschen handelte es sich um Gemeinschaftsduschen, die zwar streng nach Jungen und Mädchen getrennt waren, die aber durch ihre völlige Öffentlichkeit keinerlei Intimität gestatteten.
Es ist an dieser Stelle wichtig, auf einen besonderen Umstand hinzuweisen, der für die baulichen Zustände der damaligen Jugendherbergen verantwortlich war und der auch Auswirkungen auf die folgenden drei Punkte hatte:
Anfang der 1960er Jahre standen noch nicht die finanziellen Mittel zur Verfügung, die heute vom Jugendherbergswerk eingesetzt werden können. Außerdem mussten sowohl die Übernachtung als auch die Verpflegung sehr preisgünstig sein, weil die Benutzer der Jugendherbergen aufgrund der erst langsam beginnenden wirtschaftlichen Erholung nach dem Zweiten Weltkrieg noch nicht sehr viel für die Unterkunft und das Essen bezahlen konnten.

Die Verpflegung

In den Jugendherbergen der heutigen Zeit werden zum Frühstück, zum Mittagessen und zum Abendessen reichhaltige leckere Büfetts für alle Geschmacksrichtungen angeboten. Das Frühstück bietet mehrere Sorten Brot, Brötchen, Cornflakes, Müslis, mehrere Sorten Kaffee, diverse Sorten Tee, etliche Sorten Marmelade, Rührei, darüber hinaus Käse, Wurst und Nuss-

Nougatcreme als Brotaufstrich, um nur eine kleine Auswahl zu benennen. Auch die Mittags- und Abendbüfetts bieten eine reichhaltige Auswahl und es wird selbstverständlich bei dem Angebot auch Rücksicht auf solche Menschen genommen, die z.B. kein Schweinefleisch essen oder sich rein vegetarisch ernähren möchten.
Mit den Jugendherbergen der 1960er Jahre verbinde ich vor allem feuchtes, nicht sehr wohlschmeckendes Graubrot und eine manchmal undefinierbare, vor allem nach sehr süßem Zucker schmeckende Sorte Marmelade zum Frühstück, dazu den unvermeidlichen Hagebutten- oder Pfefferminztee, der in großen Blechkannen auf die Tische gestellt wurde und irgendwie immer ein klein wenig nach Abwaschwasser schmeckte.
Eier, Brötchen und dergleichen Luxusartikel gab es nur an hohen Feiertagen oder sonntags. Mittags wurde eine Mahlzeit serviert, nach dem Motto: Friss oder stirb. Wer das angebotene Mittagessen nicht verzehren mochte, - aus was für Gründen auch immer - hatte keine weitere Auswahl und musste bis zum Abendbrot hungrig bleiben. Waren Wanderungen angesetzt, wurden statt des Mittagessens Brotstullen, wahlweise mit Käse oder Wurst belegt, ausgegeben.

Der Service

In den heutigen Jugendherbergen ist genügend Personal vorhanden, das die Ankunft und Abfahrt der Gäste regelt, das für die Reinigung der jeweiligen Herberge sorgt und das die Mahlzeiten zubereitet. Die Gäste haben nur wenige Pflichten, so z.B. nach den Mahlzeiten ihr Geschirr an einem Sammelpunkt abzustellen.
In den 1960er Jahren war das völlig anders. Der Herbergsvater hatte kaum Personal, das ihm zur Hand ging. In der Regel wurden alle anfallenden Arbeiten von dem Herbergsvater, seiner Frau, einigen Küchenhilfen und ganz wenigen Hilfskräften erle-

digt. Um die damals sehr niedrigen Preise zu ermöglichen, waren die Herbergsgäste verpflichtet, tatkräftig mitzuhelfen. Das Kartoffelschälen für die Mittagsmahlzeiten, das Auf- und Abdecken der Tische zu den Mahlzeiten, das Spülen des Geschirrs, das Wischen der Schlaf- und Aufenthaltsräume, das Beziehen der Betten, all das und noch einiges mehr, gehörten zu den selbstverständlichen Aufgaben der Herbergsgäste.

Der Herbergsvater

Der Leiter einer heutigen modernen Jugendherberge ist in der Regel ein sehr gut ausgebildeter Fachmann, der vor allem den Bereich der wirtschaftlichen Kalkulation sehr gut beherrscht. Seine Position ist also am ehesten mit der Position eines Managers zu vergleichen. Er verfügt in der Regel über einen ganzen Stab von festangestellten und teilzeitbeschäftigten Mitarbeitern, Zivildienstleistenden und Praktikanten, die für den Empfang und die Abreise der Gäste, die Verpflegung, die Reinigung des Hauses und sonstige Serviceleistungen verantwortlich sind. Der Leiter einer heutigen Jugendherberge agiert also eher im Hintergrund und ist für den reibungslosen Ablauf des Tagesgeschehens verantwortlich.

Dass man in den 1960er Jahren den Leiter der jeweiligen Jugendherberge als Herbergsvater bezeichnete, charakterisiert seine damalige tatsächliche Stellung. In seiner Jugendherberge war der jeweilige Herbergsvater der uneingeschränkte Herrscher. Was er sagte, wurde getan. Sein Wort war Gesetz. Und dieses Gesetz wurde oftmals in einem Ton verkündet, der dem Flair der Jugendherbergen als Kasernen sehr nahekam. Er war sogar berechtigt, wenn jemand etwas getan hatte, was ihm missfiel, diesen zu bestrafen, ja denjenigen sogar körperlich zu züchtigen. Der Herbergsvater war vor allem an dem reibungslosen Betrieb seiner Jugendherberge interessiert. Jede auftretende Störung wertete er als Angriff auf sich persönlich. Jede Zerstörung oder

Beschädigung des vorhandenen Mobiliars verursachte dem Herbergsvater aufgrund der nur spärlich vorhandenen Finanzmittel erhebliche Probleme, die er unter allen Umständen zu vermeiden trachtete. Waren aber Zerstörungen oder Beschädigungen nicht zu vermeiden, so mussten diejenigen dafür aufkommen, die sie verursacht hatten.

Ich war fast ein wenig traurig, als mein Austausch mit dem Küchenchef der Bremer Jugendherberge endete. Nach unserem sehr persönlichen und intensiven Gespräch verabschiedete sich der Küchenchef der Bremer Jugendherberge von mir, während ich mich leckeren Hähnchenflügeln, hausgemachten Frikadellen, Nürnberger Bratwürstchen und einer köstlichen Lasagne hingab und damit den Endspurt meines intensiven Sonntagsbrunches einläutete.

Und während ich die verschiedenen Leckereien genoss und die vielfältigen Gerüche, Düfte und Geschmäcker in mich aufsog und mein Bauch schon mehr dem von Max und Moritz ähnelte, nachdem sie die Hühner der Witwe Bolte verzehrt hatten, kehrten meine Gedanken zurück in das Jahr 1963, genauer gesagt, in den Januar 1963.

Ich besuchte damals, gerade einmal fast 15 Jahre alt, in Bremen das Neue Gymnasium. An einem Samstag, kurz vor Beginn des Wochenendes, teilte uns in einer Mathematikstunde unser Klassenlehrer, Herrn Jensen, mit, dass die Schulleitung unsere Klassenreise, die uns im Mai desselben Jahres für eine Woche in eine Jugendherberge in der Nähe des Dümmer Sees führen sollte, genehmigt habe. Die Entscheidung wurde mit heller Begeisterung von allen Schülerinnen und Schülern aufgenommen. Nur einer war sehr traurig, Hans Christoph, mein bester Freund, er litt unter einer schweren Asthmaerkrankung und konnte daher zu meinem tiefsten Bedauern an der Klassenfahrt leider nicht teilnehmen. Von ihm werde ich später noch ausführlich erzählen.

Das Schreckliche, Ungeheuerliche, das dann in der Folge geschah, war von Anfang an ein abgekartetes Komplott. Alle Beteiligten haben Bescheid gewusst, nur ich nicht. Dabei hätte ich es erahnen können. In den Wochen vor unserer Klassenfahrt an den Dümmer See waren meine Klassenkameradinnen und -kameraden verdächtig freundlich, ja man kann sogar sagen, fürsorglich zu mir.

Auch mein Klassenlehrer, der mich für gewöhnlich für einen armseligen Looser, einen verdammten Hosenpisser und jämmerlichen Versager hielt und sich auch nicht scheute, dieses bei den verschiedensten Gelegenheiten öffentlich zu äußern, erkundigte sich mehrfach fast warmherzig nach meinem Befinden.

Und als ich etwa eine Woche vor der Klassenreise eines Morgens nicht in der Schule erschien – ich lag mit einer fiebrigen Erkältung im Bett -, wurden bereits in der ersten großen Pause mit Fahrrädern ausgerüstete Boten zu mir nach Hause entsandt, um die Ursache für mein Fehlen zu ergründen.

Und alle waren erleichtert und klopften mir freudestrahlend auf meine schmalen Schultern, als ich drei Tage vor Beginn der Klassenfahrt wieder in der Schule erschien. Diese übertriebene Freundlichkeit, diese fast rührende Sorge um mein persönliches Wohlbefinden, hätten mich unter normalen Umständen wohl sehr misstrauisch und hellhörig gemacht, stand dieses liebenswürdige Verhalten meiner Mitschülerinnen und Mitschüler und meines Klassenlehrers doch in einem krassen Gegensatz zu jenem Verhalten, mit dem sie mich normalerweise behandelten. Ich aber in meiner abgrundtiefen Naivität glaubte an eine positive Veränderung, aber vielleicht war es auch nur mein verzweifelter Schrei nach etwas menschlicher Zuwendung, mein darbender Durst nach annehmender Liebe und mein gewaltiger Hunger nach sättigender Freundlichkeit.

Auf der Fahrt mit dem Bus nach Damme in die dortige Jugendherberge, die etwa 7 Kilometer vom Dümmer See entfernt lag,

bot mir fast jeder meiner Mitschüler seinen Sitzplatz neben sich an. Etliche beteuerten sogar durchaus glaubhaft, schon immer mein Freund gewesen zu sein.
Ich gebe zu, selten in meiner Jugend bin ich mit so fröhlichen, mit so hoffnungsvollen, so zuversichtlichen, mit so mir selbst Mut machenden Gedanken ins Bett gegangen wie an jenem ersten Abend in der Jugendherberge in Damme. Und so versank ich in einen tiefen, erholsamen glücklichen Schlaf.
Was ich nicht wusste, was ich in meinen schlimmsten Befürchtungen nicht geahnt hatte, war dies:
In den Wochen vor der Klassenreise hatten sich meine Mitschülerinnen und Mitschüler etliche Male getroffen, um über die Klassenfahrt zu sprechen.
Heute werden Klassenfahrten sehr häufig als Projekte geplant. Jeder aus der Klasse einschließlich des Klassenlehrers trägt etwas zum Gelingen der Klassenreise bei. Informationen werden eingeholt und bereits vor der Klassenfahrt wird ein genaues Programm erarbeitet, das neben ausreichend Freizeit auch in der Regel ein kulturelles Besichtigungsprogramm und erlebnispädagogische Angebote, z.B. Kanufahrten oder Klettern an einer Kletterwand, enthält.
Damals, im Jahr 1963, war das Programm einer solchen Klassenfahrt dagegen sehr schlicht gestrickt: Der Tagesablauf bestand aus dem Frühstück, ausgedehnten Wanderungen von oft 25 Kilometern und mehr, deren Höhepunkte gegebenenfalls die Einkehr in eine kleine Landgastwirtschaft oder das Schwimmen in einem See waren, und dem abschließenden Abendessen. Wie ich viele Jahre später in sehr persönlichen Gesprächen erfuhr, hatten meine Mitschülerinnen und Mitschüler bei ihren Zusammenkünften vor der Klassenfahrt gemeinsam intensiv darüber nachgedacht, auf welche besonders scheußliche und widerwärtige Art und Weise man mich demütigen, schlagen, quälen und foltern könne. Jeder aus der Klasse wurde dazu auf-

gerufen, sich etwas besonders Gemeines, ja geradezu Teuflisches auszudenken, das man mir antun könne, und es wurde beschlossen, dass auch jeder tatsächlich die Gelegenheit erhalten solle, seine Idee auf der Klassenfahrt in die Tat umzusetzen. Aus Gründen, auf die ich später in diesem Roman zu sprechen kommen werde, waren auch der Klassenlehrer und der als zweiter begleitender Lehrer mitfahrende Referendar in die Pläne der Klasse eingeweiht und damit völlig einverstanden.
Nachdem ich nun so glücklich und voller Freude eingeschlafen war, wurde ich am nächsten Morgen in der Jugendherberge abrupt aus meinem Schlaf gerissen, weil mir jemand den Mund zuhielt und dabei auch meine Nase mit in Beschlag nahm, sodass ich kaum noch Luft bekam. Ich versuchte, zu schreien und mich zu befreien, aber auch meine Arme und Beine wurden von mehreren Schülern festgehalten. In mir schoss eine abgrundtiefe Angst hoch und ich versuchte gurgelnd, nach Luft zu schnappen. Ich war noch völlig schlaftrunken und benötigte einige Momente, um zu realisieren, was vor sich ging. Einer der Schüler zog mir unter allgemeinem Gegröle die Schlafanzughose so stark hoch, dass sie ganz eng am Körper anlag. Dann wurde mir aus einem kleinen Gefäß, in das vorher einer der Schüler gepinkelt hatte, etwas Urin auf meinen Schlafanzug gegossen, aber nur genauso viel, dass allein der Schlafanzug nass wurde.
Obwohl ich gar nichts getan hatte, durchflutete mich tiefe Scham und eine tiefverwurzelte Angst kroch mir wie eine innere mich verzehrende Schlange langsam den Hals hoch, was wohl die schrecklichen Folgen sein würden. Eiligst wurde unser Klassenlehrer, Herr Jensen, herbeigerufen und ihm wurde mitgeteilt, dass „die Sau“ in die Hose gepinkelt hätte.
Herr Jensen packte mich an meinem linken Ohr und riss es derart heftig nach oben, dass ich mich auf die Zehen stellen musste, um den Schmerz überhaupt ertragen zu können. „So, sagte er“, du Pisser hast dir in die Hose gemacht, das wird ja immer

schlimmer mit Dir", los Jungs, zieht dem Bengel mal den Schlafanzug aus", polterte er los. Dann aber, als ich nackt und zitternd vor ihm stand, reagierte er für seine Verhältnisse fast merkwürdig nachsichtig. Er verpasste mir zwar ein paar sehr kräftige Ohrfeigen, dass mir die Tränen in die Augen sprangen, riet mir dann aber lediglich, aufzupassen, dass es nicht wieder vorkomme, und schickte mich unter die Dusche.
Bei dieser Begebenheit und auch bei vielen anderen Gelegenheiten, von denen ich berichten werde und bei denen ich geschlagen, gequält, gefoltert und gedemütigt wurde, habe ich immer wieder die gleichen unbegreiflichen, unfassbaren entsetzlichen fünf Beobachtungen gemacht, die sich mir unauslöschlich eingebrannt haben.

Ich nenne sie die Beobachtungen des Grauens, hier die erste:

Die Wahrheit wurde vergewaltigt

Um mich demütigen, schlagen, quälen und foltern zu können, musste irgendein Anlass geschaffen werden und dies gelang am einfachsten, indem man behauptete, ich hätte dies oder jenes getan, das nicht erlaubt war, so wie in diesem Fall des in die Hose Pinkelns.
Was wirklich geschehen war, was ich persönlich zu den Vorfällen zu sagen hatte, spielte überhaupt keine Rolle, keiner wollte das hören, niemand übernahm die Aufgabe, mich zu verteidigen. Es ging ganz allein darum, dass die Täter ihre perversen Gemeinheiten, ihre teuflischen Demütigungen, ihre verbrecherischen Quälereien und Folterungen nach außen hin begründen und legitimieren konnten. Es ist für mich bis zum heutigen Tage unfassbar und nicht nachzuvollziehen, dass in den damaligen Tagen allein die Begründung „Die Sau hat es verdient" ausreichte, um mich zu einer vogelfreien Person erklären zu können und

sich an mir auf jede nur denkbare widerwärtige Weise vergreifen zu dürfen.
An dem darauf folgenden Morgen wiederholte sich die gleiche Prozedur, nur dass mir dieses Mal die Schlafanzughose nicht hoch, sondern ganz heruntergerissen wurde und eine größere Menge Urin auf meinen Hodensack und Penis ausgegossen wurde, sodass dieses Mal auch die Matratze schwer in Mitleidenschaft gezogen wurde. Eine solche nassgepinkelte Matratze bedeutete für den Herbergsvater aus den bereits erwähnten Gründen hohe Reinigungskosten der Matratze und sehr viel Aufwand, da er die Matratze wechseln musste.
Daher war der Herbergsvater, nachdem er davon gehört hatte, was vorgefallen war, sehr an einer harten Bestrafung meiner Person interessiert und er äußerte das in sehr lauten Worten. Nach einem Gespräch mit unserem Klassenlehrer war er dann allerdings wieder sehr ruhig. Viele Jahre später habe ich erfahren, dass die Klasse und der Klassenlehrer gemeinsam, um ihren Spaß zu haben, Geld zusammengelegt hatten, um dem Herbergsvater die Kosten für eine neue Matratze bezahlen zu können.
Als Strafe für mein „ungebührliches" schweinisches Verhalten wurden mir die Füße mit einem Strick zusammengebunden und die Hände auf den Rücken gefesselt. Dann wurde ich von mehreren Schülern, so wurde dies von den Verantwortlichen formuliert, zur Abschreckung für andere Schüler mit meinem nassen Schlafanzug in den Frühstücksraum der Jugendherberge transportiert und dort in der Mitte des Raumes aufgestellt. Ich war wie versteinert und zu keiner Bewegung mehr fähig. Nicht das Stehen in dem nassen Schlafanzug war das Schlimme, das Demütigende, das Entwürdigende, sondern dass ich von den vier anwesenden Klassen, unter denen sich auch jüngere Schüler im Alter von 11 und 12 Jahren befanden, angegafft, hämisch ausgelacht und verhöhnt wurde. Einer meiner Klassenkameraden hat-

te ein Schild gemalt, dass mir um den Hals gehängt wurde. Auf diesem Schild stand in großen Lettern:
„Ich bin schon fast 15 Jahre alt und ein kleines Schwein, denn ich piss noch ins Bett hinein."
„Wer mit fast 15 noch ins Bett pisst, hat nichts anderes verdient", so lauteten die Begründungen, die durch den Raum schwirrten. Besonders die Lehrkräfte der anderen anwesenden Schulklassen taten sich dabei hervor, ihre Schülerinnen und Schüler darauf hinzuweisen, was jemand zu erwarten habe, der, so wie ich, ins Bett mache.
Matthias Ladenburg, einer der Rädelsführer aus meiner Klasse, trat dann von vorne an mich heran und zog mit einem heftigen Ruck die Schlafanzughose bis auf die Füße herunter. Dann ließ er sich ein mit Marmelade beschmiertes Brot geben und meinte hämisch zu mir: „Na du Pisser, du hast doch sicher Hunger." Aber statt mir das Brot in den Mund zu stecken, nahm er das Brot und schmierte es mir quer durch das Gesicht. Gellendes Gelächter war die Folge.
Immer mehr Schülerinnen und Schüler der anderen fremden Klassen kamen unter einem Vorwand an mir vorbei, angeblich um das Schild besser lesen zu können, in Wirklichkeit aber, um sich an meiner Nacktheit aufzugeilen und ihre Sprüche loszuwerden: „Die Sau hat ja noch nicht mal Haare am Sack, ist das überhaupt ein richtiger Junge, der soll 14 Jahre alt sein, da hat ja jeder Zehnjährige mehr", plärrte eine Stimme und eine andere entgegnete: „Ich kann bei der Sau überhaupt keine Eier entdecken, das sind ja höchstens Erbsen."
Dieses Ausgeliefertsein, dieses sich nicht wehren können, diese Beraubung der Intimität ist das Schlimmste in solchen Augenblicken. Ich ließ meinen Tränen freien Lauf, mein ganzer Oberkörper wurde geschüttelt von Weinkrämpfen und immer heftiger brach sich mein inneres Entsetzen Bahn.

Unser Klassenlehrer ließ mich daraufhin losbinden und in die Dusche verfrachten mit dem Befehl, mich gefälligst ranzuhalten beim Duschen, man wolle schließlich bald zu der Tageswanderung aufbrechen.
An diesem Tag fiel mir das Wandern besonders schwer, am liebsten hätte ich mich in das nächste Mauseloch verkrochen oder unter einen Busch gelegt und gesagt: „Es ist genug, ich will nicht mehr."
Doch kamen während der Wanderung einige meiner Mitschülerinnen und Mitschüler zu mir und waren ganz besonders freundlich zu mir, einige entschuldigten sich sogar bei mir und betonten, man sei wohl zu weit gegangen mit dem Spaß und es werde nicht wieder vorkommen.
Wieder atmete ich auf. Wieder glaubte ich dem, was mir erzählt, wieder vertraute ich den Worten, die zu mir gesprochen wurden. Quasi als Ausgleich kümmerten sich an diesem Tag fast alle ganz besonders freundlich um mich, teilten ihre mitgenommenen Stullen unterwegs mit mir, da ich ja noch nicht gefrühstückt hatte, gaben mir auch in der Gastwirtschaft, in die wir gegen Mittag einkehrten, von ihrem Essen und Trinken ab und spendierten mir auf der Tageswanderung manches Getränk und am Ende noch zwei Bratwürste.
Abends saßen wir noch bis 22 Uhr gemeinsam gemütlich vor der Jugendherberge und auch dort wurde mir noch etwas zu Essen und Trinken gereicht.
Aber all das war nur ein Teil des abgekarteten Spiels.
Kaum war es 22 Uhr und damit Schlafenszeit, wurde ich von meinen Mitschülern gepackt, in den Schlafraum geschleppt und mir wurden auf gröbste Weise die Klamotten herunter gerissen. „Du bist echt die lächerlichste Sau, die ich kenne", schrie Jörg Altenkoven. Dann wurde ich mit dem Rücken auf die von der vorherigen Nacht noch nasse Matratze gelegt und meine Hände und Füße wurden einzeln mit Seilen an die jeweiligen Bettpfos-

ten gefesselt. Dabei achteten die Schüler darauf, dass die Arme und Beine möglichst weit auseinander gezogen wurden und ich mich auf keinen Fall mehr bewegen konnte. „Wir werden dich kleine Drecksau richtig fertigmachen, schrie Andreas Morzig und keuchte dabei vor Erregung. Durch die Fesselung wollte man verhindern, dass ich in der Nacht auf die Toilette gehen konnte. Danach deckte man mich mit einer Decke zu. Obwohl ich es selber nicht für möglich hielt, schlief ich vor lauter Erschöpfung ein. Einige Stunden später, es muss so gegen 2 Uhr in der Nacht gewesen sein, wurde mir plötzlich die Bettdecke weggerissen und man versuchte, mir zwei Esslöffel Rizinusöl einzutrichtern. Verzweifelt versuchte ich, indem ich meine Lippen mit aller mir zur Verfügung stehenden Kraft zusammenpresste, mich dagegen zu wehren. Matthias Ladenburg, der das Einflößen des Rizinusöls übernommen hatte, bat daraufhin Leonhard Sieloff, ihm zu helfen: Los, greif der Sau zwischen die Beine und zieh mit der linken Hand den Schwanz in die Höhe, dann kannst du der Sau voll ein paar in die Eier hauen. Dann wird sie das Maul schon aufmachen." Meine Klassenkameraden befanden sich wie in einem Rauschzustand. Der Hieb in meine Hoden war derartig schlimm, derartig schmerzhaft, dass ich den Mund aufriss und schrie, sodass mir das übelschmeckende Rizinusöl eingeflößt werden konnte. Zunächst verspürte ich gar keine Wirkung. Ich wusste ja zu dem damaligen Zeitpunkt auch gar nicht, was man mir da eingetrichtert hatte. Und so versank ich aufgrund der Aufregungen und auch der Anstrengung der Tageswanderung wieder in den Schlaf. Kurze Zeit später weckte mich ein grauenhafter Schmerz in meinem Bauch und Unterleib. In immer neuen Wellen durchflutete mich ein heftiger Schmerz und ich verspürte, dass sich meine Gedärme entleeren wollten. Verzweifelt versuchte ich, meine Pobacken zusammenzupressen, den inneren Wehen zu widerstehen, aber je mehr ich das versuchte, desto zweckloser war es. Hitzewellen rasten über meinen

Körper und ohne, dass ich etwas dagegen ausrichten konnte, entleerte sich mein Körper in immer neuen Krämpfen.
Als dem Herbergsvater hinterbracht worden war, was geschehen war, rastete er förmlich aus. Zu seiner Entlastung muss man allerdings anführen, dass er von den tatsächlichen Vorgängen in der Klasse keine Ahnung hatte. Dass ich seiner Meinung nach nicht nur ins Bett gepinkelt, sondern dieses nun auch noch vollgeschissen hatte, brachte bei dem Herbergsvater das Fass zum Überlaufen. Er vermutete in meinem Verhalten Absicht und verlangte mit drastischen und sehr lauten Worten von unserem Klassenlehrer eine exemplarische Bestrafung meiner Person, oder wie er sich ausdrückte, der Drecksau, was unser Klassenlehrer nur allzu gerne zusagte.
Es hat in meinem ganzen Leben, weder vorher, noch nachher jemals eine Situation gegeben, in der ich mich so gedemütigt, so erniedrigt, so elend gefühlt habe, wie in diesem Augenblick. Ich lag nicht nur in meiner eigenen Scheiße, nein, ich fühlte mich auch wie ein Stück Scheiße und ich glaubte allen Ernstes, ich müsse doch irgendwie schuld daran sein, dass man mit mir so umging. Man hatte mich, bevor unser Klassenlehrer und die anderen Schülerinnen und Schüler das Zimmer betraten, wieder losgebunden, aber ich hatte gar keine Kraft mehr, aufzustehen, am liebsten wäre mir in dem Augenblick gewesen, ich wäre tot gewesen. Ich schloss meine Augen, um die hämischen Blicke meiner Mitschüler und Mitschülerinnen nicht mehr ertragen müssen und ich hielt mir die Ohren zu, um ihre höhnischen menschenverachtenden Sprüche nicht mehr hören zu müssen – aber nicht einmal das war mir vergönnt. Mein Klassenlehrer riss mich an meinen Haaren aus dem Bett und drückte dann wieder und wieder mein Gesicht in die Scheiße, wobei mir selbst in meinem elenden Zustand nicht entging, dass ihm dies eine große Genugtuung zu bereiten schien.

Nachdem ich unter tatkräftiger brutaler „Mithilfe“ meiner Mitschüler geduscht hatte bzw. geduscht und sauber geschrubbt worden war, wurde mir eine Unterhose angezogen und anschließend ein Sack über den Kopf gestülpt.
„Wenn du Pisser geglaubt hast, jetzt sei alles vorbei, so hast du dich gründlich getäuscht, zischte mir Matthias Ladenburg ins Ohr, jetzt geht es erst richtig los. „Los Leute, schleppen wir die Sau zum Hinrichtungsplatz, jetzt wird die Sau geschlachtet.“So sehr ich auch versuchte, mich zu wehren und mit den Armen und Beinen ruderte, ich hatte keine Chance. Mehrere Schüler hatten mich fest im Griff. Mein Verstand arbeitete fieberhaft, ich konnte mir einfach nicht vorstellen, was noch Schlimmeres nach den drei letzten Nächten auf mich harren würde.
Der Begriff „Hinrichtung“ weckte in mir namenlose Angst, gleichzeitig sagte mir aber mein Verstand, dass meine Mitschülerinnen und Mitschüler und die Lehrer so weit nicht gehen würden trotz allem, was sie mir bisher angetan hatten. Und dennoch hatte der Begriff „Hinrichtung“, wie ich zu diesem Zeitpunkt noch nicht wusste, seine Berechtigung. Durch das, was folgte, zerstörten sie die Reste meiner Menschenwürde, nahmen mir das letzte Bisschen an Intimität und ermordeten meine Seele.
Sehen konnte ich gar nichts. Eine Angstwelle nach der anderen erfasste meinen Körper und schüttelte ihn durch. Wellenartig breiteten sich die Schmerzen in mir aus, angefangen von den hämmernden Kopfschmerzen, über die Enge im Brustkorb, in dem mein Herz so wild, so stark, so vernichtend pochte, dass ich glaubte, gleich sterben zu müssen, bis hin zu den Krämpfen im Bauch und Unterleib, dass ich fast das Gefühl hatte, dass sich meine Gedärme nach außen stülpen wollten.

Nachdem der Sack, den sie mir in der Jugendherberge über den Kopf gestülpt hatten, entfernt worden war, erkannte ich, wo ich war:

Vor der alten Jugendherberge, die übrigens in den 1980er Jahren geschlossen wurde, standen auf einem Rasenplatz einige primitive altersschwache Schaukeln und einige Klettergerüste aus Eisenstangen, die durch Querstangen sehr stabil gehalten wurden. Eines der Klettergerüste stellte eine etwa ein Meter hohe Eisenbahn mit Anhängern dar. Ich selbst war nur bekleidet mit einer Unterhose.

Bevor ich mich versah und obwohl ich mich auf das Heftigste wehrte, wurde ich von mehreren Schülern mit dem Bauch auf den letzten Wagen dieses imaginären Zuges gezerrt und zwar so, dass ich mit dem Oberkörper auf dem Klettergerüst lag, während mein Po und meine Beine hinten herunterhingen. Bevor ich noch einen klaren Gedanken fassen konnte und obwohl ich immer wieder um Gnade winselte, wurden meine Arme und meine Beine mit starken Lederriemen, die der Herbergsvater zur Verfügung gestellt hatte, an die Eisenstangen gefesselt und auch mein Rücken wurde durch einen breiten Lederriemen an dem Eisen fixiert. Das Einzige, was ich noch bewegen konnte, war mein Kopf.

Eiseskälte durchfuhr mich und mir brach aus allen Poren der kalte Angstschweiß. Es kann sein, dass es die morgendliche Kühle des Maitages war, die meinen Körper erschauern ließ, es kann aber auch sein, dass das Kältegefühl durch die dunkle Vorahnung dessen, was mir bevorstand, ausgelöst wurde.

Erst jetzt, in diesem Augenblick, als ich gefesselt auf bzw. an dem Klettergerüst hing, nahm ich wahr, was um mich herum geschah. Auf dem Rasenplatz rund um das Klettergerüst hatten sich insgesamt vier Schulklassen niedergelassen, die man zu dem, was dann folgen sollte, aus „pädagogischen Gründen“ eingeladen hatte und die auch alle gerne der Einladung gefolgt waren. Ein Grund dafür mag vielleicht sein, dass damals fast jeder zu Hause Schläge bekam und die Schülerinnen und Schüler nun Gefallen daran fanden, einmal nicht selber leiden zu müssen, sondern einen anderen leiden zu sehen.

In diesem Zusammenhang machte ich die zweite meiner Beobachtungen des Grauens:

Mein Denken konnte nicht vergewaltigt werden.

Wenn auch mein Körper geschlagen, gequält und gefoltert wurde und von einer abgrundtiefen Angst geschüttelt wurde, die sich in körperlichen Symptomen manifestierte, so arbeitete doch mein Geist scharf und präzise. Ich bekam sehr wohl mit, was um mich herum und mit mir geschah. Als ich in die Augen der Schülerinnen und Schüler, die sich auf dem Rasenplatz rund um das Klettergerüst niedergelassen hatten, um der Dinge zu harren, die da kommen sollten, blickte, musste ich unwillkürlich an unseren Geschichtsunterricht denken. Die ganze Szene erinnerte mich ein wenig an das, was wir in der Schule über die Gladiatorenkämpfe im alten Rom gelernt hatten, wo man Sklaven in die Arena trieb, damit diese sich gegenseitig umbrachten. Nun stellte ich weder das Idealbild eines Gladiators dar, noch sollte ich gegen jemand kämpfen. Das, was tief in mir diese Erinnerung wachrief, waren die Schülerinnen und Schüler der einzelnen Klassen. Diese saßen dort mit weit aufgerissenen Mäulern und leuchtenden Augen, mit Augen, die geradezu geiferten nach dem, was kommen würde, die sensationslüstern waren, die gar nicht abwarten konnten, was geschehen würde. Diese Augen hatten etwas Unbarmherziges, etwas Unmenschliches in sich.
Unser Klassenlehrer trat von hinten an mich heran. Seiner Meinung nach war ich es eigentlich gar nicht wert, dass man sich

überhaupt in irgendeiner Weise mit mir beschäftigte. Wie er mir immer wieder in der Schule, vor allem im Sportunterricht, glaubhaft versicherte, wäre in der Hitlerzeit so jemand wie ich niemals in die Hitlerjugend aufgenommen worden, so was Jämmerliches, Erbärmliches wie mich hätte man sicher schon vorher entsorgt.
Voller Angst erwartete ich seine ersten Schläge. Aber zunächst trat er ganz dicht an mich heran. Dann packte er blitzschnell zu und mit einem einzigen Ruck zerriss er meine Unterhose. Er begründete dies mit der hochpädagogischen Aussage: „Der Pisser scheißt die eh gleich wieder voll“.

Das führte zu meiner dritten Beobachtung des Grauens:

Die Degradierung zu einem Ding

Wenn ich an diese Begebenheit und viele andere ähnliche Gelegenheiten zurückdenke, so muss ich feststellen: Die Schmerzen, die ich damals erlitten habe, so schlimm, so brutal, so grauenhaft sie auch waren, die sind heute nicht mehr zu spüren, sie sind ein Stück weit auch im Ozean des Vergessens untergegangen. Die körperlichen Verletzungen, die ich erlitt, sind alle vernarbt, die Spuren verschwunden. Das, was bis heute wie höllisches Feuer in mir brennt, das, was unauslöschliche Spuren in meiner Seele hinterlassen hat, das, was zu Verletzungen geführt hat, die niemals vernarben, das ist der Verlust der Intimität. Man ist in solchen Augenblicken kein Mensch mehr, man wird degradiert zu einem Ding, das jeder begaffen darf, weil es sich eben nicht um einen Menschen handelt, sondern eigentlich nur um ein Ding. Diese Degradierung zu einem Gegenstand zeigte sich auch darin, dass mich niemand mehr in solchen Situationen mit meinem Namen aussprach, dass die Beteiligten nur noch von „der Sau, dem Pisser, dem Hosenscheißer etc.“ sprachen.

Diese Degradierung zu einem Ding erlaubt den Tätern auch, unbarmherzig und ohne Skrupel ihr verbrecherisches Tun an mir vollziehen zu können. Wie oft habe ich versucht, in ähnlichen Situationen mit den Tätern zu reden, wie oft habe ich um Gnade gewinselt, gefleht, wie oft habe ich geweint - immer ohne Erfolg. Ein Mensch, der nicht mehr als Mensch wahrgenommen wird, der nur noch als eine Sache betrachtet wird, der entmenschlicht worden ist, hat keine Rechte mehr, er ist seinen Peinigern völlig ausgeliefert.

Damals vor der Jugendherberge war ich fast 15 Jahre alt, körperlich sah ich dagegen leider eher wie 11 Jahre aus und untenrum eben wie 8 oder 9 Jahre. Kein mitfühlendes Mitleid regte sich mit dieser armseligen kleinen Gestalt. Hatten die zuschauenden Schülerinnen und Schüler schon vorher voller Neugier und Sensationslust gegafft, so brach es jetzt regelrecht aus ihnen heraus, keine Stelle meines Körpers blieb unbegafft und unkommentiert, indem sie meine unterentwickelte Körperlichkeit mit den abfälligsten Bemerkungen kommentierten. Solche Sprüche, wie „Ist das überhaupt ein Junge oder vielleicht ein Zwitter?“, „Mein Bruder ist 8 Jahre alt, der hat ja untenrum schon mehr als die Sau da“, „Der Sau sollte man den Stummel und die Erbsen, die sie hat, auch noch abschneiden“ gehörten noch zu den harmlosesten Äußerungen. Die Schülerinnen und Schüler lachten und grölten und hätten sie nicht einen letzten Funken an Scham und Hemmung in sich verspürt, so wären sie sicher über mich hergefallen und es wäre wohl kaum etwas von mir übrig geblieben. Mein Klassenlehrer verprügelte mich auf eine ganz besonders entwürdigende Weise: Ganz langsam, fast im Zeitlupentempo streichelte er einmal über meinen Po, bis er einen Kreis vollendet hatte, um dann urplötzlich mit seiner Hand weit auszuholen und mit voller Wucht und aller ihm zur Verfügung stehenden Kraft zuzuschlagen. Dieser Vorgang wiederholte sich dann immer wieder. Sein Verhalten stand dabei in völligem Gegensatz zu den Äußerungen über mich, denn es war nicht zu übersehen, dass vor allem das Streicheln und auch das Schlagen ihm äußerste Freude bereiteten, ja, dass er geradezu Lust dabei empfand, sowohl beim Streicheln als auch beim Zuschlagen. Jedes Mal, wenn er mich verdrosch, spürte ich, wie sich seine Atmung veränderte, wie er begann zu schwitzen und wie sein Atem stoßweise ging. Nachdem er vom Zuschlagen ein wenig müde geworden war, wurden aus den anwesenden vier Schulklassen jeweils eine Schülerin oder ein Schüler ausgewählt, also insgesamt vier Schülerinnen und Schüler, die, wie mein Klassenlehrer es so treffend formulierte, mir den Rest geben sollten. Das für mich Unfassliche war, dass diese vier Schülerinnen und Schüler keineswegs dazu bedrängt werden mussten, sondern dass es in den einzelnen Klassen fast zu einem heftigen Wettstreit und Wortwechsel darüber kam, wer aus der Klasse es der „Sau" besonders brutal besorgen dürfe.

Dies führte mich zu der vierten Beobachtung des Grauens:

> **Niemand der damals Anwesenden kann behaupten, er habe nichts gewusst von dem, was da geschah**, es waren immerhin vier Schulklassen und mindestens acht Lehrerinnen und Lehrer anwesend.

Niemand kann behaupten, er habe gar nichts von dem, was geschah, mitbekommen, denn mein Schreien war markerschütternd, steinerweichend und weithin zu hören.

Niemand kann behaupten, er sei von Anfang an gegen das, was geschah, gewesen, denn es erhob sich nicht eine einzige Stimme, die dem, was folgte, Einhalt gebot.

Nun möchte ich nicht behaupten, dass alle mit dem, was geschah, einverstanden waren, das bezieht sich sowohl auf die Lehrer als auch auf die Schüler. Aber niemand wollte ausscheren, niemand wollte als „Spielverderber" dastehen, niemand

wollte Partei ergreifen. Es war ja auch viel angenehmer und einfacher, sich der grölenden Mehrheit anzuschließen.
Die Ausgewählten, zwei Schülerinnen und zwei Schüler, davon einer aus meiner Klasse, beratschlagten kurz, welchen Part jeder von ihnen übernehmen wollte.
Mein Klassenkamerad, Ludwig Heeren, nahm einen Ledergürtel und prügelte damit wie ein Besessener auf meinen Po ein. „Dein Arsch soll rauchen“, schrie er mir ins Ohr. Eine Schülerin stellte sich an mein Kopfende und ohrfeigte mich immer wieder, während sie mir gleichzeitig immer wieder ins Gesicht spuckte. Die andere Schülerin ließ sich einen dünnen Stock geben und schlug damit immer wieder auf meine nackten Fußsohlen ein. Der zweite Schüler griff sich von unten her meine Hoden und quetschte sie immer wieder so hart, wie es ihm möglich war, zusammen. Ich schrie vor Schmerzen wie von Sinnen, ich zerrte wie ein Wahnsinniger an meinen Fesseln, namenlose Angst schüttelte mich. Mein Angstschrei war so gewaltig, dass sich schon nach kurzer Zeit meiner Kehle nur noch ein piepsiges Krächzen entrang. Dies führte im Nachhinein zu meiner fünften Beobachtung des Grauens:
Die meisten der anwesenden Zuschauer schauten nicht nur höchst interessiert bei dem, was da geschah, zu, sondern sie geilten sich an meinem Leiden, meinen Schmerzen, meinen Schreien auf und sie beteiligten sich in ganz erheblichem Maß aktiv daran, indem sie durch lautstarke Zurufe die Handelnden immer wieder neu dazu antrieben, weiterzumachen und ja nicht nachzulassen. Und selbst als die vier Schülerinnen und Schüler unsicher in ihrem Tun wurden, weil ich leichenblass wurde und kurz davor stand, ohnmächtig zu werden, ließ es die Masse der Anwesenden nicht zu, dass die Handelnden auch nur einen Funken Menschlichkeit zeigten und meine Qualen beendeten, sondern sie zwangen sie durch immer lauteres Schreien, durch immer vehementeres Anspornen dazu, in ihren Bemühungen nicht

nachzulassen, sondern so lange weiterzumachen, bis sich mein Körper aus allen seinen Öffnungen auf das Heftigste entleerte und ich in eine gnädige erlösende Ohnmacht versank.
Es sollen nur einige wenige Augenblicke gewesen sein, die ich ohnmächtig war, bis ich mithilfe eines Wasserschlauches, den der Herbergsvater in Stellung gebracht hatte, und eines eiskalten Wasserstrahls ins Bewusstsein zurückgeholt wurde.
Mir selber erschienen diese wenigen Augenblicke der gnädigen Ohnmacht wie eine wunderbare Ewigkeit, in der ich für Sekunden mein Schicksal vergessen konnte.
Und während ich ohnmächtig war, hatte ich einen wundervollen Traum. Der Traum nahm mich an die Hand und führte mich zurück zu dem kühlen Morgen eines düsteren, regennassen, ungemütlichen Septembertages des Jahres 1948 und gewährte mir einen Blick auf meine Anfänge:

Es war einer dieser Tage, an denen man, kaum dass man erwacht ist, sich noch die Augen reibt und nach einem kurzen, prüfenden Blick aus dem Fenster, lieber wieder mit einem herzhaften Gähnen ins kuschelige Bett zurückkehrt und die warme, bergende Decke über sich zieht. Es war einer dieser frühherbstlichen Tage, an denen man am liebsten im wärmenden Zuhause bleibt und abends am leise knisternden Kaminfeuer gerne ein gut geschriebenes, spannendes Buch liest, und es war einer dieser Tage, an dem man nicht einmal einen räudigen Hund vor die Türe jagen mag. An dem Morgen eines solchen Herbsttages im September 1948 beschloss ich, das helle Licht der Welt erblicken zu wollen.
Ich war neugierig und erwartungsfroh auf diese für mich völlig neue, ungewohnte Welt.
Als ich die Anstrengungen der Geburt hinter mir gelassen hatte und von einer freundlichen, liebevollen Hebamme mit warmem Wasser gewaschen wurde, fühlte ich mich richtig wohl.

Ich musterte die Hebamme mit meinen kleinen blauen Augen und schenkte ihr das schönste Lächeln, dessen ich an meinem ersten Tag fähig war. Der Hebamme wurde es richtig warm ums Herz und sie drückte mich nach dem Waschen kurz an sich und gab mir einen Kuss auf die Stirne, bevor sie mich in ein großes, weiches Badehandtuch hüllte.

Ich freute mich, in der Welt angekommen zu sein, und als ich am ersten Abend meines noch so jungen Lebens von der Kinderkrankenschwester in mein kleines Kinderbett gelegt wurde, war ich mit mir und der Welt ganz zufrieden.

Ich glaubte, dass ein freundlicher, wohlmeinender Engel mich in diese Welt begleitet habe, ich war mir sicher, dass mir auf meinem künftigen Lebensweg ein von Gott gesandter Schutzengel hilfreich zur Seite stehen würde, wann immer ich in Not geraten und wann immer ich Hilfe benötigen würde.

Ich fühlte mich von Gott geliebt und beschützt, ich war überzeugt, dass die Menschen sich über meine Geburt freuen würden und dass ich überall, wo ich hinkommen würde, gern empfangen würde, und so sank ich, erschöpft von den Geburtsanstrengungen, in den ersten tiefen erquickenden Schlaf meines noch so jungen, zarten Lebens.

Die Welt, in die ich hineingeboren worden war, erschien mir wunderschön, erfüllt mit den Farben des Regenbogens und den zarten Tönen der Nachtigall, geschaffen von einem liebenden Gott mit dem einzigen guten Ziel, dass diejenigen, die in dieser Welt leben, glücklich sind, sich gegenseitig achten und respektieren, füreinander einstehen und miteinander eine Welt bauen, in der die Angst voreinander der Liebe zueinander gewichen ist. Ich war überzeugt, dass jeder, der geboren wird, ein Wunschkind ist, das heiß ersehnt und freudig erwartet wird, dessen Wohlergehen und persönliche Entwicklung denen sehr am Herzen liegen, die ihn geboren haben, und dass jeder, der geboren worden ist, geliebt und gefördert wird, indem man liebevoll vor

allem das, was in ihm an Gutem ist, zum kräftigen Wachsen und strahlenden Blühen bringt, und indem man gleichzeitig das, was in ihm an Bösem ist, mit geduldiger Liebe und zarter Behutsamkeit dämpft.
Ich war bereit, mit meinem ganzen Herzen, all meinen Kräften, meiner ganzen Begeisterungsfähigkeit und all meinen Sinnen meinen guten Teil dazu beizutragen, damit auch durch mich diese Welt jeden Tag noch ein Stück lebenswerter und liebenswerter würde.
Noch war mein Herz sehr klein, noch waren meine Kräfte sehr schwach, noch begriff mein Geist nichts von den wirklichen Geschehnissen in dieser Welt, aber tief in meinem Inneren beschloss ich, die Menschen, die mir begegnen würden, zu lieben, ihnen mit Freundlichkeit zu begegnen, ich war bereit, Liebe, Zuwendung und Anerkennung zu geben.
Die Kraft meines Herzens und die Stärke meines Geistes waren in der ersten Nacht meines jungen Lebens noch sehr schwach und gering, aber in dem tiefen, aus der nie versiegenden Quelle der Hoffnung gespeisten Gefühl, von Gott und den Menschen geliebt zu sein, erschien mir keine Aufgabe zu groß, keine Anstrengung zu schwer.
Und so träumte ich von einem wundervollen, lebenswerten und liebenswerten Leben und mein Herz war erfüllt mit großer innerer Ruhe und vibrierender Vorfreude auf das, was kommen würde. Gut nur, dass ich nichts von all dem erahnte, was mir tatsächlich bevorstand.

Kapitel 2

1955 Der erlegte Hase – Der 40. Geburtstag meiner Mutter

„Die Würde des Menschen ist unantastbar“
Grundgesetz der Bundesrepublik Deutschland Artikel 1

Schwarzwälder Kirschtorte, einfach köstlich!
Besonders dann, wenn die Schwarzwälder Kirschtorte mit guter Sahne, besten Kirschen und edlem Kirschwasser zubereitet wird.
Immer wenn ich in meinem heutigen Arbeitsalltag ein wenig Zeit zur Besinnung finde, zum inneren Abschalten, zum Seele-Baumeln-Lassen, suche ich gerne in Bremen, meinem jetzigen Wohnort, das Cafe Knigge auf, um dort ein Kännchen köstlich heißen Kaffees zu trinken und ein oder zwei Stück Schwarzwälder Kirschtorte zu verzehren und zu genießen.
Ich sitze gerne oben im ersten Stock an einem der Fensterplätze und lasse meinen Blick über die bunt geschmückte Fußgängerzone schweifen und beobachte, nachdenklich lächelnd, die Menschen in ihrem Kommen und Gehen.
Unaufhörlich bewegt sich der breite Strom der Passanten, einer Ameisenbahn nicht unähnlich. Die einen eilen in emsigem Vorwärtsstreben in die Stadt, um vorgeblich wichtige Einkäufe zu tätigen, andere wiederum haben bereits eingekauft und streben nun, bepackt mit kleinen und größeren Taschen und Tüten, ein wenig ermattet dem heimischen Domizil zu.
Und beim Genießen der köstlichen Schwarzwälder Kirschtorte denke ich zurück an meine Mutter.
So wenig ich sie als Mutter schätzte, so sehr muss ich doch gestehen, sie backte die beste Schwarzwälder Kirschtorte, die ich jemals in meinem Leben aß...

Und so wandern meine Gedanken zurück ins Jahr 1955 in die eine Stadt, eine kleine Gemeinde nordwestlich von Kassel, in der ich die ersten Jahre meiner Kindheit verbrachte. Zur Jahreswende 1955/1956 war die kleine, gemütliche Stadt, malerisch gelegen im Naturpark Habichtswald, am Rande ihrer Kapazität angelangt.
Die Einwohnerzahl hatte sich in der Zeit seit 1945 fast verdoppelt. Dies war umso erstaunlicher, als der Ort schwere Verluste an Menschenleben hatte hinnehmen müssen, da zahlreiche Söhne der Stadt ihr noch so junges, unverbrauchtes Leben in dem sinnlosen Kampf an der Ost- oder Westfront des 2. Weltkrieges lassen mussten.
Sinnlos, weil sie in diesem verbrecherischen Krieg kämpfen mussten gegen andere junge, ebenfalls mit Hoffnungen und Sehnsüchten erfüllte Menschen aus Frankreich, Polen, den USA, England, Russland. Andere junge Menschen, die ebenso gerne lebten wie sie, denen sie nichts getan hatten und die ihnen nichts getan hatten und die sich gegenseitig, wenn sie die Möglichkeit gehabt hätten, einander kennenzulernen, sich vielleicht sogar sympathisch gefunden hätten.
Die drängende Fülle und bedrückende Enge in der Stadt waren vor allem eine Folge der vielen Flüchtlinge aus den ehemaligen deutschen und nun von den Russen und Polen besetzten Ostgebieten. In den Häusern, in denen vor und während des Krieges nur jeweils eine Familie gewohnt hatte, drängten sich nun oft drei oder vier Parteien in qualvoller Enge, zwangsweise einquartiert. Die einzelnen Familien hatten oft nur einen Raum für ihre Angehörigen zur Verfügung. Die Menschen waren gezwungen, Küche und Toiletten miteinander zu teilen. Die Stimmung war oft aggressiv, die Nerven lagen blank.
Die Arbeitslosigkeit in dem Ort war beängstigend hoch, der Schwarzhandel mit Waren aller Art blühte, jeder war bemüht,

etwas von dem, was er sein Eigen nannte, einzutauschen gegen Lebensmittel und Kohlen.

Es war im Dezember des Jahres 1955, ich war gerade sieben Jahre alt und die Vorbereitungen zur Feier des 40. Geburtstages meiner Mutter liefen auf vollen Touren.

Meine Mutter ließ es sich nicht nehmen, obwohl sie selbst das Geburtstagskind war, letzte Hand bei den Geburtstagsvorbereitungen mit anzulegen.

Wir bekamen sehr viel Besuch, über 15 erwachsene Mitglieder unserer weitläufigen Verwandtschaft waren mit ihren älteren und jüngeren Kindern angereist und füllten die Wohnung, die Freunden meiner Mutter in der Mittelstraße in dem Ort gehörte und die sie ihr aus Anlass ihres 40.Geburtstages zur Verfügung gestellt hatten.

Zwei gütige, mir wohlgesonnene Menschen fehlten bei dieser Geburtstagsfeier, das sollte sich für mich in der Folge als fatal erweisen:

Zum einen kam meine Großmutter, die Mutter meiner Mutter, nicht zu diesem Geburtstag, sie konnte es einfach nicht ertragen, mit anzusehen, wie meine Mutter und die anderen Verwandten mit mir umgingen, und zum anderen fehlte mein Stiefvater, der sich aufgrund einer ernsten Herzerkrankung zu diesem Zeitpunkt im Krankenhaus in Bremen befand.

Ich hasste diese Familienfeiern, die sich zusammensetzten aus fast ununterbrochenem Essen, dem maßlosen Trinken größerer Mengen Alkohol, unflätigem Gegröle und Gelächter und vor allem dem stets negativen, abfälligen Geschwätz über andere Menschen, natürlich vorrangig über abwesende Personen. Ich war stets auch ein Thema, vor allem, dass ich eine riesige Belastung für meine Mutter sei und dass sie viel zu nachsichtig mit mir umginge, bei mir würden nur harte Maßnahmen fruchten, denn sonst werde aus der kleinen Russensau nie etwas Gescheites.

Meine Mutter hatte im Dezember 1947 bei einem Besuch bei ihrer Kusine in Görlitz in der damaligen sowjetischen Besatzungszone (die DDR gab es zu dem Zeitpunkt noch nicht) einen russischen Offizier kennen- und lieben gelernt. Wegen „Verbrüderung mit dem Feind“ wurde der russische Offizier 14 Tage später nach Sibirien strafversetzt. Das Produkt dieser Liebe bin ich. Die Schwangerschaft konnte meine Mutter verheimlichen, indem sie mehrere Monate bei einer Freundin am Bodensee lebte. Nach meiner Geburt wurde ich in ein Kinderheim gegeben. Als meine Mutter mich nach einem Jahr zu sich holte, bestand natürlich die Notwendigkeit, den Einwohnern des Ortes, wo meine Mutter damals als Witwe des bisherigen Ortspfarrers noch im Pfarrhaus lebte, zu erklären, woher plötzlich das einjährige Kind kam.

Sie erzählte auf Anraten von Freunden den Menschen im Ort, welche die tiefere Wahrheit um meine echte Herkunft nicht kannten, dass ihre Kusine in Görlitz mit einem russischen Soldaten ein uneheliches Kind gezeugt habe und dass diese Kusine das Kind wegen der dortigen politischen Verhältnisse nicht behalten könne. In dieser für die Kusine äußerst schwierigen Lage habe sich meine Mutter selbstlos bereit erklärt, das arme Kind bei sich aufzunehmen und aufzuziehen und deshalb habe man das Kind auf Schleichwegen nun zu ihr gebracht.

Statt wegen eines eigenen, unehelichen Kindes übel beschimpft und mit Verachtung gestraft zu werden, stand meine Mutter im Ort nun fast wie eine wohltätige Heilige dar, die sich, ohne an sich selbst zu denken, aufopferte und bereit war, ein fremdes Kind aufzuziehen, noch dazu einen unwerten Russenbastard.

Die Geburtstagsfeier begann nachmittags um 17.00 Uhr. Meine Mutter liebte stimmungsvolle Geburtstagsfeiern, deshalb begann die Feier erst am späten Nachmittag, als es bereits dunkel war. Viele Kerzen, kleine dicke runde, aber auch große, lange dünne Kerzen, vorrangig in den Farben weiß und rot wurden auf den

Tischen und auf kleinen Haltern an den Wänden entzündet. Zusätzlich stellte meine Mutter selbst noch einige helle Kerzen in die Fenster, denn es war ihr wichtig, auch bei einem solchen Anlass, wie ihrem 40. Geburtstag, nach außen hin ihre tiefe Verbundenheit mit „den armen und durch Gewalt unterdrückten Brüdern und Schwestern im Osten" zu dokumentieren. Das festlich geschmückte Wohnzimmer, in dem sich alle Verwandten versammelt hatten und in dem bereits der Kaffeetisch pompös gedeckt war und sich der Duft des für die damalige Zeit wertvollen koffeinhaltigen Heißgetränkes im ganzen Raum verbreitete, war durch den Kerzenschein in ein mildes, warmes Licht getaucht. Nun wollte es das ungnädige Schicksal, dass ich meiner Mutter in meiner fast grenzenlosen Sehnsucht, von ihr ein kleines Lob oder dergleichen zu erhaschen, unbedingt helfen wollte. Deshalb ergriff ich mit allem Mut, der mir zur Verfügung stand, die Schwarzwälder Kirschtorte, die meine Mutter mit so viel Mühe zubereitet hatte, um sie in das Wohnzimmer zu tragen. Auf dem Wege in die gute Stube blieb ich irgendwie mit meinen Hausschuhen an der Teppichkante hängen, jedenfalls kam ich wie in Zeitlupe ins Stolpern und die schöne, sorgfältig und mit viel Engagement zubereitete Torte segelte langsam auf den Fußboden. Dort landete sie unsanft und brach in viele Stücke auseinander. Natürlich war sie nun ungenießbar und der Fußboden eingesaut.

Meine Mutter hörte die lauten Schreie der Verwandten und stürzte ins Wohnzimmer, wo sie das angerichtete Unglück sah.

„Du bist ein Tölpel, ein Tollpatsch, du bist ein Vollidiot! Wie blöd der Junge schon guckt!" Das waren noch die freundlichsten Ausdrücke, die mir meine Verwandten an den Kopf warfen. „Gisela, du Arme, wie können wir dir nur helfen?, mit dem Alexander hast du aber auch nur Sorgen und Kummer, da musst du aber mal richtig durchgreifen!"

Meine Mutter warf mir einen verächtlichen und hasserfüllten Blick zu und zischte mir zu: „Du hast mir den ganzen Geburtstag verdorben, du verdammter Sauhund!“ Ihr Blick machte mir so sehr Angst, dass ich schlagartig Durchfall bekam und in die Hose machte. Peinlicherweise verbreitete sich der Duft des Durchfalls sofort im ganzen Zimmer.

Onkel Theodor, der Mann der Schwester meiner Mutter, packte mich geistesgegenwärtig und trug mich eiligen Schrittes in die Badewanne. Unter dem lauten Gelächter und dem hämischen Gejohle der jüngeren Verwandtschaft zog er mich nackt aus und ich wurde von ihm gründlichst abgeseift und gewaschen. Die jüngere Verwandtschaft durfte mich anschließend trockenrubbeln. In der Folge schleppte mich der Onkel nackt wieder ins Wohnzimmer und hielt mich dabei an den Füßen, den Kopf nach unten hängend. Das fiel ihm nicht schwer, er war schließlich über 1,90 Meter groß, ich dagegen maß nur 1,20 Meter, er war ein Brocken von Mann, ich dagegen wog nur 19 Kilo. Onkel Theodor schwenkte mich mit der linken Hand umher wie ein Stück Vieh, wie einen erlegten Hasen, und mit der rechten Hand, einer ziemlich großen Pranke, zerrte und riss er sehr schmerzhaft meinen Hodensack in alle Richtungen. Ich schämte mich so sehr, dass ich mich wie tot stellte. Er hielt mich dem Rest der Verwandtschaft hin und höhnte laut unter dem schallenden Gelächter der anderen Verwandten: „Nun guckt euch mal den Bastard genau an! Ach du arme Gisela, das ist ja noch nicht mal ein richtiger Junge! Guckt euch doch mal diesen lächerlichen Schwanz an, das kann man ja eigentlich nicht Schwanz nennen.“ „Wenn wir dir den Schwanz abschneiden, kannste locker als Mädchen gehen“, höhnte mein Onkel und lachte, als hätte er gerade einen großartigen Witz gemacht und alle anderen lachten ebenfalls.

Nachdem mich Onkel Theodor allen Verwandten gezeigt hatte und alle über meinen Minipenis gelacht hatten und ihre dummen Sprüche gemacht hatten und einige ebenfalls mit roher Gewalt und sichtlichem Vergnügen an meinem Hodensack gezogen hatten, verkündete Onkel Theodor: „Wir sind uns doch wohl alle einig, dass die kleine nackte Sau sehr streng bestraft gehört. Und meine Mutter fiel ihm ins Wort und flehte ihn fast an: „Theodor, du würdest mir einen großen Gefallen tun, wenn du das übernehmen würdest, ich werde mit dem Jungen einfach nicht mehr fertig. Wenn er von dir mal eine richtig harte Tracht Prügel bekommt, kommt er vielleicht endlich zur Vernunft."

Immer dann, wenn Verwandte anwesend waren, spielte meine überstarke Mutter perfekt die Rolle der hilflosen Mutter und stellte mich hin, als wenn ich ein kleines Ungeheuer wäre, mit dem sie nicht mehr fertig werden könnte.

Aufgrund meiner Vorgeschichte als angebliches uneheliches Kind meiner Tante aus Görlitz mit einem russischen Offizier wurden diese Erzählungen meiner Mutter nur zu gerne von unseren Verwandten, Freunden und Bekannten geglaubt und ihr bereitwilligst tat- und schlagkräftige Hilfe bei meiner Erziehung angeboten. Onkel Theodor grinste diabolisch und entgegnete meiner Mutter: „Das wird mir ein Vergnügen sein, der kleinen Drecksau mal richtig hart den Arsch zu versohlen. Gisela, warum hast du dir nur diesen kleinen bescheuerten Schwachkopf überhaupt aufgehalst?" Und mir zugewandt, zischte er: „Wenn ich mit dir fertig bin, wirst du so kaputt sein, dass du in keine Kiste mehr passt."

Es muss zum besseren Verständnis an dieser Stelle darauf hingewiesen werden, dass es im Jahr 1955 den Straftatbestand der Kindesmisshandlung noch gar nicht gab. Dieser wurde erst in den 1960er Jahren durch den Bundestag beschlossen. Jeder Mann konnte also innerhalb seiner Familie bedenkenlos und ohne eine Strafe gewärtigen zu müssen, Kinder schlagen und verprügeln.

Er legte mich vor allen Verwandten über seine Knie und versohlte mir mit seiner rechten Pranke derartig hart meinen Po, dass ich die nächsten Tage immer auf dem Bauch schlafen musste. Während Onkel Theodor mich verprügelte, wurde er von den anderen Verwandten angefeuert: „Mach das Wanst nur ordentlich fertig, er hat es verdient."

An der weiteren Feier durfte ich nicht teilnehmen, stattdessen wurde ich sofort ins Bett geschickt. Bei dieser Gelegenheit verhielten sich zwei meiner jüngeren Verwandten hochanständig. Sie brachten mir heimlich Kuchen und später Abendbrot und Kakao zu trinken.

Gegen 20.00 Uhr kam meine Mutter mit einem für sie typischen Spruch: „Na, willst du dich nicht bei mir entschuldigen, wollen wir uns nicht wieder lieb haben?" Am liebsten hätte ich ihr ins Gesicht geschleudert, **NEIN** und **NIEMALS** mehr, aber das wagte ich nicht, sondern ich machte die Versöhnung heuchlerisch mit. Meine Mutter wollte sich aus Anlass ihres Geburtstages großzügig zeigen und bot mir etwas zu essen an, was ich aber ablehnte, weil ich ja schon satt war, was sie aber nicht wissen konnte.

Sie nahm meine Ablehnung des Essens persönlich, was fast zu einer weiteren Tracht Prügel geführt hätte.

Was ich besonders schlimm fand, war die Tatsache, dass alle Verwandten meinem Onkel zugestimmt hatten und in das Gelächter über mich mit eingestimmt hatten. Nun war es sicher nicht so, dass alle das gut fanden, was da gerade mit mir geschehen war, aber keiner wagte es, auszuscheren und sich gegen die Mehrheit stellen.

Kapitel 3

1956 - 1960 Meine erste große Liebe - In aller Unschuld

„Die besten Menschen sind diejenigen, mit denen wir auf einer Veranda sitzen können, ohne ein Wort zu sprechen, aber wenn wir auseinandergehen, das Gefühl haben, das beste Gespräch geführt zu haben, das wir jemals hatten."
Albert Einstein

Sieben Jahr, blondes Haar, so stand sie vor mir...
Immer, wenn ich an meine erste Freundin denke, fällt mir das Lied von Udo Jürgens (Siebzehn Jahr, blondes Haar…) ein, nur dass meine erste Freundin nicht 17 Jahre alt war, sondern gerade einmal 7 Jahre.
Franziska, so hieß meine erste Freundin, war ein Mädchen voller kraftstrotzender Lebensenergie, das man einfach gern haben musste. Sie war fast immer fröhlich und stets huschte ein kleines, spitzbübisches Lächeln über ihr feingeschnittenes Gesicht. Sie hatte wunderschönes langes, blondes Haar, das ihr täglich von ihrer Mutter zu einem Zopf geflochten und auf ihrem Kopf zu einem lustigen Kringel gedreht wurde. Ein ganz klein wenig erinnerte sie mich vom Aussehen her an Pippi Langstrumpf. Franziska wohnte mit ihrer Familie in Bremen im gleichen Haus, einem Mehrfamilienhaus, wie ich mit meiner Familie. Franziska hatte noch acht Geschwister, angefangen von einem noch winzigen, oft schreienden und nach einer vollgeschissenen Windel riechenden Baby, dem Sabinchen, bis hin zu ihrem Bruder Jens, der bereits fast erwachsen war und einem Beruf nachging. Ich erinnere mich noch an meine erste Begegnung mit Franziska. Wir waren gerade erst in die Wohnung in der Innenstadt von

Bremen eingezogen und ich freute mich, als ich schon in den ersten Tagen feststellen durfte, dass im gleichen Haus und in der Nachbarschaft zahlreiche Kinder in meinem Alter wohnten. Plötzlich stand sie draußen auf dem Hof hinter dem Haus vor mir. Ein fröhliches Lächeln huschte über ihr Gesicht und als wäre es das Normalste auf der Welt, fragte sie mich: Wollen wir Freunde sein? Und als ich, vor Freude keines Wortes mächtig, nur eifrig mit dem Kopf nickte, fasste sie mich an beiden Händen und drehte sich mit mir im Kreise, bis ich, von Schwindel gepackt und vom Lachen geschüttelt, zu Boden sank.

Eines Nachmittags, es war Sommer und die Sonne brannte unbarmherzig von einem fast wolkenlosen Himmel, da hatten wir Kinder, darunter Franziska und ich, die nach unserer Meinung famose Idee, auf eigene Faust einen Ausflug zum Flughafen zu machen. Dabei darf man nicht vergessen, dass wir Ausflügler alle erst zwischen 4 und 8 Jahren alt waren und der Flughafen etwa sechs Kilometer von unserem Zuhause entfernt lag. Doch der lange Weg zum Flughafen war mühsamer und beschwerlicher, als wir geahnt hatten. Die Straßenbahn konnten wir nicht benutzen, dazu fehlte uns das nötige Geld und eigene Fahrräder besaßen wir nicht. Wir benutzten gelegentlich die Fahrräder unserer älteren Geschwister, aber die waren an dem Tag alle selbst mit ihren Rädern unterwegs.

Auch setzte uns die glühende Hitze zu. Aber tapfer und unerschrocken marschierten wir immer weiter und fragten immer wieder Passanten nach dem genauen Weg. Endlich und nach manchem Umweg erreichten wir das ersehnte Ziel unserer Träume, den Bremer Flughafen.

Unsere ungeübten Beine waren vom vielen Laufen müde und schwer geworden und die kleinen Fußsohlen brannten uns höllisch. Wir Größeren hatten inzwischen die Kleinsten huckepack genommen, weil diese durch die enormen Strapazen des Weges sehr erschöpft waren.

Groß und gewaltig erschien uns der Bremer Flughafen, obwohl er mit dem heutigen Flughafen und seinen Ausmaßen nicht zu vergleichen war. Aber aus der Kinderperspektive wirkt eben alles ein wenig größer, ein wenig monumentaler. Innerhalb des Flughafens fiel unsere Gruppe aufgrund unseres jungen Alters natürlich sofort auf und auch deshalb, weil sich kein Erwachsener in unserer Nähe aufhielt.

Einige Angestellte des Flughafens nahmen uns liebevoll unter ihre Fittiche und machten sich einen Heidenspaß daraus, uns mit kühlem Kakao und leckeren Keksen zu bewirten und wir durften von der Besucherterrasse aus einen Blick auf die landenden und startenden Flugzeuge werfen, was uns für die erlittenen Strapazen vollauf entschädigte. Alle unsere Anstrengungen waren vergessen und wir waren einfach nur noch glücklich. Um uns die beschwerlichen Strapazen des Rückwegs zu ersparen und weil wir den genauen Rückweg nach Hause ja gar nicht kannten, übergab man uns der Polizei, die uns in einem grünen VW-Käfer mit Blaulicht nach Hause brachte.

Heute wäre eine solche Fahrt ganz undenkbar, allein schon wegen der gegenwertig geltenden Sicherheitsbestimmungen. Neben dem Polizisten, der das Auto steuerte, saß als Beifahrer ein weiterer Polizist, der eines von uns Kindern auf seinen Schoß nahm und auf der Rückbank des VK-Käfers tummelten sich weitere sechs Kinder. Ob das auch schon damals gegen die Polizeinormen verstieß, konnte ich allerdings nicht in Erfahrung bringen (Schmunzeln).

Wir waren unheimlich stolz über die rasante Fahrt in dem Polizeiauto, wie Dreikäsehochs halt so sind. Wir drehten hinten die Seitenscheiben herunter und winkten vorübereilenden und ob unseres Anblicks etwas verwirrten Passanten zu. Richtig cool, so würde man heute sagen, fanden wir es, als für eine kleine Weile sogar die Polizeisirene des VW-Käfers eingeschaltet wurde. Zuhause allerdings wurden wir nicht gerade mit Freude empfangen. Franziska bekam ebenso wie ich eine gehörige Tracht Prügel verabreicht. Das, was sich mir dabei besonders einbrannte, war die Tatsache, dass meine Mutter mich nicht verprügelte wegen unseres Ausflugs zum Flughafen, nein, sondern sie verprügelte mich, weil uns die Polizei nach Hause gebracht hatte und weil sie, meine Mutter, nun angeblich bis auf die Knochen bei den Leuten blamiert sei, wen auch immer sie damit meinte.

An dieser Stelle wird es Zeit für eine kleine Zwischenbemerkung:
Wer die ersten beiden Kapitel dieses Buches gelesen hat, fragt sich instinktiv:
Wie war es möglich, dass ein Kind so schlimme Misshandlungen, so entsetzliche Quälereien, so tiefe Demütigungen aushalten konnte und dennoch gleichzeitig auch so fröhlich, so unbeschwert sein konnte, wie in diesem Kapitel geschildert?

Die Antwort darauf lautet:
Das Eine war nur möglich aufgrund des Anderen.
Da gab es zum einen die Lebenswirklichkeit, in der ich brutal gequält, geschlagen und gedemütigt wurde, aber da gab es auch noch die andere Lebenswirklichkeit, in der ich fröhlich und unbeschwert war.
Diese zweite Lebenswirklichkeit, die ich meine damalige Parallelwelt nenne, ermöglichte es mir, die erste Lebenswirklichkeit auszuhalten.
Meine Parallelwelt war meine Rettung, mein Schutz, meine Oase der Erholung, ohne sie hätte es für mich nur den Weg in die absolute Depression oder den Selbstmord gegeben. Mir kam dabei eine Eigenschaft zugute, die mir das Überleben sicherte: Wenn ich als Kind z.B. ein spannendes Buch las, dann habe ich das nicht nur gelesen, sondern ich tauchte in die Geschichte ein, ich wurde quasi eins mit der Geschichte und hatte oft Schwierigkei-

ten, wieder aufzutauchen, wieder wach zu werden, wenn ich, von meiner Mutter brutal geschüttelt, in die Wirklichkeit des Alltag zurückgeholt wurde. Diese Eigenschaft kam mir auch in meiner Parallelwelt zugute: Hatte ich eben noch eine fürchterliche Tracht Prügel bezogen, so tauchte ich fünf Minuten später, wenn ich z.B. mit meiner Freundin Franziska unterwegs war, ein in das, was wir unternahmen und genoss das so tief, so intensiv, so vollständig, dass ich alles, was ich gerade erlitten hatte, und alles, was mich nach meiner Rückkehr erwartete, vollständig vergaß und ausblendete und nur den Augenblick genoss, mich nur dem Glück des Moments hingab.

Ich bin aber auch zutiefst dankbar, dass ich von klein auf auch immer tief in mir die Hoffnung spürte, dass sich eines Tages alles noch zum Guten wenden werde, wie es dann ja auch geschehen ist.

Aber nun zurück zu Franziska.

Franziska lebte mit ihrer Familie im Stockwerk über uns und wir besuchten die gleiche Grundschule in Bremen und daher sahen wir uns jeden Tag.

Franziska war zwar mit ihren sieben Jahren ein ganzes Jahr jünger als ich, dennoch sah ich wesentlich jünger aus als sie, weil Franziska einen ganzen Kopf größer war als ich und vom Aussehen her drei Jahre älter aussah, als sie wirklich war. Außerdem war sie wesentlich kräftiger und stärker als ich. Ich dagegen war für mein Alter sehr klein und zierlich und ich sah eher viel jünger aus, als ich wirklich war. Aber das tat unserer guten, sich stetig entwickelnden Freundschaft keinen Abbruch, eher im Gegenteil. Franziska war von uns beiden die aktivere, diejenige, die dauernd neue verrückte Ideen ausheckte, was wir unternehmen könnten, und sie traute sich auch viel mehr zu als ich, sie war viel mutiger als ich. Aber ich merkte bald, dass es Franziska sehr gefiel, mich mit ihren ausgefallenen Ideen anzustecken und dass sie es genoss, als Jüngere auf mich Älteren aufzupassen und mich zu beschützen. Immer wieder wurde Franziska, wenn wir gemeinsam unterwegs waren, von anderen Kindern gefragt: „Was willst du mit so einem mickrigen kleinen, hässlichen Freund?“ Und Franziska verteidigte mich vehement: „Ich mag ihn sehr gerne und er ist weder mickrig noch hässlich, ich finde ihn einfach nur süß. Franziska und ich waren in der Folgezeit so oft zusammen wie nur irgend möglich, ja wir waren fast unzertrennlich, wir hingen wie Kletten aneinander. Franziskas Eltern und meine Mutter hatten nichts dagegen, dass wir beide so eng miteinander befreundet waren, was sicher auch daran lag, dass wir ja erst 7 und 8 Jahre alt waren.

Auf der Rückseite der großen, steil zum Eingang unseres Mietshauses hinaufführenden Treppe befand sich unter der Treppe ein kleiner, verborgener Verschlag. Dort haben wir beide uns an manch verregnetem oder dunklem Tag verkrochen und haben beim Schein einer Kerze in spannenden Abenteuerbüchern geschmökert, dort haben wir uns gegenseitig „Pu der Bär“,„Emil und die Detektive“ und „Max und Moritz“ vorgelesen.

Dort bekam ich auch meinen ersten zarten Kuss von einem Mädchen. Ich hätte mich nie getraut, aber Franziska fragte mich eines Nachmittags ohne lange Umschweife, ob sie mich küssen dürfe. Und nachdem ich stumm und in freudiger Erwartung genickt hatte, nahm sie meinen kleinen Kopf fest in ihre beiden Hände, zog ihn sanft zu sich heran und küsste mich zart auf die Wange. Aber schon bei diesem ersten Kuss und auch später bei allen weiteren hingehauchten Küssen, die ich von Franziska geschenkt bekam, geschah dasselbe: Tief in meinem Bauch kribbelte es wundervoll und dieses wundersame Kribbeln breitete sich wellenartig aus, hin zu meinen Beinen und hin zu meinem Kopf.

Es wurde mir richtig warm, aber diese wohlige Wärme war etwas so Erstrebenswertes, etwas so Herrliches, stundenlang hätte ich das in vollen Zügen genießen können und mein Herz sehnte sich nach stetiger Wiederholung.

Mitunter schlichen Franziska und ich uns zum Bremer Hauptbahnhof, um dort das Aktualitätenkino aufzusuchen. Aber es hieß bei uns nur kurz und knapp „Aki.“ Der Eintrittspreis in dieses Kino war für uns Kinder mit 70 Pfennigen zwar recht teuer, aber dafür konnte man einen ganzen Spielfilm anschauen, Werbung und vor allem mehrere Wochenschauen, eine deutsche, eine aus England, eine aus Frankreich, eine aus den USA.
Ich höre in meiner fernen Erinnerung noch heute die Einleitung zur Fox-Tönenden-Wochenschau. Die schwarz-weißen Bilder aus all den fernen Ländern nahmen uns geheimnisvoll gefangen und wir waren wie gebannt und konnten unseren Blick nicht von der Leinwand abwenden.
Bei uns zu Hause gab es noch kein Fernsehen.
Aus der völlig unberechtigten Angst heraus, ich würde die Zeitung in Unordnung bringen, war es mir bei drakonischer Strafandrohung verboten, die Bremer Tageszeitung zu lesen, und aufgrund der unverständlichen Furcht, ich könnte es womöglich übel beschädigen, war mir auch das Radiohören strengstens untersagt. So war das Aki mein einziges offenes Tor zur großen weiten Welt und ich sog wie ein ausgetrockneter, nach Wasser gierender Schwamm alles auf, was ich über die Geschehnisse in der Welt in Erfahrung bringen konnte.
Auch konnte man zu jeder Zeit, auch mitten im Film, in das Aki hineinspazieren und solange dort verweilen, wie man wollte. Das gab uns die feine Möglichkeit, uns dort vor allem bei regnerischem Wetter oder in der bitteren Kälte des Winters aufzuhalten. Wir hockten dort meist stundenlang, hatten unsere Hände ineinander verflochten und vergaßen die dahineilende Zeit, besonders dann, wenn es wunderschöne Liebesfilme zu sehen gab, wie z.B. „Vom Winde verweht“. Es konnte dann geschehen, dass Franziska und ich wie die Schlosshunde heulten, wenn im Film geweint wurde und dass wir uns dann anschließend schluchzend in den Armen lagen.

Manchmal kriegten wir zu Hause jede Menge Haue, weil wir viel zu spät und erst im Dunkeln nach Hause kamen. Aber die Prügel hatten sich dann doch wenigstens gelohnt.
Franziska blieben die Prügel eine Zeitlang erspart, weil ich die Verantwortung bei ihren Eltern für das Zuspätkommen auf mich nahm, indem ich kess behauptete, ich hätte Franziska bewusst dazu verleitet, zu spät zu kommen. Nachdem das mehrfach vorgekommen war, waren Franziskas Eltern ungehalten, da sie nach meinen Aussagen davon ausgehen mussten, dass ich immer wieder an dem häufigen Zuspätkommen schuld war. Daraufhin musste Franziska meiner Mutter einen handgeschriebenen Zettel überbringen, auf dem Franziskas Eltern sich heftig über mein unverantwortliches Verhalten beschwerten.
Als meine Mutter mich unter heftigen erniedrigenden Beschimpfungen („du Missgeburt", du halbe Portion") auszog, spottete sie: „Deine Freundin soll ruhig dabei sein, wenn ich dir deinen ungezogenen kleinen Arsch versohle, damit sie begreift, was du für ein ungehorsames, freches Gör bist."
Und während sie wie von Sinnen mit dem Teppichklopfer auf mich eindrosch, fügte sie noch hinzu: „Franziska soll auch mitbekommen, dass du zwar manchmal eine mächtig große freche Klappe hast, aber ganz klein und hässlich bist, wenn du eine Tracht Prügel bekommst. Franziska soll darüber nachdenken, ob sie so einen ängstlichen Waschlappen wie dich überhaupt weiter zum Freund haben will."
Um mich zu verdreschen, verwendete meine Mitter in meiner frühen Kindheit vor allem die damals noch in Gebrauch befindlichen Teppichklopfer. Nachdem sie gefühlte zwei Dutzend auf mir zerschlagen hatte, habe ich aufgehört zu zählen. Als ich das Alter von 11 Jahren erreicht hatte, benutzte meine Mutter mit Vorliebe Kleiderbügel zum Zuschlagen und ab dem Alter von 13 dünne, biegsame federnde Rohrstöcke, weil sie der Meinung

war, dass mir diese besonders weh tun würden und ich sie daher besonders intensiv spüren würde.
Drei fundamentale Merkmale sind mir, was das Schlagen betraf, in Erinnerung geblieben:
Meine Mutter kannte keine bestimmte Anzahl an Schlägen, die sie für diesen oder jenen Ungehorsam für angemessen hielt, sondern sie schlug so lange zu, bis sie außer Atem geriet. Dabei hat es sie überhaupt nicht interessiert, wenn ich bereits wimmernd und heulend am Boden lag. „Ich höre erst dann auf, wenn ich es für richtig halte!" war ihr Standardsatz, wenn ich sie danach fragte.
Meine Mutter entwickelte mit der Zeit zahlreiche Ideen, wie sie mich verprügeln konnte. Ein grün und blau geschlagener Po war kein Grund, mit dem Schlagen eine längere Zeit auszusetzen oder gar ganz damit aufzuhören, sie wechselte dann lediglich die Körperteile, sie schlug dann mehr auf die Schenkelinnenseiten, auf meine Waden, meinen Rücken oder meine Füße. Nur einmal habe ich dabei erlebt, dass sie sich erschrak und innehielt: Das war, als sie mir im Alter von 15 mit voller Wucht mit einer dünnen Gerte quer übers Gesicht schlug. Als dabei die Lippe aufplatzte und die Nase anfing zu bluten, brach sie für dieses Mal die Prügelorgie ab. Im Krankenhaus wurden dem behandelnden Arzt die Verletzungen als Sturz vom Fahrrad verkauft.
War ich mit meiner Mutter alleine, wenn ich Schläge bekommen sollte, so reichte es ihr völlig aus, wenn sie mir die Hosen bis auf die Strümpfe herunterzog. Waren aber Freunde der Familie, Bekannte oder Verwandte, ja sogar Klassenkameraden von mir anwesend und war meine Mutter dann der Ansicht, ich hätte eine Tracht Prügel verdient, wurde ich vor den Anwesenden komplett nackt ausgezogen. Erklärt wurde das mir und den Anwesenden mit der höheren pädagogischen Wirkung, die dadurch die Prügelstrafe bei mir haben sollte. Ich habe dieses Argument niemals geglaubt, ich glaube, es ging ihr allein darum,

mich durch das vollständige Ausziehen zu demütigen und zu erniedrigen. Je älter ich wurde, desto lieber wandte sie diese Form der Demütigung an, ja manchmal wurde sogar eine Bestrafung so lange verschoben, bis andere Personen anwesend waren. Wie es mir dabei ging, was sie dabei in meiner Seele anrichtete, was sie damit meinem seelischen Rückgrat antat, hat meine Mutter nicht interessiert.

Das vertrauensvolle, ja fast liebevolle Verhältnis zwischen mir und Franziska wurde nach diesem Vorfall eher noch enger, weil es mir sehr hoch anrechnete, dass ich gegenüber ihren Eltern die alleinige Schuld für das Zuspätkommen auf mich genommen hatte.

Oft verkrochen Franziska und ich uns am frühen dämmrigen Abend, wenn wir eigentlich schon zu Hause sein sollten, in unserem kleinen gemütlichen Nest unter der Eingangstreppe und lachten in uns hinein über unsere Mütter, wenn die mit dem halben Oberkörper aus dem Fenster hingen und nach uns Ausschau hielten oder gar laut nach uns plärrten.

Unser kleiner enger Verschlag hatte vorne an der Tür ein winziges Fenster, durch das wir alles auf das Genaueste beobachten konnten und das wir von innen mit einem selbstgebastelten Holzladen und einer orangefarbenen Gardine verschließen konnten, sodass von außen keiner feststellen konnte, ob wir in unserer Höhle hockten oder nicht.

Unsere kleine Behausung hatten wir uns urgemütlich eingerichtet. Den kalten Boden und die feuchten Seitenwände hatten wir mit alten Teppichresten ausgekleidet, die wir in einer alten Wohnung auf einem Trümmergrundstück gefunden hatten und wir hatten zwei alte Holzstühle und einen kleinen wackligen runden Tisch, die weggeworfen werden sollten, an uns genommen und mit Mühe in unser Verlies geschleppt.

Um unser kleines Nest gegen andere Kinder zu schützen, hatten wir uns ein starkes Vorhängeschloss von unseren zusammengekratzten Ersparnissen gekauft. Alles, was wir für die weitere Verschönerung unseres Versteckes benötigten, erwarben wir uns bei Leisten-Birkle, einem Bastelladen mit ausgesucht gutem Sortiment im Ostertorviertel Bremens, einer wahren Fundgrube für jeden Bastler. Es roch dort so herrlich nach frisch gesägtem Holz und der freundliche ältere Herr, der uns kleine Knirpse immer durch seine große Hornbrille mit einem verschmitzten Lächeln musterte, überließ uns manche Holzabfälle kostenlos. Wenn wir in unserem Verschlag verkrochen hatten, zündeten wir zwei oder drei Kerzen an, dann setzte sich auf einen der Holzstühle und nahm mich auf ihren Schoß und zwar so, dass mein Gesicht sie ansah.

Wir umarmten uns ganz fest wie zwei kleine Klammeräffchen, streichelten uns gegenseitig und kuschelten miteinander. Besonders schön war das in der Sommerzeit, wenn wir beide wegen der erheblichen Wärme außer einer kurzen Hose nichts anhatten. Das war einfach herrlich, den nackten Körper des Anderen direkt zu spüren, seine zarte Haut. Es war wunderschön, wenn Franziska mir sanft den Rücken streichelte, indem sie ganz langsam ihre Hände über meinen Rücken gleiten ließ, und sie liebte es ebenso, wenn ich ihren Rücken streichelte.

Wir haben die kurzen Minuten und langen Stunden, in denen wir so saßen, immer zutiefst genossen und dabei fast die Welt um uns herum vergessen. Dieses enge liebevolle Zusammensein verlieh Franziska und mir wieder etwas Stärke und ein wenig Durchhaltevermögen für den höllischen Alltag in unseren Familien. Franziska und ich waren viel unterwegs und wir unternahmen viele erlebnisreiche Radtouren. Dabei darf man nicht vergessen, dass wir beide kein unserem Alter entsprechendes Fahrrad besaßen, wir benutzten regelmäßig die Fahrräder unserer größeren Geschwister. Ich fuhr immer mit dem Fahrrad meiner 11 Jahre älteren Halbschwester Mathilde. Da ich noch sehr klein war, konnte ich noch nicht auf dem Fahrradsitz Platz nehmen, sondern musste im Stehen Rad fahren. Aber das störte mich in meinem Fortbewegungsdrang keineswegs, nur wenn wir nach rechts oder links in eine andere Straße abbogen und ich versuchte, mit meinem rechten oder linken Arm den Fahrtrichtungswechsel anzuzeigen, kam ich bisweilen mit dem Rad in arges Schlingern.

Ich war stets froh, wenn ich von Zuhause wegkam. Eigentlich durften Franziska und ich nicht sehr weit von Zuhause weg, aber niemand wusste ja von unseren weitläufigen Radtouren, das war unser kleines, streng gehütetes Geheimnis.

In der Schulzeit musste ich in der Woche immer abends gegen 18 Uhr zu Hause sein, auch als ich älter war und spätestens gegen 19.30 Uhr war für mich Schlafenszeit. In den Ferien aber und am Wochenende ließ mir meine Mutter Freiheit. Sie tat das aber nicht aus Liebe zu mir.

Meine Mutter hegte die abgrundtiefe Überzeugung: „Wenn du mir nicht vor den Füßen rumläufst, muss ich mich nicht über dich ärgern. Jede Minute, wo ich dich nicht sehen muss, ist eine gute Minute. Manches Kind hätte sich nach solchen Aussprüchen vielleicht in eine Ecke gesetzt und wäre depressiv geworden, ich aber hörte die Botschaft der Freiheit darin: „Du musst nicht zu Hause sein!" Also nutzte ich die Freiheit, was meiner Mutter aber auch wieder nicht recht war.

So hatten Franziska und ich z. B. auf einer Wanderkarte die Ortsbezeichnung Hexenberg entdeckt und sind dort hin geradelt mit einem etwas mulmigen Gefühl und einer tief in uns sitzenden Angst, aber auch mit großer innerer Spannung, was uns dort wohl erwarten würde. Aber der Hexenberg war einfach nur eine sehenswerte, schöne Gegend mit ein paar alten Bauernhäusern in verwilderten Gärten, in denen herrlich duftende Sommerblumen blühten und in denen alte, knochige Obstbäume standen. Das einzig Besondere am Hexenberg waren zwei große, rustikale Restaurants, in die man einkehren konnte. Von einem Berg aber war keine Spur zu sehen und grässliche Hexen mit glühenden Augen und reitend auf wilden Besen suchten wir vergebens. und ich setzten uns draußen vor einem der Restaurants an einen wackligen Biertisch und wir erstanden uns für nur 1.- DM einen großen Teller dampfender, leckerer Erbsensuppe mit zwei kleinen knackigen Bockwürstchen. Wir baten die Kellnerin mit einem fröhlichen Augenaufschlag um einen zweiten Löffel und aßen die Erbsensuppe gemeinsam, indem wir uns gegenseitig fütterten, dabei prusteten wir laut vor Lachen und bekleckerten uns dabei.

Ein anderes Mal radelten wir unverdrossen nach Worpswede, einem kleinen, malerischen Künstlerdorf in der Nähe von Bremen, das sich in eine hügelige Landschaft mit vielen Getreidefeldern und Wiesen schmiegt. Ich hatte in einer Zeitung, die mir Franziskas Eltern überließen, gelesen, dass es in Worpswede einen echten Berg geben sollte, den Weyer Berg. Wir waren dann doch wirklich sehr enttäuscht, als sich der vermeintliche Berg als ein 45 Meter hoher sanfter Hügel entpuppte, den wir in wenigen Minuten problemlos erstiegen.

Ich lud Franziska als kleine Entschädigung zu einer großen Portion leckeren Schokoladeneises ein, das es in einem kleinen gemütlichen Eiscafé gab. Da es sehr warm draußen war, setzten wir uns auf einen der vielen Holzstühle in dem Garten, der sich rund um das Eiscafé wand. An dem bunten Garten und seiner vielfältigen Pracht konnten wir uns kaum sattsehen. Der Garten war erfüllt mit herrlich duftenden und in vielen Farben des Regenbogens leuchtenden Sommerblumen.

Ich hockte mich auf Franziskas Schoß und wir fütterten uns gegenseitig mit dem köstlichen Schokoladeneis, das uns ganz herrlich mundete und wunderbar erfrischte.

Eine ältere, freundliche Frau mit einem etwas verknittert wirkenden Gesicht, auf deren Kopf ein kleiner gelber Strohhut gegen die stechende Sonne thronte, und die mit ihrem Mann ebenfalls in dem gemütlichen Eiscafegarten verweilte, lächelte Franziska an und fragte sie: „Na, hast du deinen kleinen Bruder auf dem Schoß?“ Und Franziska schüttete sich aus vor lauter Lachen und entgegnete trocken: „Nein, das ist doch nicht mein kleiner Bruder, das ist mein Freund und der ist sogar ein Jahr älter als ich.“

Franziska war der erste Mensch, der meine Intimität achtete. Wenn wir stundenlang mit den Rädern unterwegs waren und einer von uns mal musste, passte der andere auf, dass uns keiner dabei sah. Ich habe nicht erlebt, dass sie mir dabei zugucken wollte. Auf unseren zahlreichen Radtouren sprangen wir zur Abkühlung hin und wieder in einen kleinen Wassergraben oder größeren Teich, den wir fanden. Franziska war der erste Mensch, der nicht lachte, wenn sie mich nackt sah, es hat ihr einfach nichts ausgemacht, dass alles an mir noch so winzig war, sie fand mich einfach nur süß.

Ich erinnere mich noch, dass wir im darauffolgenden Winter, ich war inzwischen 10 Jahre alt geworden, fast jeden Tag auf dem kilometerlangen Wallgraben direkt vor unserer Haustür Schlittschuh liefen. Entweder hielten wir uns fest an den Händen oder wir liefen hintereinander her. Am schönsten aber war es, wild mit Franziska Schlitten zu fahren. Franziska saß hinter mir und wir sausten eng umschlungen mit dem Schlitten flachere oder höhere Hügel herunter. Wir haben dabei sehr viel gelacht, besonders, wenn der Schlitten unterwegs umkippte und wir mit unseren erhitzten Gesichtern im tiefen, weichen Schnee landeten. In solchen Augenblicken waren wir beide nur noch glückliche Kinder, alles Leid des Alltags fiel von uns ab. Wir lieferten uns stundenlange Schneeballschlachten mit fremden Kindern, oft wurden wir von den anderen Kindern, weil wir nur zu zweit waren, tüchtig eingeseift, aber das machte uns nichts aus, und wir waren ein verdammt gutes Team. An warmen Sommerabenden radelten Franziska und ich gerne zur Entenstange, einem kleinen, durch ein enges Gitter zum Wallgraben hin abgegrenzten Platz mit fünf Sitzbänken. Dort saßen wir wie ein altes, schon lange verheiratetes Ehepaar, eng nebeneinander, aneinander-gelehnt, Wange an Wange, Hand in Hand und beobachteten die über die angrenzende Wiese hoppelnden Häschen, die schnatternden Enten, die flink die Bäume hinauf und hinunter flitzenden Eichhörnchen und die in den grünen Büschen nistenden Vögel.

Eines Nachmittags fuhr Franziska mit mir zur Baumwollbörse in die Bremer Innenstadt. In der Baumwollbörse gab es einen sogenannten Paternoster, einen recht ungewöhnlichen Aufzug. Bei einem normalen Aufzug ist es ja so, dass eine Aufzugskabine immer rauf und runter fährt und in den verschiedenen Stockwerken anhält. Beim Paternoster ist das anders: Dort hängen viele Aufzugskabinen an einer dicken Kette untereinander, so wie Perlen an einer Perlenkette. Es gibt zwei getrennte Aufzugsschächte: In einem Schacht wandert die Aufzugskabinen-Kette nach oben und im anderen Aufzugsschacht wandert sie nach unten. Das Ganze läuft ab wie bei einem Riesenrad.

überredete mich, mit ihr in dem Paternoster zu fahren. Der Paternoster blieb nie stehen, er fuhr den ganzen Tag langsam in einem Aufzugsschacht nach oben und im anderen nach unten. Die Aufzugskabinen besaßen keine Türen, wir hüpften einfach in eine der vorbeifahrenden Kabinen hinein und wenn wir in dem Stockwerk angekommen waren, wo wir hinwollten, hüpften wir einfach wieder aus der Kabine heraus. Das machte uns ungeheuer viel Spaß und wir lachten viel dabei. Nachdem wir eine Weile mit dem Paternoster gefahren waren, wollte Franziska, dass wir in dem Paternoster blieben, wenn er unten durch den Keller fuhr und wenn er oben im obersten Stockwerk wieder die Fahrtrichtung wechselte. Ich muss zugeben, dass ich erhebliche Angst hatte und es mir unheimlich war, als der Paternoster mit ruckartigen Bewegungen durch den dunklen Keller fuhr.

Aber das stärkende Zusammensein mit Franziska gab mir Mut, mitzufahren, auch wenn es wirklich etwas unheimlich war. In solchen Momenten keimte in mir eine erste Ahnung empor, dass das sogenannte schwache Geschlecht sehr stark sein kann. Als ich mit 10 Jahren ins Gymnasium kam, in ein altsprachliches Gymnasium, fragte ich nach wenigen Lateinstunden meinen damaligen Lateinlehrer, was das Wort „Paternoster" eigentlich bedeutet. Er entgegnete mir: „Paternoster" ist lateinisch und heißt „Vater unser". Warum aber nun der Aufzug in der Baumwollbörse diesen Namen trug, konnte er mir nicht erklären. Er verwies mich an einen alten Pater, der als Lehrer an der benachbarten katholischen Johannisschule tätig war. Zusammen mit klingelte ich bei ihm und er konnte uns schlüssig erklären, warum der Paternoster eigentlich Paternoster heißt:
„Paternoster", so führte er aus, „ist ursprünglich die Bezeichnung für ein Gebet in der Kirche. Wenn die Katholiken zu der heiligen Maria beten, lassen sie dabei oft eine Art Perlenkette durch die Hände gleiten. Mit den einzelnen Perlen zählen sie die Gebete mit. Diese Perlenkette heißt „Rosenkranz". Früher hat man zu dieser Perlenkette auch „Paternosterschnur" gesagt. Und so, wie man die Gebete an der Perlenschnur immer endlos weiter beten kann - quasi immer rund herum beten kann - so dreht auch der Paternoster-Aufzug ohne Ende seine Runden". Taschengeld bekamen Franziska und ich zu Hause beide nicht, das war damals noch nicht üblich. Ich kann mich an keinen Klassenkameraden in der Grundschule erinnern, der von seinen Eltern Taschengeld erhalten hatte. Unsere Eltern waren der durchaus verständlichen Ansicht, die Kinder bekommen, was sie benötigen, ihnen Geld darüber hinaus in die Hand zu drücken, ist reine Verschwendung. Franziska und ich waren aber sehr pfiffig und einfallsreich. So kamen wir auf die Idee, uns selbst etwas Geld zu verdienen. Wir halfen beim Unkrautjäten in den benachbarten Gärten, bis uns der Rücken weh tat, wir mähten

einer älteren Frau den Rasen mit einem alten Handrasenmäher, der beim Vorwärtsschieben entsetzlich quietschte und nur sehr schwer zu bewegen war. Wir hangelten uns in die höchsten Spitzen der Obstbäume, um bei der Apfel- und Kirschernte zu helfen, wir erledigten für ältere Leute wichtige Einkäufe und in der Weihnachtszeit schleppten wir den Menschen die gekauften Weihnachtsbäume nach Hause. Wir kamen durch unsere verschiedenen Tätigkeiten auf einen durchschnittlichen Stundenverdienst von 25 Pfennig.

Oft schlichen wir verbotenerweise über die damals noch zahlreich vorhandenen Trümmergrundstücke (in den 1950er Jahren lag ein Drittel Bremens noch in Trümmern) und sammelten alles, was wir an altem Eisen finden konnten. Dabei brachten wir uns oft in eine sehr gefährliche Lage, weil wir halsbrecherisch über die sich auftürmenden Trümmer turnten, aber diese lebensbedrohliche Gefahr war uns Kindern damals nicht bewusst. Das Eisen, das wir mühsam sammelten, schleppten wir gemeinsam mit großer Anstrengung zu dem Alteisenhändler Herrn Miesegardes, der uns für das gesammelte Eisen einige Pfennige gab.

und ich aßen für unser Leben sehr gerne leckere Süßigkeiten und köstliches Eis. In der Bremer Innenstadt gab es im Sommer das allerbeste italienische Eis bei Chiamulera. Unsere Lieblingssorten waren Vanille- und Schokoladeneis.

Im Winter schleppten wir unsere kleinen Ersparnisse meist in das „Schokolädchen", einen winzigen Laden in der Nähe unseres Zuhauses im Ostertorviertel. Dort gab es die herrlichsten Süßigkeiten. Weil unsere Mütter aber nicht wollten, dass wir so viel Süßigkeiten aßen, stopften wir die Süßigkeiten, kaum, dass wir sie erstanden hatten, eiligst in uns herein, damit unsere Mütter nichts davon merkten, dass wir uns heimlich Schleckereien gekauft hatten. Meine Mutter war nur häufig verwundert, dass ich zum Abendessen keinen Hunger hatte.

Die Augen schließen, den Mund öffnen und langsam einen Riegel Schokolade in den Mund schieben und langsam auf der Zunge zergehen lassen, das ist ein so herrlicher Genuss, ein unwiderstehlicher Genuss, dem Franziska und ich uns gerne hingaben. Schokolade in fast jeder Form, dafür schwärmte ich: Kuchen mit Schokoladensahne, Schokoladenpudding, Ostereier aus Schokolade ebenso wie Weihnachtsmänner aus Schokolade und nicht zuletzt Schokoladenplätzchen.
Eine Schokoladensorte hatte es mir als Kind ganz besonders angetan, die dreieckige Schokolade aus dem Hause Tobler mit dem Namen Toblerone. Der Name dieser herrlichen, wohlschmeckenden Schokoladenspezialität setzt sich zusammen aus dem Firmennamen Tobler und dem italienischen Wort Torrone, der Bezeichnung für eine italienische Spezialität aus Honig, Mandeln und Nougat. Bis heute konnte nicht ganz zweifelsfrei geklärt werden, wie es zu der Dreiecksform der Schokolade kam. Aber Menschen, die etwas davon verstehen, aber ungenannt bleiben wollen, haben mir geheimnisvoll angedeutet, dass die Dreiecksform der Schokolade etwas mit den geliebten Schweizer Bergen des Erfinders dieser Schokoladenspezialität zu tun hat. Ob diese Deutung nun stimmt oder nicht, lässt sich nicht mehr endgültig klären, ist mir aber außerordentlich einleuchtend und sympathisch. In dem Schokolädchen gab es neben anderen weiteren Köstlichkeiten eine ganz besondere Delikatesse: Kleine Gläser mit einem zart schmelzenden und köstlich mundenden Schokoladenpudding. Von unserem hart und sauer verdienten Geld gönnten wir uns hin und wieder ein solches Glas Schokoladen-Pudding und verzehrten es gemeinsam in unserem Versteck. Bei einer solchen Gelegenheit nahm Franziska einen großen Löffel mit Schokoladenpudding und rieb mit einer Hand mein Gesicht und meinen Rücken mit dem Schokoladenpudding ein. Anschließend leckte sie den Schokoladenpudding mit ihrer Zunge zärtlich von meinem Gesicht und meinem Rücken. Wir gacker-

ten wie die Hühner vor Vergnügen und ein wohliges Gefühl durchströmte meinen kleinen Körper.

Im folgenden Sommer unternahm ich wieder eine anstrengende Radtour mit Franziska nach Borgfeld in die Wümmeniederungen. Wir hatten uns zuhause ausreichend sättigende Verpflegung und erfrischende Getränke stibitzt, das machten wir immer so, wenn wir eine größere Tour planten. Weil es sehr heiß war, warfen wir alles von uns, was uns hemdte und hoste, als wir an der Wümme ankamen, und wir stiegen in aller Unschuld nackt in die Wümme, um zu schwimmen und uns zu erfrischen. Damals, anders als heute, war das Schwimmen in der Wümme noch problemlos möglich. Zunächst spritzten wir uns gegenseitig nass und schwammen wir viel umher. Dabei versuchten wir uns gegenseitig unterzutauchen und wir lachten aus vollem Hals.

Nach einer Weile, als wir müde wurden, blieben wir mitten in der Wümme stehen und umarmten uns. Ich werde bis zum Ende meines Lebens dieses wunderschöne Körpergefühl nicht vergessen, als wir da so engumschlungen, die kleinen nackten Körper aneinander gepresst, mitten im Wasser standen, und alles um uns herum vergaßen. Von Sexualität hatten wir noch keine große Ahnung und dennoch glaube ich, dass diese kindlichen Begegnungen mit der kindlichen Sexualität in mir den Glauben gewahrt haben, dass Sexualität auch etwas Schönes sein kann. Anschließend tollten wir ohne Scheu voreinander noch eine Weile nackt über die sattgrüne Wiese an der sich dahin schlängelnden Wümme, wir waren total albern und überdreht und schlugen jede Menge Purzelbäume und Räder, wir spielten Schubkarre und ich machte ein paar Mal Handstand und hielt meine Füße fest. Dabei stellte sie fest, ich hätte einen WKZP. „Was ist das denn?“, fragte ich lachend. „Ist doch klar“, sprudelte es aus heraus, „du hast einen winzig kleinen Zartpopo!“ Vor lauter Lachen konnte ich den Handstand nicht mehr halten. Wir lachten,

kicherten und alberten ohne Ende rum und wir waren einfach glückliche Kinder, die wenigstens stundenweise der Hölle des eigenen Zuhauses entgehen konnten.
Es wanderten auch einige ältere Spaziergänger vorbei, aber die schimpften nicht, sondern lachten nur über uns beide und eine ältere Frau schmunzelte: Gott, sind die beiden Kinder süß!"
Nach dem anstrengenden Schwimmen und Herumtollen legten wir uns eine Weile ohne Hintergedanken nackt nebeneinander und streichelten uns gegenseitig. Zum ersten Mal streichelten wir uns nicht nur den Rücken, sondern auch die Brust und den Bauch.
Dabei kamen wir auf die Idee, uns gegenseitig Brause-Pulver auf unseren Bauchnabel zu streuen und danach durfte jeder dem anderen das prickelnde Brausepulver aus dem Bauchnabel lecken. Wir hatten das in einem ziemlich kitschigen Film, dessen Titel ich vergessen habe, im Aki gesehen und wollten es nun unbedingt ausprobieren. Ich war sehr aufgeregt und es hat unheimlich gekitzelt, als Franziska das Brausepulver aus meinem Bauchnabel leckte. Franziska hatte eine unglaublich weiche, zarte Haut, weich wie Milkaschokolade. Ich hätte stundenlang so liegen können und ich hoffte nur, dass der Augenblick niemals vorübergehen würde. Dann küssten wir uns zum ersten Mal auf den Mund.

Kapitel 4

1956

Die Kur - Sahne in den Bergen

„Wir gehen in die Berge, weil wir das Gefühl haben, ganz oben bei uns sein zu können. Weil wir uns als Teil eines größeren Ganzen verstehen.“
Tom Dauer

Das strahlende Licht der Mittagssonne brach sich regenbogenfarben an dem goldglänzenden Gipfelkreuz. Der lange, beschwerliche und streckenweise anstrengende Weg aus dem Tal hinauf zur Arnspitze, einem Gipfel des Karwendelgebirges in der Nähe von Garmisch-Partenkirchen, war zu Ende.
Ich war müde und erschöpft von dem Aufstieg, aber all diese Mühsal fiel jetzt von mir ab im Angesicht des Gipfelkreuzes. Ich stellte mich direkt unter das Gipfelkreuz und ließ meinen entspannten Blick schweifen über das unter mir liegende Tal des Inn und die angrenzenden Berge.
Eine tiefe innere Stille und eine wunderbare Ruhe und Gelassenheit breiteten sich in mir aus. All die drängenden Sorgen und anstehenden Probleme des Alltags verschwanden wie ein sich auflösender Nebel aus meinem Geist und meine Seele wurde erfüllt von einem tiefen Frieden.
Den Bergen der Alpen gehört meine ganze Liebe. Dort in den Bergen, allein in der Einsamkeit der Natur, fühle ich mich zutiefst wohl, das ist ein Labsal für meine Seele und ein Jungbrunnen für mein Denken und Fühlen. Immer dann, wenn ich in einem Urlaub unter einem Gipfelkreuz stehe, erkenne ich ange-

sichts der Erhabenheit der Berge, was wirklich wichtig ist im Leben, alles andere wird dann im wahrsten Sinne des Wortes zweitrangig.
Dort oben ist es so schön, dass mir unter einem Gipfelkreuz immer ein Vers aus der Bibel einfällt (Matthäus 17,4). Jesus ist mit einigen Jüngern auf einen hohen Berg gestiegen und Petrus, einem seiner Jünger, hat es dort oben so gut gefallen, dass er zu Jesus sagt: „Herr, hier ist gut sein! Willst du, so wollen wir hier drei Hütten bauen."
Wenn ich zutiefst in mein innerstes Selbst schaue und meinen tiefsten und sehnlichsten Wunsch gegenüber einer Wunschfee äußern dürfte, dann wäre eine solche Hütte mitten unter einem Gipfelkreuz das, was ich mir wünschen würde. Ein Urlaub in den Bergen ist für mich heute eine immer wieder gern genutzte Möglichkeit, die Seele baumeln zu lassen und mich nachhaltig zu erholen. Im zarten Alter von acht Jahren hatte ich zum ersten Mal die Gelegenheit, die Berge, die ich bis dahin nur aus Wochenschauen kannte, kennenzulernen.
Eines Morgens, es war ein kalter, nebliger Apriltag, ich besuchte gerade die vierte Klasse der Grundschule, wurden meine Mitschülerinnen, Mitschüler und ich von unserer Klassenlehrerin, Fräulein Soldan, zu einem zu diesem Zweck leergeräumten Klassenraum geführt. Niemand wusste, was in dem Raum vor sich ging. Einzeln wurden die Schülerinnen und Schüler in den Raum hinein geholt. Da das Zimmer über einen Vordereingang und einen Hinterausgang verfügte, kam auch keine Schülerin bzw. kein Schüler heraus, um uns darüber aufzuklären, was in dem Raum vor sich ging. Mit jeder Minute stieg die Spannung an und jede(r) wartete gespannt darauf, dass sie/er in den Raum hineingerufen wurde. Zunächst verbreitete sich das Gerücht, es sei ein Zahnarzt anwesend und würde wie wild in den Zähnen herumbohren und Angst schnürte uns die kindliche Kehle zu. Aber da griff unsere Klassenlehrerin ein und beruhigte uns und

teilte uns mit, es handele sich lediglich um eine ganz normale Untersuchung durch eine Schulärztin und in den meisten Fällen gehe diese ganz schnell vorüber.
Endlich, es schien mir fast eine Ewigkeit zu sein, wurde mein Name aufgerufen und eine Krankenschwester nahm mich an der Tür in Empfang. Hinter einem Schreibtisch saß, mit zahlreichen Schreibutensilien und Aktenmappen bewaffnet, eine zweite Krankenschwester und in der Mitte des Raumes stand unübersehbar, groß und massig wie ein Koloss eine Ärztin und grinste mich freundlich wie eine Bulldogge an, die auf ihr nächstes Opfer wartet, um es zu verschlingen, indem sie ihre Zähne von einem Ohr bis zum anderen fletschte.
„Was ist das denn für ein Knirps?“ fragte sie, indem sie mich von oben bis unten verächtlich musterte, die Schwester am Schreibtisch, „der ist doch keine acht Jahre alt, so wie der aussieht, schätze ich den eher auf fünf oder sechs Jahre!“. Aber die Schwester an dem Schreibtisch bestätigte, dass alles seine Richtigkeit habe und dass ich bereits sieben Jahre alt sei. „Wenn ich das nicht selbst mit eigenen Augen sehen würde, würde ich es nicht glauben“, entgegnete die Ärztin. „Bitte zieh Dich aus!“, ihr barscher Befehlston durchschnitt den Raum und eifrig kam ich ihrem Wunsch nach, bis ich, nur noch mit meiner Unterwäsche bekleidet, vor ihr stand.
Die Ärztin schmunzelte und wandte sich erneut an die Schwester am Schreibtisch: „Liegt hier wirklich kein Irrtum vor? Ist das wirklich ein Junge? Wo andere Jungs vorne eine kleine Beule haben, ist ja bei dem schier rein gar nichts zu sehen und außerdem trägt er ja auch noch Mädchenunterwäsche“.
Ich wurde rot bis unter die Haarspitzen und schämte mich so sehr, dass ich am liebsten davon gerannt wäre. Ich hätte es nicht gewagt, zu erzählen, dass ich gar keine eigene Unterwäsche besaß, sondern von meiner Mutter mit dem Satz „Für dich eigene

Unterwäsche zu kaufen, dafür ist mir das Geld zu schade" dazu verdonnert worden war, die ehemalige Unterwäsche meiner 11 und 8 Jahre älteren Stiefschwestern aufzutragen. „Los!", kommandierte die Ärztin erneut, „zieh Dich mal ganz aus, auch die Unterwäsche".

Da ich mich trotz wiederholter Ermahnung standhaft weigerte, wurden die beiden Krankenschwestern zur Hilfe gerufen und ich vollständig ausgezogen. „Das Kind ist ja völlig unterernährt" und schon wurde ich wie ein rosa Ferkel auf eine Waage gehoben und danach auch meine Länge gemessen. „Das Kind ist 120 cm groß bei einem Gewicht von 19 Kilo", verkündete dienstbeflissen die eine Krankenschwester. „Du bestehst ja fast nur aus Haut und Knochen." „19 Kilo, das ist ja Unterernährungsstufe 2!" Und woher hast du denn die blauen Flecken und Striemen auf deinem Rücken und Po?" „Ich bin mit dem Fahrrad hingefallen", log ich wenig überzeugend." „Soso, mit dem Fahrrad gestürzt", die Ärztin lachte leise, „ich habe noch nie davon gehört, dass man davon Striemen auf den Po bekommt. „Jetzt wissen wir auch, warum der Junge, wenn er eine Unterhose anhat, vorne keine Beule hat, die Hoden liegen bei ihm wohl noch im Bauchraum und das im Alter von acht Jahren, das ist ja unverantwortlich hoch drei! Ist Dein Schwanz immer so winzig?" „Ja, leider", bestätigte ich mit kümmerlicher weinerlicher Stimme, woraufhin die Ärztin mir über den Kopf streichelte und mitleidig zuflüsterte: „Das wird schon noch". Dann händigte sie mir einen Zettel aus mit der dringenden Bitte, diesen sofort meiner Mutter zu überbringen und diese habe sich am nächsten Morgen hier in der Schule um 9 Uhr zusammen mit mir bei ihr zu einer

Nachuntersuchung einzufinden. „Und bestell Deiner Mutter, wenn sie nicht kommt, werde ich anderenfalls entsprechende Maßnahmen in die Wege leiten. Ich zog mich hastig und so schnell es mir möglich war, wieder an und eilte dann nach Hause. Meine Mutter war außerordentlich ärgerlich über die Nachricht und sie ohrfeigte mich deswegen heftig, als wäre ich schuld daran, dass sie nun mit mir am nächsten Morgen zur Schulärztin gehen musste. Obwohl wir am nächsten Morgen pünktlich gegen 9 Uhr in der Schule eintrafen, ließ uns die Schulärztin, die inzwischen eine weitere Schulklasse untersuchte, fast zwei Stunden warten, bis wir dran kamen. Ich konnte mich aufgrund dessen, was dann folgte, des Eindrucks nicht erwehren, dass die Ärztin dies mit Absicht tat. Als wir endlich hereingerufen wurden, wurde ich wieder aufgefordert, mich ganz nackt auszuziehen.

Und dann geschah etwas, das sich mir unauslöschlich eingebrannt hat, weil es sich um ein Erlebnis handelte, das bei mir wie eine Bombe einschlug. Jemand wagte, meine Mutter anzuschreien und das in voller Lautstärke: Was sie sich eigentlich dabei dächte, mir nichts zu essen zu geben, ich sei ja völlig unterernährt. Sie sei wohl eine richtige Rabenmutter. Sie solle außerdem auch in Zukunft gefälligst aufpassen, - dabei wies die Ärztin auf meine Striemen und blauen Flecken hin, dass ich in Zukunft weniger mit dem Fahrrad stürzen würde. Ein gewisser deutlicher ironischer Unterton war dabei nicht zu überhören. Außerdem habe sie unverzüglich dafür zu sorgen, dass in den kommenden Wochen mein Hodenhochstand operiert werde, und sie habe ihr das nachzuweisen, anderenfalls werde sie geeignete Schritte einleiten.

Meine Mutter versuchte einige Male, zu Wort zu kommen und etwas zu entgegnen, aber das misslang, die Ärztin unterbrach sie jedes Mal sofort und zischte nur: „Seien Sie sofort still, die Einzige, die hier redet, bin ich.“ Das war das einzige Mal in meinem Leben, dass meine Mutter von jemandem derartig heruntergeputzt wurde und meine Mutter sich nicht wehren konnte. Ich gebe zu, eine gewisse klammheimliche Freude und innere Genugtuung ergriffen mich und durchströmten wie eine frische Quelle meine gemarterte Seele. Nachdem wir endlich entlassen worden waren, eilten wir nach Hause. Meine Mutter war sehr wütend, „auf Hundertundachtzig“, wie sie den Zustand nannte. „Was kann ich denn dafür, dass du so wenig frisst, aber das wird sich nun ändern und wenn ich Dir den Löffel mit dem Essen in den Hals rammen muss. Und wenn du das Maul nicht aufmachst, hau ich Dir ein paar rein, dass Dir die Zähne einzeln den Hals runter marschieren.“ Und weil sie so überaus wütend war, von der Ärztin so angeschrien worden zu sein, und das auch noch vor mir, riss sie mir wie von Sinnen die Wäsche herunter, legte mich übers Knie und benutzte zum ersten Mal statt eines Teppichklopfers eines Kleiderbügel und schlug wie von Sinnen auf meinen Po ein. „Du verdammtes Sauwanst, mich derartig zu blamieren, Dir werde ich es schon zeigen. Du Missgeburt. Und wenn Du nackt bist, muss man sich ja schämen, wie lächerlich Du aussiehst.“ Erst als die Haut anfing, aufzuplatzen, Blut floss und meine Stimme nur noch einem armseligen Wimmern glich, hörte sie endlich auf. Die dann folgenden Wochen waren fast ein Paradies für mich. Weil meine Mutter sich bei den Ärzten im Krankenhaus keinen unangenehmen Fragen aussetzen wollte, wurde ich bis zu der Operation des Hodenhochstandes nicht mehr geschlagen, wenn ich einmal von gelegentlichen Ohrfeigen absehe, sodass ich im Krankenhaus ohne erkennbare äußere Wunden erschien. Nach der Operation wurde ich auf Anweisung des Gesundheitsamtes für sechs Wochen von der Grundschule beurlaubt und zur Kur in ein Kinderkurheim in die Nähe von Mittenwald nach Oberbayern verschickt, wie man das damals nannte. Zum ersten Mal in meinem Leben begegnete ich den Bergen. Es war eine Liebe auf den ersten Blick, ich verliebte mich für immer in sie. Ich fand es toll, auf einem richtigen Gipfel zu stehen und über das weite Land zu sehen, wenn es auch damals noch ganz kleine Berge waren, die von uns Kindern erstiegen wurden. Tief in mir drin hatte ich die Ahnung, dass man, wenn man die Berge ersteigt und einem hohen Gipfel entgegen strebt, all dem entgeht, was man sonst in seinem Alltag erlebt. In dem Kinderheim in Mittenwald gab es manches, was mir nicht gefiel: Wir Kinder mussten jeden Tag lange ausschlafen und ich war meist doch schon um 6 Uhr wach, mittags mussten wir zusätzlich zwei Stunden Mittagsruhe einhalten, was mir besonders schwer fiel. Auch durften wir uns nicht alleine waschen, sondern wir wurden von Schwestern in großen Badewannen gebadet, allerdings gingen diese sehr behutsam und liebevoll vor und sie akzeptierten es auch, dass ich mich untenrum selbst waschen wollte. Scheußlich fand ich, dass wir jeden Tag morgens von oben bis unten mit Penatencreme eingecremt wurden. Auch bekamen wir täglich eine Spritze mit Vitaminen in die Pobacken.

Davor hatte ich riesig Angst und ich musste jedes Mal festgehalten werden, wenn der Doktor mir die Spritze verabreichen wollte. Ansonsten aber war es herrlich in dem kleinen Kinderheim, keiner machte mir Angst, keiner schimpfte mit mir, vor allem schlug mich keiner und endlich hörte mir auch mal einer zu, wenn ich etwas zu erzählen hatte. Das gute Essen war einfach Spitze, es gab viele herrliche Süßigkeiten, viel Obst und viele leckere Speisen, wie Pfannkuchen mit Heidelbeeren, Reibekuchen mit Apfelmus, Schokoladenpudding und Kuchen mit Schlagsahne. Wir durften uns richtig den Bauch vollhauen, die Schwestern passten nur auf, dass wir uns nicht überaßen. Ob dieses Essen nach heutigen modernen Gesundheitsgesichtspunkten sehr gesund war, darüber kann man trefflich streiten, entscheidend war aber, dass das Essen uns köstlich schmeckte und ich in den 6 Wochen fast 8 Pfund zunahm. Zusätzlich machten wir viele erlebnisreiche Ausflüge in die schöne malerische Umgebung und ich konnte mich nicht satt sehen an den hohen Bergen mit ihren schroffen Felsen und den eingeschnittenen tiefen Tälern. Zum ersten Mal in meinem Leben sah ich am Wegesrand ein echtes Alpenveilchen und ein unter Naturschutz stehendes Edelweiß blühen. Abends nach unseren langen schönen Wanderungen waren wir alle so müde, dass wir, kaum, dass wir im Bett lagen, einschliefen. Einmal machten wir eine größere Bergwanderung mit einem erfahrenen Bergführer, der uns zu einer hügeligen Alm führte, wo wir auf blanken Holzbänken und an Holztischen „Brotzeit" machten, wie die Bayern sagen. Zu dem leckeren Essen gab es ein großes Glas herrlich frischer Milch. Selten in meinem Leben hat mir etwas so köstlich geschmeckt wie diese frische kühle Milch. Als ich auf dem langen Rückmarsch müde wurde und mir meine Beine und meine Füße weh taten, setzte mich der Bergführer auf seine starken Schultern, das hatte noch nie jemand getan und von seinen Schultern hatte ich einen herrlichen Überblick auf den Rest der Wanderung. An den Tagen, wo es draußen heiß war, gingen wir an einem nahegelegenen kleinen See fast jeden Tag baden und es machte uns einen Heidenspaß, in dem flachen Wasser herumzutollen und uns gegenseitig nass zu spritzen. Am frühen Abend nach dem reichhaltigen Abendbrot durften wir draußen auf einem kleinen, grasbewachsenen Bolzplatz so viel herumtollen, wie wir wollten und danach saßen wir gemütlich zusammen und Schwester Angelika las uns im Zwielicht der Dämmerung spannende Gruselgeschichten vor und dabei durften wir herrliche, nach Schokolade schmeckende Kekse knabbern. Ich weiß noch, wie eines Abends ein Kind Schwester Angelika fragte: „Hast du auch immer ein bisschen Angst, wenn du abends allein in deinem Bett liegst?“ Und Schwester Angelika lächelte und sagte „Ja“. Da nahm ich den Mut meines ganzen kleinen Lebens zusammen und sagte zu der Schwester: „Wenn du Angst hast, kann ich ja bei Dir schlafen und dich beschützen,“ denn ich hatte mich ein wenig in sie verliebt. Schwester Angelika lachte herzerfrischend, schloss mich in ihre wundervoll duftenden Arme und streichelte mir über den Kopf. Eine solch liebevolle Zärtlichkeit kannte ich von zu Hause gar nicht und ich fühlte mich zutiefst wohl. Wäre doch dieser Augenblick nie vorübergegangen!

„Du bist ein lieber Junge, aber keine Sorge, ich schlafe zusammen mit

Schwester Berta in einem Zimmer, dein Angebot ist ganz lieb, aber du brauchst deinen tiefen langen Schlaf und deshalb ist es besser, du schläfst hier zusammen mit deinen Kameraden."

Ich war tief traurig, als ich nach sechs Wochen wieder nach Hause fahren musste. Als ich zu Hause in meiner Offenheit und Ehrlichkeit von dem schönen Aufenthalt und meinen herrlichen Erlebnissen und dem köstlichen Essen erzählte und schwärmte, freute sich meine Mutter nicht mit mir, sondern sie tat so, als würde ich das nur erzählen, um sie damit indirekt zu kritisieren. „Bei mir ist Dir das Essen wohl nicht gut genug, aber wenn Du Sauhund glaubst, Du könntest jetzt weiter so im Essen schwelgen, dann werde ich Dir schon zeigen, wo es lang geht". Und sie verließ das Wohnzimmer, um einen Kleiderbügel zu holen…

Kapitel 5

1959

Die süße Rache – Ein Besuch im Freibad

„Rache ist eine Handlung, die man begehen möchte, wenn und weil man machtlos ist: Sobald aber dieses Gefühl des Unvermögens beseitigt wird, schwindet auch der Wunsch nach Rache."
Paul Watzlawick

Wenn ich in einem meiner Sommerurlaube in meine geliebten Berge in den Alpen reise, dann genieße ich es in vollen Zügen, an heißen Tagen in kühlen Bergseen zu schwimmen und mich abzukühlen. Das ist eine wunderbare Erholung. Gleichzeitig tankt bei solchen Gelegenheiten meine Seele neue Kraft und Zuversicht, weil der See und die umliegenden Berge majestätische Ruhe und Gelassenheit ausstrahlen. Hallenbäder und Freibäder waren dagegen noch nie meine bevorzugten Aufenthaltsorte für Freizeitaktivitäten im Sommer. Das hängt wohl vor allem damit zusammen, dass ich gechlortes Wasser seit Kindheitstagen hasse. Ich war schon fast 11 Jahre alt und besuchte zu der Zeit die 5. Klasse des Neuen Gymnasiums in Bremen. Mein Klassenlehrer war ein älterer Herr namens Hase, von mir und meinen Klassenkameraden etwas despektierlich, aber durchaus liebevoll nur „Häschen" genannt. Von Kindern, ihrer Denkweise, ihren Problemen und vor allem vom Umgang mit Kindern hatte Herr Hase nicht sonderlich viel Ahnung, aber gerechtigkeitshalber muss man anmerken, er gab sich wirklich große Mühe und versuchte, uns Kindern im Rechnen und im Sport wirklich etwas beizubringen. Im Herbst des Jahres 1958 nutzte ich die Gelegenheit, um in seinem Sportunterricht im Hallenbad das Schwimmen zu erlernen. Eigentlich war für den Schwimmunterricht die schriftliche Erlaubnis der Eltern unerlässlich, aber ich konnte Herrn Hase mit vielen lieben Worten und kleinen Schmeicheleien davon überzeugen, dass ich mit dem Freischwimmerzeugnis meine Mutter zu ihrem Geburtstag im Dezember überraschen wollte und dass er allein mir helfen könne, diese Überraschung zu ermöglichen. Deshalb verzichtete er ausnahmsweise auf die eigentlich vorgeschriebene Erlaubnis meiner Mutter.

Zu dem Freischwimmerzeugnis gehörte es auch, eine Strecke von 10 Meter unter Wasser zurückzulegen, also etliche Sekunden unter Wasser zu bleiben. Als ich endlich und nach vielen Mühen und Anstrengungen das heißersehnte Freischwimmerzeugnis in der Hand hielt, erzählte ich zu Hause davon aber nichts, sondern bewahrte dieses Geheimnis. Die Einzige, die ich einweihte, war meine Freundin Franziska. Meiner Mutter zu ihrem Geburtstag mit dem Freischwimmerzeugnis zu ihrem Geburtstag überraschen zu wollen, war nur ein billiger Vorwand, eine listige Finte gewesen, um das Schwimmen erlernen zu können. Im Sommer darauf marschierte meine Mutter an einem heißen Tag nachmittags mit mir, Franziska, meiner Freundin, und meinen beiden älteren Schwestern zum Schwimmen ins Stadionbad. Mein Stiefvater blieb zu Hause.

Es war einer dieser schrecklichen Zwangsveranstaltungen, wie sie häufiger in unserer Familie stattfanden und wie ich sie hasste. Ich musste, wenn sie angesetzt wurden, daran teilnehmen, ob ich nun wollte, ob ich nun Interesse hatte oder nicht. Wenn ich es wagte, mich standhaft zu weigern, wurde ich zunächst mit kräftigen Ohrfeigen traktiert und wenn auch das nicht fruchtete, mit einer Tracht Prügel „belohnt" und diese Tracht Prügel wurde so lange und sich in ihrer Intensität steigernd fortgesetzt, bis ich mich nicht nur widerwillig bereit erklärte, daran teilzunehmen, sondern bis ich inständig darum flehte, daran teilnehmen zu dürfen. Das waren die Augenblicke, in denen meine Mutter tiefs-

te Genugtuung empfand und ich meine Mutter zutiefst hasste und ihr den Tod wünschte.
Ich verabscheute diese gemeinsamen Veranstaltungen, am liebsten war ich mit Franziska, meiner Freundin, zusammen, oder allein, das war beides tausendmal besser, als mit meiner Familie zusammen zu sein oder mit dieser etwas zu unternehmen. Als wir im Stadionbad ankamen, verschwanden zunächst meine Mutter, Franziska und meine Schwestern, um sich in den Umkleidekabinen die Badeanzüge anzuziehen. Ich wurde mit drohenden Worten dazu vergattert, in der Zwischenzeit gefälligst sorgsam auf unsere Decke und den mitgebrachten, prallgefüllten Picknickkorb aufpassen.
Als ich anschließend ebenfalls zum Umkleiden gehen wollte, hielt mich meine Mutter fest und sagte mit spöttischer und hämisch grinsender Miene: „Du brauchst das nicht, du bist doch noch ein Kind."
Ohne auf meinen in deutlichen flehentlichen Worten geäußerten Wunsch nach Intimität Rücksicht zu nehmen, zog sie mich vor den anderen, fremden Badegästen, die um uns herum auf der Liegeweise lagerten, komplett nackt aus und zog mir die Badehose an. Dabei ging sie betont langsam vor, als würde sie das Ausziehen richtig genießen. Und wenn sie mir dann als Letztes die Badehose auszog, kam jedes Mal der gleich dumme Spruch: „Wir wollen doch mal gucken, ob dein winziges Schwänzchen inzwischen gewachsen ist."
Bei jedem Besuch des Stadionbades lief dies in gleicher Weise ab, in der Regel geschah das Ausziehen der Unterhose nicht ohne zahlreiche herabsetzende Bemerkungen, wie z.B.: „Dein Schwänzchen ist aber wirklich winzig, den kann man ja ohne Lupe gar nicht sehen" und den Hinweis „aus dir wird wohl nie ein richtiger Mann, du bist und bleibst eben eine lächerliche Missgeburt, man muss sich ja deiner schämen."

Weil ich mir das Ausziehen vor den anderen fremden Badegästen meist nicht gefallen ließ, sondern mich mit Händen und Füßen und mit Beißen und Kratzen dagegen wehrte, endete das Ganze regelmäßig damit, dass sie mir vor dem Anziehen der Badehose eine Tracht Prügel auf den nackten Po verpasste und dafür einen Gürtel benutzte.
Die neben uns im Stadionbad auf der Wiese liegenden Familien, vor allem deren Kinder lachten und grölten, wenn dann die Schläge auf meinen Po klatschten, ich losheulte und mein Po knallrot wurde. Immer wieder geschah es bei solchen Gelegenheiten, dass die Mütter der anderen Familien auf der Liegewiese ihre Kinder noch besonders darauf hinwiesen, wenn meine Mutter mich schlug und ihnen rieten: „Guckt Euch das gut an, so ergeht es euch auch, wenn ihr unartig seid und nicht das tut, was ich euch sage."
Besonders scheußlich, ja geradezu widerwärtig fand ich es, wenn meine Mutter gut drauf war und mich vor den anderen Badegästen nackt auf ihren Schoß nahm und mich knuddelte und mir Küsse aufschmatzte. Das war mir so riesig peinlich, da wäre ich vor Scham am liebsten im Boden versunken oder hätte mich am liebsten im nächsten Mauseloch verkrochen. Dass ich wiederum verprügelt wurde, wenn ich mich gegen diese überfallartigen und mein Alter und meine Intimität missachtenden Liebkosungen wehrte, verstand sich von selbst. Die Begründung lautete dann: „Du bist ein elendes Balg, statt dich darüber zu freuen, dass ich dich lieb habe und lieb zu dir bin, bist du undankbar und abweisend."
Nach dem Aufenthalt im Nichtschwimmerbecken zog sie mir immer sofort die Badehose aus, damit „du dich nicht erkältest". Anschließend musste ich bis zum nächsten Aufenthalt im Nichtschwimmerbecken nackt herumlaufen mit der Begründung, „es ist wichtig, dass auch mal etwas Luft und Sonne an deinen kleinen Po rankommt".

Wenn Franziska dabei war, ertrug ich den Familienzwang besser und schämte ich mich meiner Nacktheit nicht so sehr.

Diese Besuche in der Badeanstalt sind mir deshalb so eindrücklich in Erinnerung geblieben, weil hier auf besonders brutale Weise mein Wunsch nach Intimität missachtet und mit Füßen getreten wurde. Ich konnte mich auch nicht des Eindrucks erwehren, dass dies mit voller Absicht geschah, um mich zu demütigen und sich an dieser Demütigung aufzugeilen und zu befriedigen.

Meine ältere Schwester Mathilde lästerte: „Eigentlich brauchst du doch gar keine Badehose, sondern eher einen Bikini, man sieht ja gar nichts bei dir Kurze Zeit später wollte mich meine 8 Jahre ältere Schwester Sieglinde ärgern: „Na wollen wir nicht eine Runde schwimmen gehen, Brüderchen?"

Meine Mutter fuhr sie an: „Lass den armen Jungen in Ruhe, du weißt doch, dass er zurückgeblieben ist und noch gar nicht schwimmen kann", und alle drei lachten hämisch und schlugen sich auf die Schenkel ob des köstlichen Witzes.

Da geschah es tief in meinem Innersten, ich weiß bis heute nicht, was mich dazu brachte, aber plötzlich explodierte etwas in mir, all die bis dahin erlittenen Demütigungen und Prügel entfalteten in mir eine gewaltige Urkraft, es war wie der unvorhersehbare Ausbruch eines lang verschütteten Vulkans.

Ich begann zu rennen, zu rennen wie um mein kleines kümmerliches Leben, - ich glaube, ich bin niemals in meinem Leben vorher und auch niemals nachher so schnell gerannt wie an diesem Tag -, immer in Richtung auf das große tiefe, blau schimmernde Schwimmbecken und als ich es endlich erreicht hatte, sprang ich auf einen der dortigen Startblöcke und dann mit einem mutigen Kopfsprung in das tiefe Wasser. Ich machte einige tiefe Schwimmzüge unter Wasser, bis ich auf dem Boden des Beckens angekommen war und dort blieb ich wie reglos liegen, solange, wie es mir meine Atemluft gestattete. Ich gebe zu, in den wenigen Sekunden unter Wasser, dort unten auf dem Grund des

Schwimmbeckens wünschte ich mir einen Augenblick sehnlichst, ich würde ertrinken. Dann würden endlich all diese Prügelorgien, all diese schrecklichen Demütigungen ihr Ende finden. Aber dort, tief unten am Beckengrund blitzte gleichzeitig auch ein anderer Gedanke auf: „Wenn Du jetzt hier unten bleibst, wenn Du jetzt ertrinkst, haben all diejenigen gewonnen, die Dich fast täglich quälen und demütigen. Das darfst Du einfach nicht zulassen. Niemals, niemals!“ Das Erstaunliche für mich an diesem Gedanken ist, dass ich bis heute nicht weiß, woher er kam und dass er in meiner Kindheit und Jugend immer dann auftauchte, wenn ich brutal misshandelt und erniedrigt wurde. Vielleicht war es mein Selbsterhaltungstrieb, vielleicht aber auch ein guter mich beschützender Engel, der mir in solchen Augenblicken tröstenden Mut zusprach. Langsam tauchte ich wieder auf.

Ich werde niemals in meinem Leben diese entsetzten, blassen Gesichter meiner Mutter und meiner Schwestern vergessen, die inzwischen am Beckenrand standen und schon meinen Tod befürchtet hatten und ihre dann völlig verwandelten und erstaunten Gesichter, als sie entdeckten, dass ich schwimmen konnte. Es war einer dieser seltenen Augenblicke der süßen Rache, einer dieser Momente des gewaltlosen Widerstandes gegen meine Familie und ich genoss diesen Augenblick in seiner ganzen Tiefe, seiner wunderbaren Breite und seiner unendlichen Höhe. Diese Rache war deshalb besonders süß, weil ich mich gerächt hatte, ohne etwas getan zu haben, für das ich bestraft hätte werden können.

Dennoch war ich mehr als verwundert, dass ich aufgrund dessen, was ich getan hatte, nicht dennoch von meiner Mutter geschlagen wurde. Vielleicht, so denke ich heute, lag der Grund dafür in der Tatsache, dass sie ein wenig verwundert und verwirrt war über meinen Mut und meine Courage in diesem Fall und deshalb völlig vergaß, mich zu verprügeln.

Kapitel 6

1959

Begegnung mit Bundespräsident Theodor Heuss

„Schaffe, schaffe, Häusle baue, verrecke!“
Schwäbische Weisheit, ergänzt und präzisiert durch Theodor Heuss

SOS - Schiff in Not.
Direkt an der Weser gelegen, mit einem eigenen kleinen Hafenplatz, befindet sich in Bremen die Haupt- und Einsatzzentrale der Deutschen Gesellschaft zur Rettung Schiffbrüchiger, kurz DGzRS genannt. Die Grundlage der Tätigkeit der DGzRS ist auch heute noch die Satzung, wie sie ihre Gründerväter am 29. Mai 1865 in Kiel in Worte fassten. In dieser Satzung wird die Aufgabe der DGzRS formuliert:
„...das Rettungswerk an den deutschen Küsten der Nord- und Ostsee durchzuführen und zu fördern sowie den Gedanken selbstlosen Einsatzes zur Rettung von Menschenleben aus Seenot und gefährlichen Situationen im nationalen und internationalen Bereich zu pflegen und zu fördern.“
Heute besteht die Hauptaufgabe der DGzRS in der Rettung von Menschenleben aus Seenot und aus der wichtigen Koordination aller lebensrettenden Maßnahmen im Seenotfall und aller notwendigen Folgemaßnahmen.
In den 1950er Jahren war mein Stiefvater, Herbert Gunthardt, - ein von seinem Wesen her herzensguter und durch die lange russische Gefangenschaft nach dem Zweiten Weltkrieg körperlich schwer gezeichneter Mensch -, der Geschäftsführer der Zentrale der Deutschen Gesellschaft zur Rettung Schiffsbrüchiger in

Bremen. Meine Mutter, die ursprünglich in Zierenberg gewohnt hatte, zog von dort mit uns Kindern nach Frankfurt, da sie sich dort bessere berufliche Perspektiven versprach. Um für sich und ihre Kinder den Lebensunterhalt zu sichern, war sie hauptberuflich im Auftrag der DGzRS tätig, um bei Firmen im Rhein-Main-Gebiet Spenden zu sammeln.

Die vordringliche Aufgabe meines Stiefvaters bestand darin, die Verwaltung der DGzRS bundesweit zu organisieren und regelmäßig neben der Hauptgeschäftsstelle in Bremen auch die Geschäftsstellen der DGzRS in den verschiedenen Bundesländern zu besuchen und deren Arbeit zu kontrollieren bzw. die dortigen Mitarbeiter immer wieder neu im Sinne des Seenotrettungsdienstes zu motivieren. Bei einer seiner jährlichen Rundreisen durch die verschiedenen Bundesländer lernte er in Frankfurt meine Mutter kennen, sie verliebten sich und wir zogen dann mit meiner Mutter zu ihm nach Bremen. Im Jahre 1959 war mein Stiefvater als verantwortlicher Hauptgeschäftsführer der DGzRS Gastgeber der internationalen „Life Boat Conference“ in Bremen, die vom 22. - 25. Juni 1959 stattfand.

Zu dieser internationalen Konferenz über das Seenotrettungswerk reisten Delegierte aus allen Herren Ländern an, Ländern, die ebenso wie Deutschland über Küsten verfügten und deshalb ebenfalls am Seenotrettungswerk interessiert waren. Traditionell ist immer der jeweilige Bundespräsident der Bundesrepublik Deutschland der Schirmherr der DGzRS. Im Jahre 1959 war dies Bundespräsident Theodor Heuss.

Während der mehrtägigen Konferenz wurde an einem sonnigen Nachmittag ein sogenannter „Ladies Day“ veranstaltet, an dem die Konferenzteilnehmer auch ihre Frauen und ihre Kinder mitbringen konnten. Meine Mutter entschied sofort, ohne sich auch nur dafür zu interessieren, was ich dachte und wollte, dass ich zuhause zu bleiben hätte, denn „mit dir kann man sich ja nirgends blicken lassen“ und „mit dir kann man sich ja nur bis auf die Knochen blamieren“.

Ich liebte meinen Stiefvater sehr, weil er so gütiger und warmherziger Mensch war. Aber so sehr er und meine Mutter sich auch liebten und so sehr er auch immer wieder versuchte, uns Kindern seine Güte und Herzenswärme entgegenzubringen, gegen die Kälte und Härte meiner Mutter hatte er keine echte Chance, er prallte daran ab wie an einem Eisblock. Einer der Paradesätze meiner Mutter lautete: „Erst komme ich, dann kommt mein Mann, dann kommen 25 Misthaufen und dann kommen meine Kinder noch lange nicht!

Deshalb duldete es meine Mutter auch nicht, dass sich mein Stiefvater in seiner gütigen Art in ihre Kindererziehung einmischte und wenn er es dennoch einmal versuchte, entgegnete sie ihm: „Das sind meine Kinder, denen hast du gar nichts zu sagen, das ist allein meine Sache!“

Meine Mutter unterband auch jeden engeren Kontakt zwischen unserem Stiefvater und uns Kindern. Früh morgens verließ er das Haus, abends kehrte er zurück. Wenn er zuhause war, hatten wir Kinder unsere Kinderzimmer aufzusuchen und uns ausschließlich dort aufzuhalten. An den Wochenenden galt eine ähnliche Regelung und im Urlaub verreiste meine Mutter allein mit meinem Stiefvater. Ich kann mich nicht daran erinnern, dass mein Stiefvater auf nur eine Möglichkeit gehabt hätte, einmal etwas mit mir allein zu unternehmen.

Was aber meine Teilnahme an diesem Familientag der Konferenz betraf, so war dies eine der wenigen Gelegenheiten, bei denen sich mein Stiefvater gegen meine Mutter durchsetzte und also entschieden wurde, dass ich daran teilnehmen durfte. Das aber kam so selten vor, dass ich es mir eigentlich rot im Kalender hätte anstreichen müssen.

Allerdings bekam ich es hautnah zu spüren, dass es meiner Mutter überhaupt nicht schmeckte, klein beigegeben zu haben. An dem Morgen des besagten Tages wurde ich von ihr, obwohl schon fast 11 Jahre alt, in die Wanne gesteckt und gründlichst von oben bis unten abgeschrubbt. Ich versuchte verzweifelt, mich dagegen zur Wehr zu setzen, weil ich das Gewaschen-Werden als zutiefst entwürdigend und demütigend empfand. Auf meine Widerworte hin drückte sie mehrfach meinen Kopf brutal nach vorne unter Wasser, bis ich, nachdem ich mehrfach Wasser geschluckt und nach Luft geschnappt hatte, meinen sinnlosen Widerstand aufgab.

Danach bekam ich, quasi prophylaktisch, eine tüchtige Tracht Prügel mit der Androhung, falls ich mich nicht benehmen würde, mich hinterher so windelweich zu schlagen, „dass du das nicht überlebst." Die Art der Brutalität, wie sie die Prügel ausführte, und die Intensität, waren sicher auch ein Teil ihrer Rache dafür, dass sie meiner Teilnahme zustimmen musste, obwohl sie die mir zunächst verweigert hatte. Ich habe diese Art der, wie ich es einmal nennen möchte, Vorsorgeprügel immer als besonders widerwärtig, ungerecht und pervers empfunden. Ich habe es schon als Kind nicht verstehen können und ich verstehe es heute als Erwachsener noch weniger, so sehr ich mich auch bemühe, wie man ein kleines, körperlich völlig unterlegenes Kind brutal verprügeln kann. Allerdings, und das muss ich feststellen, war es in meiner Kindheit nicht nur bei mir, sondern auch bei den meisten meiner Schulkameraden so, dass sie zuhause verprügelt wurden, wenn sie etwas angestellt hatten oder in der Schule eine schlechte Note geschrieben hatten. Aber das, - auch wenn ich gegen jedes Schlagen von Kindern bin -, barg ja noch eine gewisse Logik in sich, nämlich die: Eine böse Tat führt zu einer Tracht Prügel. Das aber, was ich als Kind als besonders widerwärtig, ungerecht und pervers empfand, war dies: Dass ich häufig geschlagen wurde, obwohl ich noch gar nichts getan hatte, dass ich verprügelt wurde, damit ich in der Folge nichts in den Augen meiner Mutter Böses tat.

Kurz vor Beginn der Veranstaltung der DGzRS, - ich war lediglich mit meiner Unterwäsche bekleidet -, gab mir meine Mutter einen großen Teller Eintopf zu essen, damit ich bei der eigentlichen Veranstaltung nicht so viel essen würde.
Ich hatte seit meiner Kur in den Bergen einen sehr guten Appetit entwickelt und meine Mutter hatte Angst, dass gegebenenfalls jemand denken könnte, wenn ich sehr viel auf der Veranstaltung essen würde, dass sie eine Rabenmutter sei, die mir nicht genug zu essen geben würde.
Auch das war so ein zentraler Punkt im Leben meiner Mutter: Nicht das, was ihre Familie dachte, erst recht nicht, das, was ihre Kinder dachten, war wichtig und beeinflusste die Handlungen meiner Mutter, nein, entscheidend war, was die Leute dachten, um das, was die Leute dachten, drehte sich alles, das bestimmte unser gesamtes Leben.
Nach dem Essen zog mir meine Mutter sehr feine Klamotten und Schuhe an, die extra für diese Gelegenheit von einer anderen Familie ausgeliehen worden waren, denn im Alltag besaß ich gar keine langen Hosen, sondern nur mehrere kurze Lederhosen. Mein Stiefvater hatte in weiser Voraussicht für die Kinder der Konferenzteilnehmer ein extra Kinderprogramm organisieren lassen. So entrann ich der direkten Kontrolle meiner Mutter, konnte in meiner Seele aufatmen und genoss einen herrlichen Nachmittag zusammen mit den anderen Kindern. Zunächst durften wir einen in der kleinen Hafenbucht der DGzRS liegenden Seenotrettungskreuzer besichtigen. Stolz wie die Spanier durften wir auf der Brücke des Seenotkreuzers stehen und das Ruder in unsere kleinen Hände nehmen und Kapitän spielen. Anschließend führte man uns in den Filmvorführraum, der in der Geschäftszentrale der DGzRS untergebracht war und zeigte uns dort spannende und aufregende Filme über die Rettungstaten der Rettungsmänner der DGzRS. Zwischendurch, und zwar immer dann, wenn ein Film zu Ende war und ein neuer einge-

legt wurde, wurden uns Kindern herrlich schmeckende Butterkekse und eine leckere Limonade gereicht. Ich genoss den Nachmittag in vollen Zügen, tauchte wieder einmal mit all meinen Sinnen, meinem ganzen Denken und Fühlen in meine Parallelwelt ein und vergaß für eine ganze Weile vollständig meine alltägliche beschissene Situation. Als der letzte Film angesehen, die letzte Limonade getrunken und der letzte Keks gegessen waren, begab ich mich auf die Suche nach meinen Eltern und entdeckte sie mitten auf dem inneren Hof der DGzRS und gesellte mich zu ihnen.

Meine Mutter legte ihre rechte Hand hinter meinen Kopf, zog ihn zu sich heran, beugte sich zu mir herunter und zischte mir ins Ohr: „Verschwinde, du blamierst uns sonst nur, du Missgeburt."

Aber es war schon zu spät.

Wie angewurzelt, keines einzigen Schrittes mächtig, die Augen weit aufgerissen, den Mund vor Erstaunen offen, starrte ich den Mann an, der auf meinen Stiefvater zutrat. Ich kannte ihn bereits aus meinen heimlichen Kinobesuchen mit meiner Freundin im Aki, im Aktualitätenkino im Bremer Hauptbahnhof. Wir hatten diesen Mann schon etliche Male in verschiedenen Wochenschauen gesehen Es war Bundespräsident Theodor Heuss. Fast machte ich mir in die Hose, so aufgeregt war ich, als dieser Mann nun leibhaftig vor mir stand. Ich kleine Person guckte zu dem Bundespräsidenten auf, nie werde ich diese gütigen dunkelblauen Augen vergessen, die mich aus dem durch viele schöne, aber sicher auch leidvolle Lebenserfahrungen geprägten Gesicht anschauten.

Und dann geschah das, was fast unglaublich war und was Theodor Heuss bis zum heutigen Tag einen Ehrenplatz in meinem Herzen einbrachte: Nicht meine Mutter begrüßte er zuerst, nicht meinen Stiefvater, nein, sondern er beugte sich ein wenig zu mir herunter, ergriff mit seiner rechten Hand meine kleine rechte Hand und drückte sie kräftig. Gleichzeitig legte er seine linke Hand wie zur Bekräftigung ebenfalls auf meine rechte Hand. Es waren sicher nur ein, zwei Sekunden, wie wir so da standen, ohne ein Wort zu wechseln, aber es kam mir wie eine halbe Ewigkeit vor.

Anschließend unterhielt sich der Bundespräsident mehrere Minuten sehr intensiv mit meinem Stiefvater, während ich daneben stand. Was mich an diesem Gespräch als Kind so beeindruckte, war die Tatsache, dass er mit ihm nicht nur über seinen vielfältigen Aufgabenbereich bei der Deutschen Gesellschaft zur Rettung Schiffsbrüchiger sprach, sondern auch großes Interesse an seinem privaten Hintergrund zeigte. So war er auch, wie er sagte, darüber informiert, dass mein Stiefvater als Spätheimkehrer aus russischer Kriegsgefangenschaft heimgekommen war. Mein Stiefvater berichtete dem Bundespräsidenten in dem Gespräch auch davon, dass er im Begriff sei, ein kleines eigenes Haus für sich und seine Familie zu bauen. Ich hasste dieses Bauvorhaben. Mein Stiefvater fühlte sich glücklich und geborgen in der Innenstadtwohnung, die wir damals in Bremen bewohnten. Der Weg zu seiner Arbeitsstelle und wieder nach Hause war nicht weit und ich hatte meine Schule in der Nähe und dort in der Gegend jede Menge Freunde.

Die Idee, ein Haus zu bauen, entsprang dem ehrgeizigen Wunsch meiner Mutter, die sich davon einen gesellschaftlichen Aufstieg erhoffte und ersehnte, weshalb sich diesem ihrem Wunsch alles und alle unterzuordnen hatten. Sie war bereit, alles und jeden für die Verwirklichung ihres Wunsches zu opfern. Und so wurde ein Bauvorhaben im vornehmen Bremer Vorort Oberneuland in Angriff genommen, das die finanziellen Möglichkeiten meiner Eltern bei weitem überstieg.

Ich selbst stand dem Bauvorhaben deshalb so ablehnend, ja sogar voller Hass gegenüber, weil sich die Länge meines Schulwegs auf 10 Kilometer erhöhte und ich dort in dem Neubaugebiet keinerlei Freunde finden konnte, war unser Haus dort damals doch das allererste, das dort auf einer saftigen grünen Wiese errichtet wurde. Vorne führte ein sandiger Weg vorbei, während von drei Seiten die Kühe über den Zaun blickten. Als Bundespräsident Heuss durch meinen Stiefvater von diesem Bauvorhaben erfuhr, wurde er sehr nachdenklich, seine Stirn legte sich in Falten und er sah meinen Stiefvater mit einem langen sorgenvollen Blick an und fragte ihn: „Sie kennen doch sicher den alten schwäbischen Spruch „Schaffe, schaffe Häusle baue?!““

Als mein Stiefvater dies bejahte, entgegnete ihm der Bundespräsident: „Leider wissen die wenigsten Menschen, wie dieser schwäbische Satz tatsächlich endet, er lautet nämlich vollständig: „Schaffe, schaffe, Häusle baue, verrecke!““.

Und wie eine Mahnung, ja fast wie ein Menetekel gab er meinem geliebten Stiefvater den wohlgemeinten Rat mit auf seinen weiteren Weg, nicht nur das Haus zu bauen, sondern sich auch die Zeit zu nehmen, es tatsächlich zu genießen.

Leider hat mein Stiefvater diese kluge und vorausschauende, fast möchte ich sagen, prophetische Warnung in den Wind geschlagen. Nur knapp zwei Jahre später ist er seinen quälenden Sorgen um die Finanzierung des Neubaus gesundheitlich erlegen. Für mich selbst endete dieser schöne Tag ganz friedlich. Meine Mutter hatte ungewöhnlich gute Laune und ließ mich deshalb in Ruhe. Es war, als wenn der Geist des Bundespräsidenten meine Mutter ein wenig gefangen genommen und sie wenigstens für einige Stunden milde gestimmt hätte.

Kapitel 7

1959

Ausflug ins Paradies - Ferien auf der Insel Langeoog

„Sehnst Du Dich nach Ausrichtung und Rettung in höchster Not, dann halte Ausschau nach einem Leuchtturm. Er verleiht Dir Geborgenheit und Stärke und leitet Dich durch gefährliche Gewässer.“
Alexander Rykow

Leuchttürme haben immer eine große Faszination auf mich ausgeübt. Ich besitze wundervolle Fotografien von Leuchttürmen, Leuchttürme als Schachfiguren, Leuchttürme als Salz- und Pfefferstreuer, Leuchttürme als Lampen, Leuchttürme auf alten Bierdeckeln.
Ich denke, dass dies etwas mit der ursprünglichen Funktion der Leuchttürme zu tun hat. Heute haben Leuchttürme ja zumeist nur noch eine touristische Funktion, weil die heutigen Schiffe alle mit Radar und anderer Elektronik ausgerüstet sind. Als Leuchttürme noch dringend für die Schifffahrt gebraucht wurden, standen sie stark und unverrückbar in der Landschaft, die Leuchttürme wiesen in früheren Zeiten den vorüberfahrenden Schiffen den richtigen Weg und bewahrten sie vor einem Abweichen von der richtigen Route und damit vor einer Strandung abseits der Schiffsroute oder vor dem Kentern an einem Riff. Demjenigen, der in dem Leuchtturm saß, um ihn zu bedienen, oder der in einem Leuchtturm Zuflucht suchte, bot der Leuchtturm Schutz vor der tosenden gewaltigen, manchmal alles mit sich reißenden See und dem heulenden, oft alles vernichtenden und zerstörenden Orkan.

Leuchttürme waren für mich immer das Sinnbild dessen, was ich mir in meiner Kindheit und Jugend aus tiefstem Herzen gewünscht habe Einen selbstbewussten Menschen, der mir schützenden starken Halt gibt, der mir die gute Richtung weist, die zum richtigen Ziel führt, der mir wärmende Geborgenheit schenkt und mir ein leuchtendes Licht ist in der Dunkelheit des Alltags. Als ich nach vielen Jahren in Vorbereitung auf diesen Roman zum ersten Mal wieder ganz bewusst auf meine Kindheit und Jugend zurückblickte, konnte ich die Fülle dessen, was ich als Kind und Jugendlicher erlitten hatte, nicht fassen. Es kam mir im Rückblick so vor, als hätte ich damals als Kind den Jackpot des Bösen gewonnen, als hätte ich fast magisch das Böse geradezu angezogen und auf mich gezogen. Es erschien mir fast selbst kaum glaubhaft, was ich alles durchleiden musste und ich suchte nach einer Erklärung dafür, wie ich all das Böse, all die Demütigungen, Folterungen, Schläge, Quälereien und den sexuellen Missbrauch durchgestanden und ertragen habe.

Eine der Möglichkeiten, die mir damals als Kind geholfen hat, das Leben überhaupt ertragen zu können, war meine Parallelwelt, in der ich lebte und von der ich bereits in dem Kapitel über meine erste Freundin erzählt habe.

Eine weitere Möglichkeit waren die sich mir selten, aber doch immer wieder einmal bietenden Oasen der Menschlichkeit, Menschen, die mir auf meinem furchtbaren Weg begegneten und mich zumindest für eine Zeit aus dem Grauen meines Alltags herausrissen.

Eine dieser wundervollen Inseln der Menschlichkeit, der Ruhe, der Erholung, der Zuwendung, der Liebe bildete das Ehepaar Johannsen auf der Insel Langeoog. Im Sommer 1959 durfte ich von Bremen aus zum ersten Mal allein auf die ostfriesische Insel Langeoog fahren und dort meine gesamten Sommerferien verbringen. Dass meine Mutter mir dies überhaupt erlaubte, war ungewöhnlich, aber in diesem Fall leicht zu erklären:

Meine Mutter und mein Stiefvater hatten im vornehmen Stadtteil Oberneuland am Stadtrand von Bremen ein Haus gebaut und der Umzug stand unmittelbar bevor. Meine Mutter willigte deshalb auf Rat meines Stiefvaters ein, mich für die Zeit der Sommerferien und damit für die Zeit des Umzugs nach Langeoog zu schicken, weil ich ihr so nicht vor den Füßen rumlaufen würde. Vor dem Antritt der Fahrt verprügelte sie mich noch einmal besonders kräftig, sozusagen vorsorglich, und sie ermahnte mich, mich bei der Gastfamilie anständig zu benehmen. Auf Langeoog kannte mein Stiefvater aufgrund seiner beruflichen Tätigkeit das schon etwas ältere Ehepaar Johannsen. Herr Johannsen war damals Vormann des Seenotrettungsbootes Langeoog. Ich fuhr, ohne nach dem Abschied von meiner Mutter einen weiteren Gedanken an Zuhause zu verschwenden, mit frohen Erwartungen mit dem Zug über Oldenburg bis nach Bensersiel, denn ich kannte das Ehepaar Johannsen bereits von früheren Besuchen unserer Familie auf Langeoog und hatte sie als wunderbare warmherzige Menschen kennengelernt. Dort in dem kleinen Fischerhafen in Bensersiel wartete Herr Johannsen mit dem Seenotrettungskreuzer auf mich und nahm mich mit nach Langeoog. Ich weiß noch, wie stolz ich war, als ich unter den staunenden Blicken der Touristen an Bord ging.

Sechs lange, glückliche, sorgenlose und vor allem gewaltfreie Wochen verbrachte ich bei Johannsens. Sie hatten mir ein kleines eigenes Zimmer im Dachgeschoss ihres kleinen Häuschens hergerichtet, das sich in die Dünen von Langeoog schmiegte. Das kuschelige Bett war wunderbar weich und ich schlief schon in der ersten Nacht fantastisch tief. Abends, immer dann, wenn ich nach einem fröhlichen anstrengenden Tag ins Bett gegangen war, sah Frau Johannsen noch einmal nach mir und gab mir einen Kuss auf die Stirne und streichelte meinen Kopf. Fast jedes Mal musste ich weinen, denn ich kannte so viel Freundlichkeit, Zuwendung und Zärtlichkeit gar nicht. Von meinem Bett aus konnte ich durch ein Dachfenster die leuchtenden kleineren und größeren Sterne sehen und bewundern und ich überlegte so in meinem Kopf, ob auf einem der vielen Sterne, die ich dort oben sehen konnte, wohl auch Menschen lebten.

Ich träumte nachts davon, mit einer wunderschönen, hellglitzernden Untertasse davonzufliegen und einen der unendlich vielen Sterne zu besuchen, die am Nachthimmel blinkten. Fast jeden Tag war ich mit Herrn Johannsen auf seinem Rettungsboot unterwegs oder ich hockte mit ihm auf dem kleinen gedrungenen Leuchtturm der Insel. Während wir dort saßen, hat er mir viele alte Geschichten über die Seefahrt und manche alte Seemannslegende erzählt und die Zeit verging wie im Fluge. Er konnte so wunderbar bildhaft erzählen, dass ich das, was er erzählte, direkt vor meinen Augen sah, wenn ich meine Augen schloss und seinen spannenden Geschichten lauschte. Frau Johannsen kam dann gelegentlich zu dem Leuchtturm herüber und brachte uns Kekse zu Knabbern und herrlich leckere Limonade zum Trinken. Herr Johannsen hatte dort in dem Leuchtturm ein großes Fernrohr, mit dem wir das Meer beobachteten und die Schiffe oder in der Nacht die Sterne. Abends traf er sich gerne mit seinen Freunden in dem innen sehr gemütlich eingerichteten Leuchtturm. Die Männer rauchten ein Pfeifchen, tranken Ostfriesentee, gesüßt mit Kandiszucker, und hielten einen „Klönschnack", indem sie sich auf Plattdeutsch unterhielten. Bei einer dieser Gelegenheiten, die Zeit war schon vorangeschritten und die Kühle der Nacht umwehte den Leuchtturm, lernte ich auch zum ersten Mal das Getränk Grog kennen, das aus echtem Jamaikarum, heißem Wasser und einige Esslöffeln Zucker zubereitet wurde. Das Getränk schmeckte himmlisch köstlich und eine wohlige Wärme durchflutete meinen Körper in immer neuen Wellen, ein wunderbares Gefühl. Ich scheine aber an diesem Abend die mir bisher unbekannte Wirkung des Grogs unterschätzt zu haben, denn am nächsten Morgen fand ich mich in

meinem weichen, herrlich frisch duftenden Bett wieder. Wie mir Herr Johannsen hinterher erzählte, war ich aufgrund der wohltuenden Wirkung des Grogs eingeschlafen. Er hatte mich dann nach Hause getragen und seine Frau hatte mich zu Bett gebracht.
Jeden Morgen wurde bei Johannsens immer herrlich reichhaltig, ungemein schmackhaft gefrühstückt: Warme frisch gebackene Brötchen wurden gereicht, dazu gab es Rührei mit Schinken, das eine unglaublich verführerischen Duft verbreitete, und lecker und frisch schmeckende, selbst eingekochte Erdbeermarmelade. Das Ganze wurde gekrönt durch herrlich warmen, wundervoll nach Schokolade schmeckenden Kakao. Mittags gab es meist leckeres Fleisch zu essen mit Rotkohl und Kartoffeln oder Fisch. Wiederholt wurde ich von Frau Johannsen nach meinem Lieblingsgericht gefragt, denn sie wollte das dann kochen, um mir eine Freude zu machen. Leider konnte ich keines nennen, denn ich hatte noch nie die Gelegenheit gehabt, über eine solche Frage nachzudenken, denn was ich gerne essen wollte, hatte noch nie jemand interessiert. In diesen wundervollen Sommerferien habe ich von Herrn Johannsen sehr viel über Schiffe gelernt und er brachte mir etliche Seemannsknoten bei.
Er nahm sich ungewöhnlich Zeit für mich, dann hockten wir gemeinsam in seinem Bastelzimmer und bauten kleine Modellbauschiffe. Auch wenn ich, ungeübt und ungelenk wie ich war, einmal Fehler dabei machte oder mir aus Ungeschicklichkeit etwas kaputtging, schimpfte Herr Johannsen überhaupt nicht, sondern zeigte mir mit einer Engelsgeduld, wie ich es besser machen konnte. Gegen Abend gingen Herr und Frau Johannsen mit mir oft an den Strand. Ich konnte dann in der Nordsee schwimmen und Herr Johannsen passte auf, dass mir nichts passierte.
Diese Ferien waren einfach herrlich, und tief in mir drin wünschte ich mir, dass die Ferien niemals vorübergehen würden. Die Johannsens waren zu mir wie sehr gute Großeltern. Oft nahm Herr Johannsen mich auch mit auf seinem alten klapprigen, aber

mit einem herrlich weichen Lederbeifahrersitz ausgestatteten Motorrad, ich saß dann hinter ihm und klammerte mich an ihn wie ein kleiner Klammeraffe, das war einfach herrlich. Ich konnte mich an seinen großen Männerrücken kuscheln, seitlich die Landschaft beobachten und gleichzeitig bot mir sein breiter Rücken Schutz vor dem Fahrtwind. Er zeigte mir die ganze Insel, klärte mich auf über die Tide, den Wechsel zwischen Ebbe und Flut, auf und half mir, schöne Muscheln zu suchen. Herr Johannsen war einer der ganz wenigen Menschen neben dem Bürgermeister und dem Arzt der Insel, die motorisiert über die Insel fahren durften. Um der Kurgäste willen ist Langeoog auto- und motorradfrei.
Johannsens besaßen von ihrem schon lange erwachsenen Sohn noch ein altes etwas klappriges Kinderfahrrad, mit dem ich dann tagsüber oft die Insel erkundete. Oft radelte ich zusammen mit anderen Kindern und erlebte manchen schönen Nachmittag mit ihnen. Abends saßen wir manchmal gemütlich bei Johannsens im Wohnzimmer und spielten Rommé, Canasta oder Elfer Raus und aßen dazu wunderbar mundendes Knabbergebäck.
Johannsens ließen mich in ihrem Badezimmer auch ganz alleine baden und kontrollierten mich nicht und geschlagen wurde ich von ihnen auch nicht. Schade nur, dass ich nicht für immer bei ihnen bleiben konnte. Der Abschied fiel uns dreien schwer. Ich heulte wie ein Schlosshund und ich bemerkte, dass auch Johannsen sich verstohlen die eine oder andere Träne aus den Augenwinkeln wischten.
Eine solche Oase der Menschlichkeit in der unmenschlichen Wüste meines normalen grauenvollen Alltags, das es, was mir die Kraft schenkte, durchzuhalten, nicht aufzugeben und weiterlene zu wollen. Zu dieser Zeit war das Überleben-Wollen aber noch ein stummer, unbewusster innerer Impuls, der sich erst in Worte und eine aus Überzeugung geprägte Haltung verfestigte,

als ich zwei Jahre später meinen besten Freund kennenlernen, aber davon später.
Diese wunderbare Reise nach Langeoog endete, wie sie begonnen hatte: Mit einer Tracht Prügel meiner Mutter. Als ich von Langeoog mit dem Zug nach Hause kam, machte ich ein sehr trauriges Gesicht, denn ich war todtraurig, weil die schöne Zeit in Langeoog vorüber war. Meine Mutter aber dachte wohl, es sei ein schuldbewusstes Gesicht und ich hätte mich in Langeoog nicht gut benommen.
Durch den Beruf meines Stiefvaters als Geschäftsführer der Deutschen Gesellschaft zur Rettung Schiffsbrüchiger hatten wir als Familie des Öfteren die Gelegenheit, auf einem der Seenotrettungskreuzer der DGzRS mitzufahren.
Diese Fahrten boten mir die wenigen Gelegenheiten, bei denen ich mich meiner Mutter und meinen Stiefschwestern überlegen fühlte. Denn meine Mutter und meine Schwestern wurden auch schon beim kleinsten Seegang seekrank und es ging ihnen dann außerordentlich schlecht, sie wurden erbärmlich kleinlaut und kotzten sich die Seele aus dem Leib. Mir dagegen machte der Seegang gar nichts aus, mir konnte es gar nicht wild genug zugehen auf dem Meer: Je mehr das Schiff schaukelte, desto glücklicher war ich, desto mehr Appetit hatte ich und desto mehr Abenteuerlust erwachte in mir und dem Gekotze meiner Mutter hätte ich mit tiefer Genugtuung stundenlang zusehen können.

Kapitel 8

1960

Die große Freiheit - Seemann ahoi

„Wenn du ein Schiff bauen willst, so trommle nicht Männer zusammen, um Holz zu beschaffen, Werkzeuge vorzubereiten, Aufgaben zu vergeben und die Arbeit einzuteilen, sondern lehre die Männer die Sehnsucht nach dem weiten, endlosen Meer!" Saint-Exupéry

„Junge, komm bald wieder, bald wieder nach Hause, Junge fahr nie wieder, nie wieder hinaus..."
Nichts Böses ahnend, kehrte ich eines Mittags müde mit meinem Fahrrad von der Schule zurück. Schon außerhalb unseres Hauses, ja sogar schon am Eingang zu unserem Grundstück konnte ich den Schlager von Freddy Quinn laut und deutlich hören. Etwas völlig Unerwartetes musste geschehen sein. Denn wenn meine Mutter Musik hörte, dann tat sie das grundsätzlich nur in Zimmerlautstärke, um die Nachbarn nicht zu stören. Ich öffnete also ganz vorsichtig, ja fast könnte man sagen, ängstlich zunächst unsere Haustür und dann unsere Windfangtür und schlich auf leisen Sohlen auf die Wohnzimmertür zu, hinter der fast ohrenbetäubend laut das Lied von dem zur See gefahrenen Jungen ertönte. Ich öffnete langsam die Wohnzimmertür und erstarrte: Meine Mutter saß auf einem Stuhl ganz dicht vor unserer Stereoanlage und weinte herzzerreißend.
Zunächst dachte ich in meiner kindlichen Einfältigkeit, ein enger Verwandter oder zumindest ein sehr guter Freund der Familie

sei unter tragischen Umständen ums Leben gekommen oder zumindest auf den Tod erkrankt, aber ich verwarf diesen Gedanken umgehend wieder. Irgendetwas tief in meinem Inneren signalisierte mir, dass dieses Lied doch wohl nicht ganz passend für einen Trauerfall sei. Ich war verwundert und völlig verwirrt. Meine Mutter, diese eher kalte und harte, nur selten Gefühle zeigende Frau, weinte hemmungslos und dicke große Krokodilstränen rannen ihr über das Gesicht beim Anhören des Schlagers.
Ich wagte es nicht, meine Mutter zu fragen, warum sie eigentlich weinte, und so erfuhr ich auch nicht, was meine Mutter so an diesem Lied berührte. Auf jeden Fall hatte meine Mutter keinen Verwandten, der zur See fuhr.
Ich hätte mir das Lied von Freddy Quinn am liebsten selber vorgesungen, allerdings mit einem etwas anderen Text: „Junge, geh nie wieder, nie wieder nach Haus, Junge reiß endlich, reiß endlich von Zuhause aus!"
Tief in mir keimte immer wieder der sehnsüchtige und starke Wunsch auf, mich aus meinem höllischen unbarmherzigen Zuhause zu lösen, ein paar wenige persönliche Habseligkeiten zu packen und einfach eines Tages still und ohne besondere Ankündigung zu verschwinden wie ein Zugvogel im Wind.
Besonders stark wurde meine Sehnsucht immer dann, wenn ich allein oder manchmal mit einigen Freunden mit dem Fahrrad in den Übersee- oder den Europahafen in Bremen radelte.
Ich setzte mich dort oft direkt an die Kaimauer, blickte versonnen ins Wasser und schaute mir mit wachsender Begeisterung und stetig steigendem Interesse die dort liegenden und mir groß und gewaltig erscheinenden Schiffe an.
In den Bremer Häfen war zu der damaligen Zeit immer sehr viel los. Die in den Hafen einlaufenden Schiffe wurden be- und entladen und es war ein ständiges Kommen und Gehen der Hafenarbeiter. Eigentlich war es streng verboten, als Kind direkt an der Kaimauer zu sitzen, aber da ich mich ruhig verhielt und kei-

nen Blödsinn machte, ließ man es mir durchgehen. Es verstrichen Wochen, Monate und Jahre und etliche der Hafenarbeiter kannten mich schon und es schmeichelte mir und tat meiner geschundenen Seele wohl, von ihnen und vielen Seeleuten freundlich gegrüßt zu werden. Manchmal sprachen die Seeleute mich auch direkt an: „Na, mein Kleiner, willst du nicht bei uns als Matrose, als Smutje anheuern? Wir nehmen dich sehr gerne mit!“ Die Seeleute meinten dies sicher nicht ganz ernst, ich aber atmete dann jedes Mal ganz schwer und ließ manchen tiefen Seufzer vernehmen, denn nichts, wirklich nichts hätte ich lieber getan als das! Mich packte jedes Mal eine verzehrende Sehnsucht nach der großen weiten Welt.

Das eine oder andere Mal nahm mich ein Seemann auch verbotenerweise mit an Bord seines Schiffes und zeigte mir sein Schiff, dann erlebte ich Augenblicke des Stolzes und des Glücks.

Die Schiffe, die im Hafen lagen, erschienen mir riesig und wenn ich dann so auf der Kaimauer saß, träumte ich davon, an Bord eines der Schiffe zu gehen, dort als Matrose anzuheuern und mit dem Schiff über die großen Weltmeere zu schippern. Aber ich wusste natürlich tief in meinem Inneren, dass dies völlig unmöglich war, weil ich dafür die Erlaubnis meiner Mutter gebraucht hätte und ich außerdem noch zu jung war.

Manchmal setzte ich mich auch zu den Hafenarbeitern auf eine der vielen Bänke, die im Hafengelände und in der Nähe der Kaimauer standen, wenn diese ihre Frühstücks- oder Mittagspause machten. Oft bekam ich dann von ihnen z.B. eine leckere mit würzig schmeckender Leberwurst geschmierte Stulle Brot oder einen saftigen Apfel geschenkt und sie erzählten mir viel von ihrer körperlich schweren Arbeit auf den Schiffen und auf See. Sehr häufig, wenn sie von ihrer Arbeit oder von ihrem Zuhause sprachen, benutzten sie den Ausdruck „Muttern“. In der ersten Zeit wunderte ich mich darüber immer sehr, weil ich fälschlicherweise annahm, dass sie damit ihre eigene Mutter meinten. Aber bei diesen Hafenarbeitern handelte es sich um große Männer mit starken Armen und kräftigen Händen und so konnte ich mir in meinem kindlichen Hirn beim besten Willen nicht vorstellen, dass sie alle Muttersöhnchen sein sollten. Eines Tages fasste ich mir dann ein Herz und erzählte einem der Hafenarbeiter von meinen Überlegungen. Er lachte herzlich und schlug mir freundschaftlich mit seiner einen Pranke auf die Schulter, dass ich fast in die Knie ging und klärte mich darüber auf, dass mit dem Begriff „Muttern" die eigene Frau gemeint sei. Wir haben dann gemeinsam herzlich und ausgiebig gelacht. Die Seeleute erzählten mir sehr viel von ihren spannenden Abenteuern, die sie auf See erlebten. Manches von dem, was sie mir da anvertrauten, war sicher Seemannsgarn, aber dennoch hörte ich den Seeleuten gerne zu und hing wie gebannt an ihren Lippen. Ich tauchte ein in die Welt ihrer Erzählungen und vergaß dabei völlig die Zeit und so musste ich meinen Aufenthalt zuhause fast regelmäßig mit einer heftigen Tracht Prügel und wüsten Beschimpfungen büßen: „Warum bist du Sauhund nur so ungehorsam? Wo hast du dich wieder rumgetrieben? Was habe ich mir mit dir nur aufgehalst?"

Wenn ich dann anschließend auf dem Bauch in meinem Bett lag, weil ich auf dem windelweich geschlagenen Po nicht liegen konnte, und meine Tränen getrocknet hatte, träumte ich weiter und ich sann über die Möglichkeit nach, mich als blinder Passagier an Bord eines der Schiffe zu schleichen.

Rückblickend habe ich mich immer wieder gefragt, warum ich als Kind und als Jugendlicher nie den Mut aufgebracht habe, es wirklich zu versuchen - nämlich auszubrechen aus meinem kleinen, jungen, jämmerlichen, beschissenen Leben. Meine starke Sehnsucht, auszubrechen, hat sich immer wieder gezeigt, nur dass ich damals nicht wusste, welche Beweggründe tatsächlich dahinter steckten. Ich trieb mich nicht nur im Hafen herum und dachte verzweifelt über die Möglichkeit nach, als blinder Passagier an Bord zu gehen, nein, regelmäßig stand ich, nachdem ich mir eine Bahnsteigkarte gekauft hatte, auf den verschiedenen Bahnsteigen des Bremer Hauptbahnhofs und beobachtete die ein- und ausfahrenden Züge. Manches Mal war ich kurz davor, in einen der Fernzüge einzusteigen und fortzufahren. Es war, als spräche eine Stimme in mir: „Trau es Dir zu! Mach dem Ganzen endlich ein Ende. Schlimmer kann es nicht werden. Steig ein!" Aber immer dann, wenn ich kurz davor stand, es wirklich zu wagen, verließ mich im letzten Moment, gerade dann, wenn das Signal zur Abfahrt des Zuges gegeben wurde, der Mut. Heute kenne ich die Antwort:

Ich habe bis zu meinem 12. Lebensjahr innerhalb und außerhalb meiner Familie keinen erwachsenen Menschen kennengelernt, der sich vorbehaltlos zu mir bekannte, der mich gegen alle Widerstände verteidigte und sich für mein Wohl einsetzte. Eher das Gegenteil war der Fall: Aufgrund meiner Herkunft glaubte fast jeder Erwachsene innerhalb und außerhalb meiner Familie, sich an mir auf die eine oder andere Weise vergreifen zu dürfen. Von daher fehlte mir wohl der Glaube, dass sich irgendetwas ändern würde an meinem Schicksal, wenn ich versuchen würde, auszubrechen. Ich glaubte tief in meinem Herzen nicht daran, dass mir jemand helfen würde und mich aus dem Gefängnis meines jungen Lebens befreien würde. Auch war mir klar, dass, wenn ich ausbrechen und zurückgebracht würde, die Strafe meiner Mutter drakonisch und unmenschlich sein würde.

Und so erstarb immer wieder die Sehnsucht in mir, bis sie wenige Tage oder Wochen später für eine kurze Zeit erneut heftig aufflammte. Heute weiß ich aufgrund der gründlichen Recherchen über mein Leben als Kind und Jugendlicher, dass ich mit dieser meiner Meinung damals als Kind einem schrecklichen, ja einem geradezu tragischen Irrtum erlegen bin.

Wie ich aufgrund von Unterlagen aus dem Nachlass meiner Mutter herausgefunden habe, hatte meine Mutter aufgrund der

Umstände meiner Herkunft niemals das Sorgerecht für mich! Ihr war lediglich wie einer Pflegemutter das zeitliche Erziehungsrecht übertragen worden. Die Vormundschaft aber lag bis zu meiner Volljährigkeit allein beim Jugendamt. Wäre ich also aus dem Grauen meiner Kindheit oder Jugend ausgebrochen, wäre ich tatsächlich als blinder Passagier an Bord eines Schiffes gegangen oder in einen Fernreisezug gestiegen und zurückgebracht worden, so wäre mit an Sicherheit grenzender Wahrscheinlichkeit das Jugendamt eingeschritten und hätte mich aus meinem Elend befreit.

Wenn ich geahnt hätte, was mir noch bevorstand, wäre meine Entscheidung vielleicht anders ausgefallen, denn alles, was mir nach einem Ausbruchsversuch passiert wäre, wäre auf jeden Fall besser gewesen als das, was ich bisher erlebt hatte und noch erleben sollte…

Kapitel 9

1961

In der Falle - Missbraucht

„Wer ein Kind, das sich nach Liebe und Zuwendung sehnt, sexuell missbraucht, dem sollte man einen Mühlstein um den Hals hängen und ihn im Meer versenken, wo es besonders tief ist.“
Eigene Übersetzung nach der Bibel Markus 9,42

Als ich mich als junger, noch unerfahrener Theologiestudent in den Jahren 1970 bis 1975 voller Eifer und selbstloser Hingabe dem intensiven täglichen Studium der Bibel widmete, machte ich die für mich außerordentlich erstaunliche Entdeckung, dass im Neuen Testament Jesus immer wieder und ganz konsequent zur völligen Gewaltlosigkeit aufruft. Diese Erkenntnis war für mich, als wenn sich für mich plötzlich in einem Wald, in dem ich vor lauter Bäumen nichts sehen konnte, eine breite Schneise öffnete. Diese Erkenntnis, dass Jesus die bedingungslose Gewaltlosigkeit fordert, war für mich persönlich vor allem deshalb so fundamental, weil ich als Mitglied einer gläubigen christlichen Familie in meiner Kindheit und Jugend ein kaum vorstellbares Maß an Gewalt innerhalb und außerhalb meiner Familie erfahren hatte.
Aber meine Erkenntnis ging noch tiefer, ich entdeckte in der Bibel, dass die Forderung Jesu sich sogar noch radikalisierte und weit über die Aufforderung zur Gewaltlosigkeit hinausging: „Aber ich sage euch, die ihr zuhört: Liebet eure Feinde, tut denen Gutes, die euch hassen, segnet, die euch verfluchen, bittet für die, die euch beleidigen. Und wer dich auf die eine Backe schlägt, dem biete auch die andere dar“ (Lukas 6,27f.).

Ich war als junger Student von dieser bedingungslosen Bereitschaft zur völligen Gewaltlosigkeit zutiefst fasziniert und überwältigt. Auch wenn ich persönlich in meiner Kindheit und Jugend ein solch ungeheures Maß an brutaler Gewalt erfahren hatte, das geradezu nach Rache, nach Sühne, nach Vergeltung schrie, so spürte ich doch zutiefst in meinem Inneren, dass der einzige Weg, der zu einer tatsächlichen Versöhnung mit den Tätern und mit sich selbst führen kann, der ist, den Jesus vorschlug, und ich fand meine Ansichten bei solchen Vorbildern wie Mahatma Gandhi und Martin Luther King bestätigt. Dann aber begegnete ich den obigen einleitenden Bibelversen und es traf mich wie ein greller Blitz, ja wie ein Donnerschlag: Jesus, der Verkünder der bedingungslosen Vergebung, Jesus, der Prediger der hingebungsvollen Feindesliebe, Jesus, der sogar so weit ging, zu fordern, dass, wenn jemand einem einen Schlag auf die eine Wange gibt, man diesem auch noch die andere Wange hinhalten solle statt zurückzuschlagen, dieser Jesus fordert in diesen Versen nichts anderes als die Todesstrafe für Menschen, die schuldig werden an Kindern! Ein radikalerer, ein klarerer Gegensatz ist kaum vorstellbar. Jesus begegnete Kindern mit großem Respekt, er achtete die besondere Würde der Kinder, er wusste, dass nichts unmenschlicher ist, als die Würde eines Kindes zu missachten, dass nichts schlimmer ist, als das Rückgrat eines Kindes zu zerbrechen, und dass nichts verbrecherischer ist, als die Seele eines Kindes zu ermorden. Ich las diese Worte Jesu wieder und wieder, ja, ich sog sie regelrecht in mich auf und meine Gedanken eilten zurück in das Jahr 1960, in die Zeit zwischen Ostern und Pfingsten, ich war damals 11 Jahre alt. Sehr gerne wäre ich damals den Pfadfindern beigetreten. Dies resultierte nicht etwa aus der Tatsache, dass ich mich sonderlich für das Denken und Handeln der Pfadfinder interessierte, sondern dieser Wunsch hatte vor allem seinen tieferen Grund darin, dass einige Klassenkameraden von mir, die bei den Pfadfindern

Mitglied waren, mir in höchsten Tönen vorgeschwärmt hatten, dass sie in fast allen Ferien und sehr häufig auch an den Wochenenden mit den Pfadfindern unterwegs seien. Ich sah also in dem Beitritt zu den Pfadfindern eine große Chance für mich, meinem brutalen Zuhause zumindest zeitweilig zu entrinnen. Meine Mutter vertrat aber die kühl geäußerte Ansicht, dass die Teilnahme an kirchlichen Jugendgruppen und Freizeiten für mich wesentlich geeigneter sei, weil sie von ihrer Grundeinstellung her eine sehr fromme Frau war. Mein heftiger, immer wieder geäußerter Wunsch und Widerspruch wurden mit ein paar kräftigen Ohrfeigen einfach ohne weitere Diskussion vom Tisch gewischt.

Da gerade die Pfingstferien vor der Tür standen, meldete mich meine Mutter zu einer zehntägigen kirchlichen Freizeit für Kinder im Alter zwischen 9 und 13 Jahren an, die ihr von anderer Seite her empfohlen worden war. Als meine Mutter den Diakon, der die Freizeit veranstaltete, wegen der Anmeldung zusammen mit mir aufsuchte, musterte mich der Diakon von oben bis unten und fragte meine Mutter: „Ist Ihr Sohn denn überhaupt schon 9 Jahre alt, der sieht ja eher aus wie 7?“ Als er dann erfuhr, dass ich bereits 11 Jahre alt sei, wollte er das zunächst nicht glauben. Meine Mutter beruhigte ihn aber und klärte ihn auf: „Mein Sohn ist körperlich ein wenig zurückgeblieben, deshalb möchte ich Sie herzlich bitten, bei der Freizeit ihr besonderes Augenmerk auf ihn zu richten.“ Mir wurde es in dem Augenblick zugleich heiß und auch wieder eiskalt. Diesen Satz, den meine Mutter da gerade herausgeschleudert hatte, hatte ich bereits etliche Male in meinem jungen Leben vernommen und ich ahnte, dass da noch ein schlimmerer, ein mich einengender und mit Angst erfüllender Nachsatz folgen würde. Das besonders Teuflische, ja Diabolische der Erziehungsmethode meiner Mutter bestand darin, immer dann, wenn sie sich, wie bei dieser Freizeit, von mir trennen musste, dem jeweils Verantwortlichen die Erziehungsgewalt zu übertragen: „Und sollte sich mein Sohn in irgendeiner Weise auf der Freizeit daneben benehmen oder Ihre Anweisungen nicht befolgen, erlaube ich Ihnen ausdrücklich, ihn ruhig mit einer gehörigen Tracht Prügel zu bestrafen." Auf diese Weise konnte meine Mutter sich sicher sein, mich auch außerhalb ihres Herrschaftsbereichs unter Kontrolle zu haben, denn spätestens bei meiner Rückkehr erkundigte sie sich bei den Verantwortlichen nach meinem Benehmen, was dann gegebenenfalls die entsprechenden Strafmaßnahmen nach sich zog.

Nur wenige gütige Menschen, wie z.B. das Ehepaar Johannsen, bei denen ich herrliche Ferien auf Langeoog verlebte, widersetzten sich dem Ansinnen meiner Mutter und ließen mich statt Prügel Liebe und Zuwendung spüren.

Bevor meine Mutter und ich den Diakon verließen, blamierte und demütigte sie mich noch bis auf die Knochen. Sie blickte mich voller herablassender Verachtung an und bat den Diakon: „Sorgen Sie bitte dafür, dass mein Junge während der Freizeit vor dem Schlafengehen noch einmal die Toilette aufsucht, denn er ist ein Bettnässer." Mit feuerrotem Kopf, tief in meiner Seele aufgewühlt, keines Wortes fähig und zutiefst in meiner Scham verletzt, verließ ich mit meiner Mutter den schrecklichen Ort meiner Demütigung.

Nachdem ich zunächst tief enttäuscht darüber war, dass ich den Pfadfindern nicht beitreten durfte, freute ich mich dann doch ein wenig auf die Freizeit, auf die im Freizeitprogramm angekündigten Geländespiele mit den anderen Kindern, auf die die erlebnisreichen Wanderungen in die Umgebung und das gemeinsame Zusammensein am Lagerfeuer.

Dass die Freizeit von einem Diakon geleitet wurde, bestärkte mich noch in meiner Vorfreude. Ich wusste damals noch nicht viel von der Kirche und dem christlichen Glauben. Meine Erfahrungen mit dem christlichen Glauben erschöpften sich darin, dass bei uns zu Hause kein Bissen in den Mund geschoben werden durfte, ohne dass zunächst vorher gebetet werden musste, und darin, dass wir regelmäßig sonntags einen Gottesdienst besuchten, in dem ein Pfarrer gut gemeinte Worte von sich gab, die wenig mit meinem höllischen Alltag zu tun hatten und die mich deshalb ungemein langweilten.

Von einem Diakon als einem Mann der Kirche, so war damals meine einfältige kindliche Vorstellung, hatte ich sicher nur hingebungsvolle Zuwendung, liebevolle Freundlichkeit und mutmachende Aufmunterung zu erwarten und so fuhr ich voller innerer Vorfreude zu dem Gemeindezentrum, um von dort aus zusammen mit den anderen Kindern in einem Bus in das Zeltlager zu fahren. Schon als meine Mutter mich bei dem Diakon zu der Freizeit anmeldete, hätte ich, wäre ich damals nicht so naiv, so kindlich, so unwissend gewesen, stutzig und misstrauisch werden müssen. Als der Diakon mich in dem Gemeindezentrum, in dem meine Mutter mich anmeldete, von oben bis unten musterte, blieb sein Blick ein wenig zu lange an mir haften und auch während des Gesprächs mit meiner Mutter schweifte sein Blick immer wieder hinüber zu mir und ich hatte das unangenehme Gefühl, das mich ein wenig frösteln ließ, dass er mich mit seinen Blicken fast auszog und ungebührlich lange immer wieder auf meine Lederhose starrte. Zum Abschied reichte er mir seine rechte Hand, während er mir mit der linken Hand über den Kopf streichelte: „Wir beide werden uns bestimmt gut verstehen!“

Als wir in den Bus einstiegen, war, - welch merkwürdiger „Zufall“ -, für mich nur noch der Platz neben dem Diakon frei, der selbst auf einem Fensterplatz saß. Ich dachte mir zunächst nichts dabei, dann aber sprach er mich sehr freundlich an und meinte: „Da wo du jetzt sitzt, da kannst du ja gar nicht aus dem Fenster schauen, da siehst du ja gar nichts von der schönen Fahrt zur Jugendherberge.“ Aber statt nun, wie dies doch eigentlich die logische Folge gewesen wäre, den Platz mit mir zu tauschen, sodass ich am Fenster hätte sitzen können, packte er mich mit seinen kräftigen Händen in den Hüften und zog mich auf seinen Schoß. Mir war diese körperliche Nähe äußerst unangenehm und außerdem schämte ich mich in Grund und Boden vor den anderen Kindern, dass ich wie ein Kleinkind auf dem Schoß des Diakons sitzen musste. Ich hatte aber keine wirkliche Chance, seinen Krakenarmen zu entkommen, denn mit seiner linken Hand hielt er meinen Körper fest umklammert, während er mir mit seiner rechten Hand immer wieder die schöne Gegend draußen zeigte oder meinen Kopf in die entsprechende Richtung drehte, in die ich gucken sollte, um dann, wie rein zufällig, seine rechte Hand direkt vorne auf meine Lederhose zu legen. Ich erstarrte, ohne dass ich zunächst überhaupt auch nur ansatzweise begriff, was da eigentlich vor sich ging. Wie gesagt, mir war das mehr als unangenehm, aber zu dem damaligen Zeitpunkt habe ich noch nicht durchschaut, was wirklich dahinter steckte. Die kirchliche Freizeit fand auf einem großen weitläufigen Zeltplatz neben der Jugendherberge in Sandhatten in der Nähe von Bremen statt. Dort waren, im Kreis gruppiert um einen Lagerfeuerplatz, etliche große geräumige Zelte aufgestellt worden, in denen wir - insgesamt waren wir 30 Jungen und 30 Mädchen -, strikt nach den Geschlechtern getrennt, schliefen. Kaum waren wir vor der Jugendherberge eingetroffen, - es war inzwischen nachmittags -, wurden die einzelnen Gruppen eingeteilt und wir Kinder auf die Zelte verteilt. Am frühen Abend versammelten wir uns alle rund um das Lagerfeuer. Um nicht auf dem Boden sitzen zu müssen, eilten die Mitarbeiter des Diakons und die anderen Kinder in die nahegelegene Jugendherberge, um dort Stühle zu holen, die rund um das Feuer aufgestellt werden sollten. Gerade als auch ich zur Jugendherberge eilen wollte, packte mich der Diakon im Nacken und sagte zu mir in einem Ton, der keinen Widerspruch duldete: „Du brauchst keinen Stuhl, du kannst auf meinem Schoß sitzen.“ Von der anschließenden Andacht und dem Grillen der Kartoffeln und Bratwürste habe ich nicht viel mitbekommen, meine Gedanken arbeiteten wie ein Hochleistungsuhrwerk, immer auf der verzweifelten und doch erfolglosen Suche, wie ich dieser unangenehmen körperlichen Vereinnahmung entgehen könnte. Aber ich fand keinen Ausweg. Als wir in der Runde saßen und seine Hände zart und wie zufällig über meine Beine strichen und sich Einzelne seiner Finger unter meiner Lederhose verirrten, wollte ich aufschreien, aber kein Laut, kein Schrei entrang sich meiner gequälten Brust. Ich habe mich später in der Rückschau oft gefragt, ob die Mitarbeiter des Diakons eigentlich wussten, was da vor sich ging und ob sie aus Angst ganz bewusst wegschauten. Die folgenden Tage gestalteten sich für mich zur Hölle. Denn je mehr der Diakon merkte, dass ich ihm keinen Widerstand entgegensetzte, desto zudringlicher, desto dreister, desto missbrauchender wurde er. Das Grauen vollzog sich dabei unter dem schützenden Deckmantel der Freundlichkeit, unter der teuflischen Maske der Fürsorglichkeit. Den anderen Kindern und seinen Mitarbeitern erklärte er seine Fürsorge für mich damit, dass ich ein wenig krank sei und dass er für mich sorgen müsse. Schon in der ersten Nacht wurde ich von ihm geweckt und aus dem Zelt herausgeholt. „Deine Mutter hat mir ja erzählt, dass Du ein Bettnässer bist und wir wollen doch nicht, dass Du in den Schlafsack pinkelst oder?" Schlaftrunken war ich keiner Antwort fähig und ich bin mir auch nicht sicher, ob er wirklich eine Antwort erwartet hatte oder ob es sich bei seiner Frage nicht eher nur um eine rhetorische Frage handelte. Jedenfalls führte er mich ein wenig abseits, - es kam mir vor wie der Weg eines verurteilten Verbrechers zum Schafott -, zog mir, ohne weiter Rücksicht auf meine Gefühle oder mein widerstrebendes Wollen zu nehmen, die Schlafanzughose herunter, packte mich, jede Gegenwehr brechend, unter meinen Schultern und unter den Knien und presste meine Beine derartig fest an den Körper, dass mein

Po spitz nach unten zeigte, und redete mit mir plötzlich in einer Art Babysprache wie mit einem Kleinkind: „Nun mach mal schön dein Bächlein." Nur die Nacht verbarg mein vor Scham und Entsetzen gerötetes Gesicht und nur mit viel Mühe gelang es mir, das zu tun, was er wollte. Anschließend streichelte er mir zart über meinen Po und meinte: „Du bist doch ein braver Junge, dein Po, der ist doch viel zu schade zum Draufschlagen, es ist dir doch sicher viel lieber, wenn ich den streichle."

Die Ausflüge in den folgenden Tagen, die Geländespiele, auf die ich mich so sehr gefreut hatte, und die stundenlangen Wanderungen durch die Natur rings um Sandhatten, all dies ist mir nicht mehr in Erinnerung, es ist alles verschwunden im Nebel und Grauen des Missbrauchs und der mich ständig überflutenden namenslosen und mich im Innersten schüttelnden Angst, von ihm des Nachts geweckt zu werden oder am Tage vereinnahmt zu werden. Von Tag zu Tag steigerte sich seine Zudringlichkeit und nach etwa der Hälfte der zehn Tage gab es so gut wie gar nicht mehr, was ich allein tun durfte.

Bei allen Andachten, bei allen Pausen, die wir auf unseren Wanderungen machten, ja selbst in den Ausflugslokalen, die wir aufsuchten, nahm er mich trotz anfänglicher Gegenwehr auf seinen Schoß.

Es gab keinen Toilettengang mehr, den ich allein erledigen durfte und ich durfte auch nicht auf dem Klo sitzen, sondern wurde, wie in der ersten Nacht, von ihm auf die gleiche demütigende entwürdigende Art gehalten wie ein kleines Kind. In seinen widerlichen Ideen war er unerschöpflich. Mal musste er mir nach einem Toilettengang unbedingt den Po abputzen, dann wieder war mein Po angeblich wund und musste unbedingt eingecremt werden und immer nutzte er die sich bietenden Gelegenheiten, um meinen Po und meine Genitalien ausgiebig zu streicheln. Mir wurde jedes Mal kotzübel. Und so sehr ich auch innerlich flehte, ja sogar innerlich schrie, es stieg kein hilfreicher Engel mit einem flammenden Schwert vom Himmel herab, um mich zu retten. Ich war ihm völlig ausgeliefert. Morgens und abends schleppte er mich wie einen nassen Sack in den Waschraum, zog mich vor den anderen Jungs splitternackt aus und wusch mich morgens und abends mit einem Waschlappen sehr, sehr gründlich. Mein Blick war nur noch auf die Erde gerichtet, so schämte ich mich vor den anderen Kindern und ich wünschte mir nichts sehnlicher, als tot zu sein. Den anderen Kindern wurde diese Maßnahme damit erklärt, dass ich mich in den ersten Tagen nicht gründlich genug gewaschen hätte und dass er das deshalb übernommen hätte und sie sollten sich das als Beispiel zu Herzen nehmen, damit ihnen nicht Ähnliches widerfahre.

Wenn wir uns auf einer Wanderung befanden und schon etliche Kilometer gelaufen waren, nahm er mich gegen meinen Willen auf seine Schultern, weil ich angeblich erschöpft sei, und seine Hände ruhten dann auf meinen Knien. Nahm er mich wieder von seinen Schultern herunter, glitt wie zufällig die eine Hand unter meine Lederhose und drückte meine Pobacken zusammen, während seine andere Hand meinen Nacken umfasst hielt und er mich sekundenlang hin und her wiegte wie ein Baby, bevor er mich wieder auf den Boden stellte.

An den Abenden, wenn wir nach der Abendandacht und dem abendlichen Grillen freie Zeit für uns hatten, kam es regelmäßig vor, dass mehrere Jungs aus nichtigen Anlässen mit mir Streit anfingen und mich beiseite schleppten, um mich dort gemeinsam zu verdreschen. Bei all diesen Gelegenheiten tauchte auch der Diakon auf, aber statt mir zu helfen, stachelte er mich nur an, mich zu wehren gegen die Prügel der anderen. Erst dann, wenn ich, vor Schmerzen heulend, gedemütigt und verdreckt im Staub lag, schritt er ein, um mich dann – welch fürsorglicher Dienst! – als rettender Engel dem Waschraum zuzuführen. Viele Jahre später habe ich von einem der Jungs, die mich damals allabendlich verdroschen, erfahren, dass der Diakon sie erst dazu ange-

stiftet und ihnen Süßigkeiten für den Fall versprochen hatte, dass sie mir mal so richtig welche aufs Maul hauen und mich mal so richtig verprügeln würden.
Zum absoluten Höhepunkt aber kam es dann auf einer größeren Wanderung, die sich über etliche Stunden hinzog und auf der die Gruppe mehrfach Rast machte, um das aus der Jugendherberge mitgenommene Fresspaket zu verzehren und aus den damals noch üblichen Feldflaschen zu trinken. Auf besonders langen, sich über den ganzen Tag erstreckenden Wanderungen wurde dann auch eine sogenannte Pinkelpause eingelegt, in der dann alle Kinder irgendwo im Unterholz verschwanden, um ihr kleines oder großes Geschäft zu erledigen. Zu diesem Zweck führte einer der Mitarbeiter auf jeder Wanderung sogar extra mehrere Rollen Klopapier mit sich. Auf einer anderen Wanderung hatte mich der Diakon mehrfach gefragt, ob ich denn nicht einmal pinkeln müsse. Ich aber verneinte immer wieder, weil ich, - wohl zu Recht -, mich davor fürchtete, hier in aller Öffentlichkeit einer Situation wie in der ersten Nacht ausgesetzt zu sein, was dazu führte, dass ich auf der weiteren Wanderung zum Gespött und Gelächter der anderen Kinder in die Hose machte. Auf dieser größeren Wanderung also verspürte ich das Bedürfnis, während einer Pinkelpause ein größeres Geschäft erledigen zu müssen, und als der Diakon mich, wie ich schon befürchtet hatte, begleiten wollte, wagte ich in einem Anfall von irrwitzigem Mut zu sagen: „Ich kann das schon alleine." Der Diakon aber hielt mich fest und flüsterte mir ins Ohr: „Wir können das auch anders machen, wenn du nicht gehorsam bist." Er wartete, bis alle Kinder von der Pinkelpause zurückgekehrt waren und dann geschah das Ungeheuerliche, was sich mir wie ein Messer in meine gemarterte Seele rammte. Ich fühle noch heute seine Hände auf meinen Schultern ruhen und es läuft mir noch heute eiskalt den Rücken herunter, ich spüre noch heute, wie er die Hosenträger meiner Lederhose seitlich herunterzog, ich sehe

noch heute vor meinem geistigen Auge, wie er mir die Leder- und die Unterhose bis auf die Knöchel herunter schob und mich dann wieder in diese grauenhaft demütigende Lage brachte, damit ich mein Geschäft verrichtete. Als die Blicke aller Kinder auf mich gerichtet waren, als sich besonders die Mädchen in den Vordergrund drängten, um zu sehen, was sich tun würde, war ich der festen Überzeugung, es müsse sich doch gleich der Schlund der Hölle öffnen, um diesen Unhold zu verschlingen, es müsse mir doch jemand zu Hilfe eilen. Aber nichts geschah, ich war den gierigen spöttischen Blicken, die nichts verpassen wollten und den herabsetzenden und lästernden Bemerkungen der anderen Kinder schonungslos ausgeliefert. Vor lauter Scham erstarrte mein ganzer Körper wie zu einem Felsbrocken und der von dem Diakon erhoffte Erfolg blieb aus. „Wenn Du es denn nicht anders haben willst", lautete seine Reaktion, dann warf er mich über seinen Schoß, ließ sich eine dünne Rute reichen, die von einem Weidenbusch abgebrochen wurde, und schlug damit heftig auf meinen Po ein, wobei er mich als undankbares Balg beschimpfte, denn er habe sich doch so sehr für mich eingesetzt, um mich dann nach der Prügel erneut in die entwürdigende Lage zu bringen. Diese Reihenfolge setzte sich solange fort, bis sich der von ihm gewünschte Erfolg einstellte. Über den genauen Ablauf breite ich hier den Mantel des Schweigens, ich bin noch heute nicht fähig, darüber zu berichten, weil mir das so weh tun würde, als würde man mir das als 11-Jährigem noch einmal antun. Schon damals konnte ich diese Beraubung der völligen Intimität und die begeisternde Zustimmung der zuschauenden Menge nicht fassen, schon damals hämmerte mir der Gedanke durch den Kopf: „Wenigstens eine Stimme muss sich doch erheben, um mich zu verteidigen, um mich vor meinem Schicksal zu bewahren!" Aber nichts geschah, nein, ich war allein mit meiner Not und ausgeliefert an das Böse. Als mich meine Mutter nach der Freizeit am Bus abholte, war sie über das Urteil des Diakons höchst erstaunt: „Er ist ein ganz lieber Junge, ich hatte keine Probleme mit ihm.“ Meine Mutter erschien ein wenig verwirrt und irritiert, aber diese Aussage des Diakons bestärkte sie in ihrer Absicht, mich nach den Ferien zu zwingen, eine der Jugendgruppen des Diakons zu besuchen und ich vermute heute, dass das auch ganz genau so von ihm beabsichtigt war. Ich glaubte, dort in der Gemeinde vor den Nachstellungen des Diakons sicher zu sein, dort in dem weitläufigen Zentrum der Kirchengemeinde durften wir uns an einem großen stabilen Fußballkicker vergnügen, wir durften Tischtennis spielen und es standen uns jede Menge Gesellschaftsspiele zur Verfügung. An jedem dieser Jugendnachmittage hielt der Diakon zwischendurch eine Andacht und erzählte uns viel über den christlichen Glauben. Ich erinnere mich noch recht genau, dass die meisten ihm aber kaum zuhörten, sondern nur ungeduldig das Ende der Andacht abwarteten, denn für die meisten Jugendlichen, welche die Jugendgruppen besuchten, war die Andacht nur ein lästiges Pflichtprogramm, das man absolvieren musste, um sich dort aufhalten zu dürfen und um die vielen wirklich guten Spielmöglichkeiten nutzen zu können.

Der Diakon hatte eine teuflische, ja fast möchte ich sagen, fast geniale Idee, um auch in dem Gemeindezentrum seinem sexuellen Missbrauch an Jungen nachgehen zu können und diesen zu tarnen. In den Andachtsstunden erzählte er uns fast ständig etwas über Sünden und dass es sich dabei nicht nur um schwere Untaten handele, sondern dass wir auch im Alltag Sünden begehen würden, wie z.B. Glücksspiele, Kartenspiele, Frechsein zur Mutter, Faul sein in der Schule etc. etc. Um diese täglichen Sünden in den Griff zu bekommen, sei es wichtig, diese mit ihm zu besprechen und deshalb forderte er uns auf, regelmäßig zu ihm in die Seelsorge, sprich in die Einzelbeichte, zu kommen. Und da das, was in einer solchen Beichte besprochen würde, sonst keinen etwas anginge, müssten wir, jeder für sich allein,

mit ihm in sein Arbeitszimmer gehen und dort mit ihm über unsere Sünden sprechen. Damit wir dabei nicht gestört würden, werde er während der Beichte immer die Tür abschließen. Als ich das erste Mal zu ihm gerufen wurde, war er sehr freundlich zu mir, als er mich allerdings wieder wie auf der Freizeit auf seinen Schoß nahm, war mir das wieder auf das Äußerste unangenehm und wie zu meiner Beruhigung streichelte der Diakon mir übers Haar und flüsterte mir zu, dass er es nur gut mit mir meine. Es war noch nichts geschehen, aber tief in mir spürte ich, ich saß in einer unentrinnbaren Falle, ich hatte schon verloren, bevor es überhaupt angefangen hatte, ich hatte keine Chance.
Das, was ich noch heute in meinen Albträumen höre, ist das Geräusch, wenn die Tür seines Arbeitszimmers ins Schloss fiel und er den Schlüssel im Schloss der Tür umdrehte.
Jedes Mal, wenn ich zu ihm gerufen wurde, zitterte ich innerlich mit Ausnahme des ersten Males, wo ich noch nicht wusste, was mir bevorstand. Ich hasste das Geräusch der schweren Eichentür, die innen mit einer braunen Lederfütterung verstärkt war, wenn sie ins Schloss fiel. Sicher war diese solide Ausführung ursprünglich dazu gedacht, das Arbeitszimmer des Diakons akustisch abzuschirmen, damit kein Außenstehender die seelsorgerlichen Gespräche belauschen konnte bzw. damit nichts von den seelsorgerlichen Gesprächen nach draußen drang. Nun aber eröffnete gerade diese akustische Abschirmung dem Diakon alle Möglichkeiten, seinem sexuellen Treiben mit den jungen Knaben ungestört nachgehen zu können, dies umso mehr, als er immer nach Eintritt in sein Arbeitszimmer die Tür nicht nur schloss, sondern mit dem Schlüssel verschloss. Wenn ich bei dem Diakon in seinem Zimmer war, stellte er mich zunächst vor sich zwischen seine Beine, während er auf einem niedrigen Stuhl saß. Zuerst streichelte er mir über meinen Kopf und fügte hinzu: „Ich hoffe, dass du noch ein ganz lieber Junge wirst und du deiner Mama noch viel Freude bereiten wirst.“

Während er mit mir redete, glitten seine Hände über meinen Rücken abwärts, über meine Lederhose und meine nackten Beine hinunter. Alle meine Körperhaare begannen sich zu sträuben und langsam wurde ich zu einem Baumstamm, ich erstarrte völlig, während seine Hände langsam wieder meine Beine hochglitten und ganz langsam unter meiner Lederhose verschwanden. Ich dachte jedes Mal, es kann nicht wahr sein, es ist sicher nur ein böser Traum, aber es war die brutale Wirklichkeit und tiefer innerer Ekel, tiefe innere Abscheu über- und durchflutete mich. Seine Hände erfassten meine beiden Pobacken und wenn er je eine in je einer seiner Hände hielt, hob er mich hoch und setzte mich auf seinen Schoß.

Seine Hände kneteten meine Pobacken durch, während er ununterbrochen auf mich einredete, wie lieb er mich habe und wie sehr er sich für mich einsetzen möchte. Meist hörte ich seine Worte gar nicht, weil ich mich innerlich vollständig ausklinkte und mich mit meinen Gedanken an andere Orte begab, um nichts davon mehr mit zu bekommen, was gerade in Wirklichkeit mit mir geschah. Noch heute frage ich mich, warum habe ich ihn nicht vors Schienbein getreten und ihn beschimpft habe, aber ich glaube, ich hatte keine Chance.

Besonders viel Angst durchflutete mich, besonders viel Ekel und Scham empfand ich, wenn er mir die Hosen bis auf die Strümpfe herunterzog und dann zunächst langsam und dann immer heftiger meine Pobacken durchknetete. Dabei versuchte er immer wieder, meine Pobacken auseinanderzuziehen, um mich zwischen den Pobacken zu berühren und mit seinen Fingern in mich einzudringen. Unter Aufbietung aller meiner Kräfte gelang es mir aber immer, den Po zusammenzukneifen und das Eindringen zu verhindern. Der Höhepunkt seines Tuns war meist, dass seine Hände nach vorne glitten und meinen Penis streichelten. In solchen Augenblicken fühlte ich mich beschmutzt, schuldig, des Todes würdig.

Bei unserem letzten Zusammentreffen, - es war etwa ein Jahr nach der Freizeit und dem Beginn seiner Übergriffe auf mich -, fragte er mich, nachdem er wieder ausgiebig meinen Schwanz und meinen Po gestreichelt hatte, ob ich denn nicht einmal seinen Penis sehen wolle und ich schüttelte, unfähig auch nur eines einzigen Wortes, heftig meinen Kopf, da öffnete er seine Hose, nahm meine linke Hand und schob sie trotz meines Widerstandes in seine Hose auf seinen Penis.
In dem Augenblick, als meine Hand auf ihm lag, entleerte er sich und meine Hand wurde ganz feucht.
Abgrundtiefes Entsetzen erfasste jede Faser meines Körpers, alles in mir sträubte sich vor speiüblem Ekel und tiefverletzter Scham. Plötzlich explodierte etwas in meinem Inneren, das ich selber nicht steuern konnte. All das, was sich in mir bis zu diesem Augenblick durch den Missbrauch und die Demütigung an ohnmächtiger Wut, an Entsetzen, an Schmutz und Abscheu angestaut hatte, brach sich plötzlich brutal Bahn. Es war wie die Eruption eines heftigen Vulkans aus meinem kindlichen Schlund, es war, als wenn mein Körper das Innerste nach außen kehren wollte, mein Mund öffnete sich weit, ohne dass ich etwas dagegen tun konnte und dann brach es mit gurgelnden Geräuschen aus mir heraus und in immer neuen Wellen, die durch starke Krämpfe meine Körpers unterstützt wurden, übergab ich mich in hohem Bogen und besudelte den Diakon von oben bis unten. Vielleicht hätte ich meinen Kopf, als das Erbrechen begann, noch seitlich auf den Boden richten können, - vielleicht - , aber irgendetwas tief in mir zwang mich förmlich, die immer wieder aufbrandenden Wellen meines Erbrechens auf den sitzenden Diakon zu richten, denn ich ahnte unbewusst wohl, dass dies meine einzige, meine vielleicht letzte Chance war, seinen sexuellen Übergriffen auf Dauer zu entkommen. Der Diakon aber erstarrte angesichts dessen, was geschah, zur Salzsäule und war minutenlang zu keiner Bewegung fähig.

Den anderen Kindern erklärte er mein Erbrechen mit einem plötzlichen Unwohlsein. Damit endete ziemlich abrupt meine Mitgliedschaft in den Jugendgruppen des Diakons. Mehrfach machte meine Mutter, der ich von dem Vorgefallenen natürlich nichts erzählen konnte, den Versuch, mich erneut zu dem Diakon in die Jugendstunde zu schicken, immer mit dem gleichen Erfolg: Kaum hörte ich, dass ich die Jugendstunde aufsuchen sollte, brach sich wieder ein schreckliches, nicht aufzuhaltendes Erbrechen Bahn, sodass meine Mutter nach mehreren vergeblichen Anläufen von ihrer Absicht Abstand nahm. Endlich war ich erlöst.

Bis heute allerdings werde ich das Gefühl der Schuld nicht los, auch wenn ich gelernt und begriffen habe, dass ich als kindliches Opfer keine Chance hatte, mich gegen den Missbrauch zu wehren.

In den vielen Jahren nach dem Missbrauch habe ich mich immer wieder auf Neue gefragt, was eigentlich die richtige Art und Weise ist, mit einem solchen Erlebnis umzugehen. Denn eines ist eine unverrückbare Tatsache: Vergessen kann man ein solches Erlebnis nie, es ist unauslöschlich in die eigene Seele eingebrannt. Ich erkannte aber auch, dass ich durchaus unterschiedliche Wege beschreiten kann, um mit diesem traumatischen Erlebnis umzugehen bzw. fertigzuwerden.

Drei mögliche Wege haben sich mir gezeigt:

Zum einen kann man den Rest seines Lebens damit zubringen, sich selbst zu bejammern und das böse Schicksal zu beklagen. Mir wurde aber klar, dass, wenn ich diesen Weg beschreite, mein zukünftiges Leben weiter überschattet wird von meiner Vergangenheit.

Zum anderen kann ich mich damit beschäftigen, was Täter dazu veranlasst, Kinder sexuell zu missbrauchen, aber auch das bringt mich bei aller Erkenntnis in meinem eigenen Leben nicht weiter.

Zum dritten wurde mir deutlich, dass der einzige für mich

gangbare Weg, - weil zukunftsgerichtete Weg -, darin besteht, mich dafür zu engagieren, dass in Zukunft weniger Kinder sexuell missbraucht werden. Ich kann damit das eigene Trauma zwar nicht heilen, ich kann damit das Erlebte in meiner Erinnerung nicht löschen, aber ich kann aufgrund meiner Erlebnisse und Erfahrungen mit dafür sorgen, Kinder und Jugendliche stark zu machen, damit sie anderen Menschen offen und ohne Angst ins Gesicht blicken können und NEIN sagen können, wenn Menschen mit ihnen etwas machen wollen, das sie NICHT wollen. Immer wieder hat mich auch die Frage umgetrieben, wie es überhaupt zu sexuellem Missbrauch kommen kann. Der „sogenannte böse Mann", vor dem wir in unserer Kindheit gewarnt wurden, macht, wie wir heute aus wissenschaftlichen Untersuchungen wissen, nur etwa 2 Prozent der Täter aus, die Kinder sexuell missbrauchen. 98% der Täter stammen aus dem Umfeld des Opfers und geben sich nach außen hin ebenso freundlich wie der geschilderte Diakon.

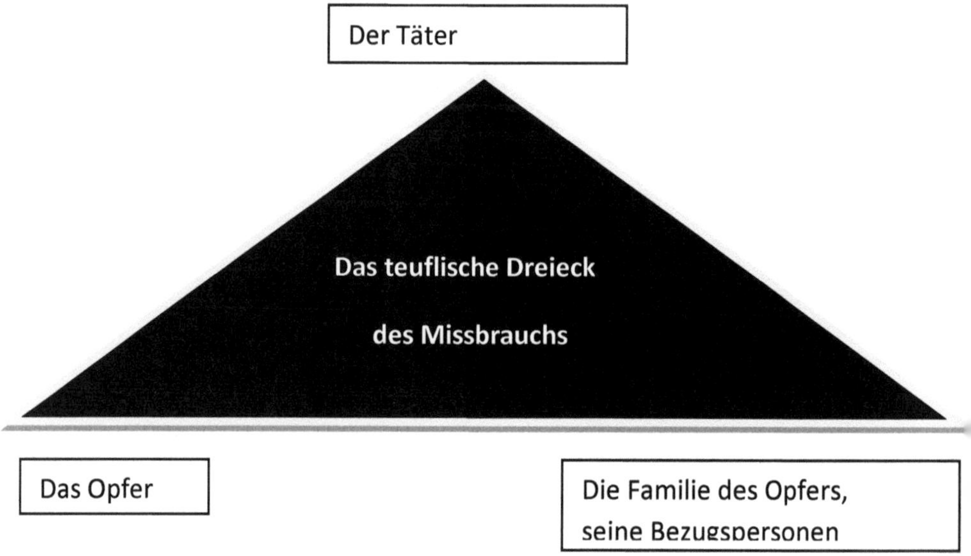

Ich habe lange darüber nachgedacht, wie es möglich ist, dass es im vertrauten Umfeld zum sexuellen Missbrauch kommen kann und welche Grundbedingungen erfüllt sein müssen, damit der Täter erfolgreich ist bzw. was unternommen werden muss, damit das Opfer aus seiner Rolle als Opfer ausbrechen kann. Damit sexueller Missbrauch stattfinden kann, müssen einige Bedingungen erfüllt sein. Um das zu verdeutlichen, habe ich das obige schwarze Dreieck gezeichnet, das ich das teuflische Dreieck des Missbrauchs nenne:

Das schwarze Dreieck oben in der Zeichnung, das ist das Herrschaftsgebiet des Täters, innerhalb dieses Dreiecks kann er sein Opfer ungestört missbrauchen. Das schwarze Dreieck des Missbrauchs hat drei Ecken:

Das Opfer, der Täter, die Eltern etc.

Dieses teuflische Dreieck funktioniert aber nur dann, wenn das Kind keine Unterstützung bei seinen Eltern oder sonstigen Bezugspersonen findet, wenn es keine Vertrauensperson findet, der es sein Herz ausschütten kann, oder wenn es von seinen Eltern von klein auf zu unbedingtem Gehorsam erzogen wird. Wenn diese notwendige Unterstützung fehlt, hat das Kind nicht nur einen Gegner, sondern, genau genommen, zwei: Den Täter und seine Eltern bzw. Bezugspersonen. Erst dann, wenn diese Konstellation gegeben ist, kommt es zu dem Dreieck und der Täter findet den Herrschaftsbereich, innerhalb dessen er über das Kind, das er missbraucht, herrschen kann. Wenn aber die Eltern oder die sonstigen Bezugspersonen dafür sorgen, dass das Kind von klein oft lernt, NEIN zu sagen, wenn es von klein auf dazu ermutigt wird, fremden Menschen offen und ohne Angst ins Gesicht zu blicken, wenn es lernt, stark und selbstständig zu werden, ist die Macht des teuflischen Dreieck gebrochen. Das Dreieck und damit der Herrschaftsbereich des Täters können dann nicht zustande kommen, es besteht im wahrsten Sinne des Wortes nur eine lineare Beziehung zwischen dem Kind und dem möglichen Täter, die das Kind spätestens nach dem ersten Missbrauch mithilfe seiner Eltern und Vertrauenspersonen zerstören und sich damit vor weiterem Schaden bewahren kann.

Kapitel 10

1961-1963

Hans -Christoph Nordwig und seine Begegnung mit Präsident John F. Kennedy

„Freunde sind Engel, die uns auf die Beine helfen, wenn unsere Flügel vergessen haben, wie man fliegt.“
Unbekannter Dichter

Das Kennenlernen

In meiner Kindheit und Jugend habe ich, vielleicht bedingt durch meine eigene Lage, sehr gerne Geschichten gelesen, in denen Gott Menschen, die in großer Not waren, Engel schickte. Unter Engeln stellte man sich in der Vergangenheit und stellt man sich gelegentlich auch noch in der Gegenwart Wesen vor, bekleidet mit einem weißen wallenden Gewand und mächtigen Flügeln. Ich glaube nicht, dass Engel so aussehen, ja, ich weiß nicht einmal, ob es tatsächlich Engel gibt. Aber wenn es sie gibt, dann handelt es sich bei den Engeln mit Sicherheit nicht um ferne, unnahbare Märchenwesen, sondern um Menschen aus Fleisch und Blut, wohlmeinende Menschen, die Gott zu uns in den Weg schickt, liebevolle Menschen, die eine gute Botschaft für uns haben, die eine kleine oder auch größere Wegstrecke mit uns gehen, die für uns in einer ganz besonderen Notlage da sind und uns helfen.

Hans-Christoph Nordwig war wohl einer dieser von Gott gesandten Engel. Hans-Christoph war einer der wunderbarsten und der wertvollsten Menschen, die mir in meinem bisherigen Leben begegnet sind und er war in meiner Kindheit und Jugend nach Franziska, meiner ersten Freundin, der zweite Mensch, der in mein Leben strahlendes Licht, helle Freude und wärmende Liebe brachte. Ich glaube fest daran, dass Gott mir Franziska und Hans-Christoph als helfende, tröstende Engel geschickt hat, um ein wenig leichter die Hölle meiner Kindheit und Jugend durchstehen zu können. Hans-Christoph wohnte damals, als ich ihn kennenlernte, mit seiner Familie in einem Bremer Stadtteil mit vielen eng aneinander gebauten Hochhäusern, der Neuen Vahr, sein Vater war Pastor an einer der dortigen Kirchengemeinden. Ich dagegen wohnte mit meiner Familie in vornehmen Stadtteil Oberneuland, der sich vorrangig aus Einfamilienhäusern zusammensetzt. Auf halber Strecke zwischen diesen beiden so unterschiedlichen Stadtteilen lag und liegt auch heute noch der Achterdiekbadesee und dort trafen wir uns das erste Mal. Ich war gerade 13 Jahre alt und wurde ein Vierteljahr später 14. Hans-Christoph war mit 12 Jahren ein Jahr jünger als ich. Meiner Freundschaft mit Hans-Christoph ging aber ein schreckliches Erlebnis voraus. Umso schöner, umso besser, um so mehr von Freude geprägt war unsere darauf folgende Freundschaft. Aufgrund meiner überaus schlechten schulischen Leistungen in der siebten Klasse war ich sitzengeblieben, was sicher vor allem etwas mit meiner persönlichen Situation zu Hause und dem Missbrauch durch den Diakon zu tun hatte. Meine Mutter war über die Blamage des Sitzenbleibens äußerst erbost und tief in ihrer persönlichen Ehre verletzt und ich bekam als erste Strafmaßnahme erst einmal einen Monat Hausarrest und in den folgenden Tagen erhielt ich immer wieder eine gehörige Tracht Prügel mit dem besonderen Hinweis, dass bei mir eh Hopfen und Malz verloren sein, dass aus mir eh nie etwas Gescheites werden würde und ich einfach ein verdammter Sauhund sei. Allerdings ereilte mich das unverdiente Glück, dass ich, da ich trotz meiner fast schon dreizehn Jahre aufgrund meiner für mein Alter zu geringen Größe (138 cm) und meines massiven Unter-

gewichts (knapp 37 kg) vom Gesundheitsamt wie seinerzeit in der Grundschule diesmal für ein Vierteljahr in ein Kinderheim in den Schwarzwald geschickt wurde.
In den darauf folgenden Sommerferien verreiste meine Mutter zu meinem großen Glück mit einer Tante und einem Onkel für vier Wochen nach Spanien. Zuhause sollte meine 11 Jahre ältere Schwester Mathilde auf mich aufpassen. Sie studierte zu der damaligen Zeit Pharmazie, um Apothekerin zu werden. In ihren Semesterferien arbeitete sie den ganzen Tag in einer Apotheke, um Praxiserfahrungen zu sammeln und sich etwas dazuzuverdienen. In der Zeit, in der meine Mutter verreist war, sahen meine Schwester und ich uns eigentlich nur zu den Mahlzeiten, denn meine Schwester hatte alles Andere im Sinn, als auf mich aufzupassen.
Ich nutzte in diesen Sommerferien jeden Tag, um etwas zu unternehmen und zu erleben. Da es ein Sommer mit vielen schönen und heißen Sonnentagen war, fuhr ich fast jeden Tag mit dem Fahrrad an den Achterdieksee, um dort eine Runde zu schwimmen.
An einem dieser Tage beobachtete ich in meiner Nähe einige andere, mir fremde Jugendliche, die dort, nur ein paar Meter weiter, ihre Badehandtücher ausgebreitet hatten, und zu denen Hans-Christoph gehörte. Zu diesem Zeitpunkt wusste ich natürlich noch nicht, wer er war. Nach ein paar Tagen bekam ich mit, wie die einzelnen Jungen mit Vornamen hießen, so wurde der Anführer der Gruppe von allen „Reiner" gerufen. Unser lauschiger Platz am See befand sich auf der linken Seite des Sees hinter einer kleinen versteckten Brücke, der Rundweg um den See endete dort. So waren wir dort ganz ungestört. Oft spielten wir am frühen Abend, wenn es nicht mehr so heiß und drückend war, gemeinsam auf einer nahegelegenen Wiese eine Runde Fußball, Federball oder wir alberten im Wasser herum.

Ich bekam immer wieder mit, dass Hans-Christoph häufig schwer am Atmen war, wusste allerdings nicht, dass er unter Asthma litt. Ich sah nur, dass er sich des Öfteren ein kleines Gerät an seinen Mund hielt und augenscheinlich etwas in seinen Mund sprühte. Danach schien es ihm deutlich besser zu gehen und er atmete wieder leichter.
Eines Nachmittags wollte einer der Jugendlichen zu einem nahegelegenen Kiosk in der Neuen Vahr radeln, um dort einen größeren Nachschub an Erfrischungs-Getränken zu besorgen. Als er in seine Geldbörse blickte, stellte er fest, dass ihm 5 DM fehlten, die er als Schein bei sich gehabt hatte. Er wurde ziemlich wütend und löcherte jeden mit der Frage, ob er ihm das Geld gestohlen habe. Alle verneinten und wiesen den Verdacht weit von sich, auch Hans-Christoph. Der Junge, dem das Geld fehlte, ließ aber nicht locker und wollte alle Geldbörsen sehen, so auch die von Hans-Christoph. In dessen Geldbörse fand der Junge einen 5-Mark-Schein. Hans-Christoph erzählte mir später, dass er diesen dort schon längere Zeit bei sich hatte. Der Junge behauptete nun, dass Hans-Christoph ihm den Schein gestohlen habe. Hans-Christoph verneinte das vehement. Die anderen Jungs beschimpften ihn und warfen ihm vor, er hätte ihr Vertrauen schäbig missbraucht.
Sie als Gruppe würden sich untereinander schon länger kennen, von ihnen sei das niemand gewesen. Sie hätten ihm, dem Hans-Christoph, ihre Freundschaft angeboten und er hätte diese auf gemeine Weise und hinterhältig missbraucht. Als Hans-Christoph den Diebstahl nicht zugeben wollte, nahm ihn einer der Jungen in den Schwitzkasten, stellte ihm ein Bein, sodass er mit dem Rücken auf die Erde krachte, kniete sich über ihn und bearbeitete seinen Kopf mit Ohrfeigen, die anderen schlugen ihn auf die Beine und Füße, zogen ihm seine Badehose aus, dann trat Rainer ihm mit voller Wucht zwischen die Beine.

Mein Herz krampfte sich zusammen, als ich mit ansehen musste, wie Hans-Christoph krebsrot im Gesicht anlief und schwer am Keuchen war und es ihm sichtbar schlecht ging. Schon begann einer der Jungs seinen Po mit einem Stock wie wild zu bearbeiten.
Blitzartig wurde mir klar, dass er gleich den Diebstahl gestehen würde, den er gar nicht begangen hatte. Ich hatte den Diebstahl auch nicht begangen, aber tief in meinem Herzen ahnte, ja wusste ich, ich würde die schlimmen Folgen eines Geständnisses wesentlich besser überstehen als Hans-Christoph.
Deshalb ging ich, innerlich zitternd vor Angst und eigentlich keines Wortes fähig, hinüber zu den Jugendlichen hin und gestand ihrem Anführer Rainer stotternd: „Lasst Hans-Christoph doch in Ruhe, er hat nichts getan, ich bin es gewesen, ich hab das Geld gestohlen!"
Allen einschließlich Reiner und Hans-Christoph war sonnenklar, dass ich nicht der gemeine Dieb sein konnte, denn ich war nie in der Nähe der Rucksäcke, die den Jungs gehörten, gewesen. Aber wie ich im Folgenden erkennen musste, schien es den Jungen nicht wichtig, das ich nicht der Dieb sein konnte, wichtig erschien es ihnen allein, dass einer für den Diebstahl büßen sollte. „O.K.", grinste der Anführer von einem Ohr zum anderen und, zu seinen Freunden gewandt, gab er die Anweisung: „Lasst Hans-Christoph los." Ich sah mit Freude, wie Hans-Christoph erleichtert durchatmete und seinen Sprayautomaten an seinen Mund setzte und mich voll tiefer Dankbarkeit anblickte. Vor lauter Erleichterung vergaß er, seine Badehose wieder anzuziehen. So entging es mir nicht, dass er untenherum fast ebenso bescheiden ausgestattet war wie ich. Allerdings hatte er im Gegensatz zu mir bereits Schamhaare. Erst nach wenigen Sekunden realisierte er, dass er nackt dastand und er zog sich die Badehose wieder an.

Nun wandte sich Rainer wieder zu mir und schlug mir, mit seiner rechten Hand voll ausholend, mitten ins Gesicht mit der Bemerkung: „Nun zu dir! Du bist also die miese kleine fiese Ratte, die uns hinterrücks bestohlen hat! Und nicht nur, dass du ein schäbiger Dieb bist, nein, du niederträchtiges Miststück lässt es auch noch zu, dass wir den unschuldigen Hans-Christoph verdächtigen und in die Mangel nehmen! Du bist echt obermies! Du wirst doch sicher einsehen, dass wir dir das nicht einfach durchgehen lassen können! Wir werden es dir kleinem Miststück jetzt so heftig besorgen und zwar so hart, dass du hinterher nicht mehr weißt, ob du Junge oder Mädchen bist."

Rainer packte mich an meinen schmalen Schultern, beugte sich etwas herunter zu mir, zog mich ruckartig zu sich heran und donnerte seinen Kopf gegen meine Stirn. In meinem Kopf dröhnte und hämmerte es, ich hatte das Gefühl, gleich bricht mein Kopf auseinander. Kaum hatte ich mich etwas erholt, rammte er mir sein Knie in den Unterbauch.

Als ich vor Schmerzen zusammensackte, kniete er sich über mich, nahm mich in den Schwitzkasten, gab einem der anderen Jungs sein großes, scharfes Klappmesser, hielt mir die Augen fest zu und gab den anderen Jungs die Anweisung : „Los, zieht ihm die Badehose aus und schneidet ihm die Eier ab!"

Vor Lachen prustend, rissen mir die Jungs die Badehose runter, griffen nach meinem Hodensack und ich spürte etwas sehr Kaltes auf meiner Haut. Ich erschrak zutiefst und pinkelte vor lauter Angst.

Als sie das mitbekamen, lachten alle Jungs mich aus, wie leichtgläubig ich doch sei und wie ängstlich, denn sie hatten nicht wirklich vorgehabt, mir die Hoden abzuschneiden. Sie schütteten sich aus über meine Angst und wieherten vor Lachen, als sie meinen winzigen Penis und meine kleinen Hoden sahen und dass ich noch keine Schamhaare hatte.

Hans-Christoph hatte sich etwas abseits gesetzt. Ihm war anzumerken, dass ihn das anwiderte, was die Jungs mit mir anstellten, andererseits fehlte ihm aber der Mut, sich davonzuschleichen und Hilfe zu holen. Rainer wandte sich zu ihm, klopfte ihm leutselig auf die Schulter und entschuldigte sich bei ihm:
„Sorry, dass ich dich fälschlicherweise verdächtigt habe, aber als kleine Entschädigung dafür werde ich dir nachher auch die Gelegenheit geben, diesen kleinen miesen Dieb zu bestrafen."
Einer der 6 Jungs, - mit Hans-Christoph waren sie 7 Jungs -, schwang sich auf sein Fahrrad und kündigte an, er werde gleich wieder zurückkommen, er wolle nur schnell zu Hause etwas besorgen, dann radelte er davon.
Rainer zog mich an den Ohren wieder hoch, bis ich stand und gab mir rechts und links Ohrfeigen, sodass ich wieder zu Boden stürzte. Ich musste mich hinhocken wie ein Hund und er kniete sich über mich. Mit seinen großen Händen, die eher den Pranken eines Bären glichen, krallte er sich regelrecht in meinen Pobacken fest und zog sie derartig hart auseinander, dass ich laut schreien musste. Rainer ließ aber nicht locker, sondern zerrte und riss sogar noch heftiger an meinen Pobacken und die anderen Jungs stopften mir meine Badehose in den Mund, sodass man mein Schreien nicht mehr hören konnte.
Wieder und wieder zog er meine Pobacken auseinander, dass ich dachte, gleich zerreißt es mich und ungerührt fragte er mich:
„Na du kleine Drecksau, du mieser Dieb, tut das schön weh? Das ist gut so, du sollst ja leiden ohne Ende. Inzwischen hatten zwei der anderen Jungs unter Zuhilfenahme von Butterbrotpapier, das vorher dem Einwickeln von mitgebrachtem Proviant gedient hatte, Brenneseln gepflückt und sie drückten nun diese Brennnesseln zwischen meine Pobacken und anschließend drückte Rainer meine Pobacken fest zusammen. Nach einer Weile, die mir wie eine Ewigkeit erschien, drehten sie mich auf den Rücken, drückten meine Beine auseinander und pressten mir nun

weitere Brenneseln auf meinen kleinen Schwanz und meinen Hodensack. Ich war vor Schmerzen nur noch am Wimmern und verlor fast die Besinnung. Eine gnädige Ohnmacht wäre mir in diesem Augenblick wie ein hilfreicher guter Freund, wie ein Engel des Himmels erschienen.

„Na du Mistkerl", keuchten sie, „wenn du glaubst, das war es schon, dann irrst du gewaltig! Jetzt fangen wir erst richtig an!" Rainer ließ mich los, aber vor Schmerzen halb betäubt und keiner eigenen Bewegung fähig, dachte ich nicht an Flucht.

„Freispiel" schrie Reiner, „Freispiel": „Jeder darf jetzt mit der kleinen Drecksau machen, was er will. Kaum hatte er das ausgesprochen, schlugen sich die Jungs fast darum, wer mich als erster in die Mangel nehmen dürfe. Ich konnte bald keinen klaren Gedanken mehr fassen, alles tat mir höllisch weh.

Während die anderen Jungen mich festhielten, bereitete es einem der Jungen eine besondere Genugtuung, mich sehr hart fast überallhin zu kneifen, ein anderer bearbeitete mit seinen Fäusten meinen Kopf, ein dritter drückte brutal im Zeitlupentempo mehrfach meine kleinen Hoden zusammen und ein vierter missbrauchte meinen Po als Punchingball und boxte wie von Sinnen auf ihn ein. Ich heulte ohne Ende. Der fünfte Junge sorgte dafür, dass ich kurzzeitig ohnmächtig wurde. Er forderte die anderen Jungen auf, mich auf den Rücken zu legen, meine Beine hochzuheben und nach hinten und zur Seite zu ziehen. Dann nahm der Junge seine flache Hand und schlug mit voller Wucht immer wieder auf meine Hoden. „Eierklatschen" nannte er das. „Lass die Drecksau ein wenig ausruhen", gab Reiner die Anweisung, „passt aber auf, dass sich die feige Sau nicht verpisst, wir sind noch lange nicht fertig mit ihr. So lag ich vielleicht eine halbe Stunde gekrümmt auf der Erde und fühlte sich schmutzig, elend, missbraucht und innerlich völlig leer.

Wie um mich „wiederzubeleben", beugte sich Reiner über mich, mit der einen Hand griff er unter meine Arme, mit der anderen

Hand packte er von hinten durch meine Beine meinen Hodensack und meinen Penis und drückte beides sehr hart zusammen, dann schleppte er mich mit sich wie ein kleines Kind und eilte die wenigen Meter zum Badesee. Dort tauchte er mich wieder und wieder unter. Anschließend setzte sich Reiner auf einen Baumstumpf, packte mich quer über seinen Schoß und versohlte mir brutal den Po mit seinen bloßen Händen. „Jetzt weiß ich endlich mal, wie sich das anfühlt, wenn man jemand den Arsch versohlt, das hat mein Vater bei mir früher oft gemacht, aber heute traut er sich das nicht mehr, weil er genau weiß, dass ich zurückschlagen würde."
Inzwischen war der Junge zurückgekehrt, der mit seinem Fahrrad nach Hause geradelt war. Gerade ließ der Schmerz der Schläge etwas nach, da riss Rainer erneut meine Pobacken auseinander und der Junge, der weggeradelt war, sprühte mir zwischen die Pobacken scharfes Parfüm, das brannte furchtbar, auch meinen Penis sprühten sie ein. Aber der Junge hatte von Zuhause nicht nur Parfüm, nein, auch ein Hundehalsband und eine Hundeleine mitgebracht. Das Hundehalsband wurde mir um den Hals gelegt und die Leine daran befestigt. Nun zwangen sie mich, auf allen Vieren wie ein Hund herumlaufen und auch das Bein heben. Wenn ich nicht tat, was sie wollten, schlugen sie wie wild auf mich ein. Die Jungs waren fast ununterbrochen am Grölen und Lachen. Ich hätte vor Schmerzen, aber auch vor Scham sterben können. Rainer hatte Hans-Christoph nicht vergessen. Dieser saß noch immer abseits und blickte wie abwesend fassungslos auf das, was da vor sich ging: „Jetzt kommt dein Teil, du wirst dem kleinen Dieb den Arsch mit einem Stock versohlen. Und schone ihn ja nicht, denn wenn du das auch nur versuchst, kriegt du sie von mir umso härter."
Er reichte Hans-Christoph einen dünnen Stock, drei Jungs hielten mich fest und Hans-Christoph schlug mit voller Kraft zu und mich windelweich.

Nach dieser schlimmen Tracht Prügel, die mir an diesem Tage nach allen vorausgegangenen furchtbaren Quälereien von Hans-Christoph verpasst wurde, war ich am Ende. Ich lag auf der Erde und heulte wie ein Schlosshund. Reiner gab mir einen heftigen Tritt in meine Seite. Dieser Tritt wirbelte mich herum und ich kam wieder auf dem Rücken zu liegen.

Zum Schluss trat Reiner mir noch zweimal voller Wucht in den Po und schließlich stellte er seinen rechten Fuß auf meinen Schwanz und meinen Hodensack und drehte seinen Fuß betont langsam wie in Zeitlupe hin und her, so, als wolle er gerade eine weggeworfene, noch etwas glimmende Zigarettenkippe austreten. „Das war es, du jämmerliches Etwas, du Meisterdieb“, schleuderte er mir ins Gesicht, dann ließ er mich einfach liegen, wandte sich um und verschwand mit den anderen Jungs und Hans-Christoph.

Ich rührte mich nicht, ich lag fast eine halbe Stunde auf der gleichen Stelle, so fertig war ich, so weh tat mir alles und nachdem die Angst nachgelassen hatte und ich die Schmerzen umso mehr bemerkte, machte ich unter mich und erbrach heftigst alles, was ich an dem Tag zu mir genommen hatte. Und wieder spürte ich das abgrundtiefe Gefühl in mir, das ich bereits von Zuhause kannte, nur ein verachtenswertes, unwertes Stück Dreck zu sein.

Eine Mutter, die mit ihren Kindern an den See kam, um dort mit ihren Kindern gegen Abend zu schwimmen, zu spielen und zu grillen, entdeckte mich und eilte mir zur Hilfe. Ich erzählte ihr stockend und stotternd, was mit mir geschehen war. Sie tröstete mich, so gut es ging, fasste mich vorsichtig unter und begleitete mich ins Wasser des Sees, wusch mich sehr vorsichtig, ja fast liebevoll, ab und trocknete mich und meine Tränen. Später, als ich mit Hans-Christoph eng befreundet war, erzählte er mir, dass zwei Jungs ihn bis nach Hause begleitet hätten. Er erzählte das Erlebte sofort seinen Eltern, als diese etwa eine Stunde später nach Hause kamen und sein Vater machte sich sofort auf den

Weg, um mich zu finden, denn er wollte mir unbedingt helfen und sich bei mir bedanken für das, was ich für seinen Sohn getan hatte, aber ich war bereits nicht mehr da.

Die Freundschaft

Nicht in meinen kühnsten Träumen hatte ich jemals daran geglaubt, Hans-Christoph noch einmal wiederzusehen, doch das Schicksal wollte es anders. Nach den Sommerferien kam ich nun wegen meines Sitzenbleibens in eine andere Klasse. Am Morgen des ersten Schultages des neuen Schuljahres musste ich zunächst, - wieder in Begleitung meiner Mutter -, zu einer angeordneten, schulärztlichen Untersuchung ins Gesundheitsamt, weil ich mit fast 13 Jahren erst 138 cm groß war und nur 37 Kilo wog, wobei sich das Gewicht durch die achtwöchige Kur auf 40 Kilo erhöht hatte. So kam ich erst zur dritten Unterrichtsstunde in die Schule. Ich erinnere noch, als wäre es gestern gewesen, wie ich den Klassenraum meiner neuen Klasse das erste Mal betrat. Es hatte gerade zur großen Pause geläutet und alle Schülerinnen und Schüler verließen eilig den Klassenraum.

Alle? Nein nicht alle, einer blieb zurück in der Klasse. Ich war wie vom Donner gerührt und wie gelähmt, - es war Hans-Christoph, der asthmakranke Junge, dem ich am Achterdieksee geholfen hatte.

Hans-Christoph war sehr schwer asthmakrank, wie ich in der Folgezeit von ihm erfuhr, und deshalb zog er es vor, wenn es ihm nicht gut ging, während der Pausen in der Klasse zu bleiben.

Als er da so alleine an seiner Schulbank saß, klein, schmal und blass, entdeckte ich, dass der Platz neben ihm unbesetzt war, jedenfalls konnte ich keine Schulhefte und auch keinen Tornister entdecken. Hans-Christoph hockte im Schneidersitz auf seinem Stuhl und war in die Lektüre eines spannenden Buches vertieft. Ich schlich zu Hans-Christoph hin, tippte ihm auf die Schulter

und fragte ihn vorsichtig, ob ich mich neben ihn setzen dürfe. Hans-Christoph stutzte einen Augenblick, dann erkannte mich. Er strahlte und lachte über sein ganzes freundliches, feingeschnittenes Gesicht und sagte laut und deutlich:
Na klar, gerne, ich freue mich riesig!
Er stand auf, trat auf mich zu und fragte mich, ob ich ihm denn verzeihen könne, er habe mir doch nicht geholfen, ja aus eigener Angst heraus mich sogar heftig geschlagen. „Natürlich", antwortete ich ihm, „das habe ich schon vergessen, ich wollte dir ja nur helfen und du hast ja nur zugeschlagen, weil sie dich dazu gezwungen haben". Gerührt, keines weiteren Wortes fähig, nahm er mich in die Arme, drückte mich wieder und wieder fest an sich und wir beide weinten und lachten in einem. „Wie kann ich dir nur danken für deine Hilfe?", sagte er und küsste mich mitten auf meine Stirn.
Das war die Geburtsstunde unserer kurzen, tragischen, aber wunderschönen und erlebnisreichen Freundschaft. Bereits nach kurzer Zeit war unsere Freundschaft derartig eng, dass wir sehr oft von anderen Schülern und Erwachsenen nicht nur für außerordentlich gute Freunde, sondern sogar für Brüder gehalten wurden. Hans-Christoph war aufgrund seiner außerordentlich schweren Krankheit körperlich stark zurückgeblieben, dafür aber aufgrund seiner schmerzhaften Krankheitserfahrungen seinem Alter geistig weit voraus. Ich bin mir sicher, dass Hans-Christoph unbewusst um die Schwere seiner Krankheit wusste und im Tiefsten erahnte, dass er nicht sehr lange zu leben hatte. Wir waren füreinander fast die ideale Ergänzung.
Hans-Christoph war körperlich durch seine schwere Krankheit zurückgeblieben und schwer gezeichnet. Ich war zwar körperlich nicht besser entwickelt als er, dafür aber wesentlich kräftiger.
Er war durch sein fast schon lebenslanges Leiden geistig seinem Alter weit voraus, ich dagegen, bedingt durch meine persönli-

chen Verhältnisse zuhause, geistig weit hinter meinem Alter zurück.
Wann immer sich uns die Gelegenheit bot, planten Hans-Christoph und ich nachmittags nach der Schule und in den Ferien erlebnisreiche Unternehmungen, wir fertigten gemeinsam unsere Hausaufgaben an, wir besuchten oft die Bremer Kinos und sahen uns dort gerne Monumentalfilme, wie „Ben Hur", oder Filme, wie „Den sie wissen nicht, was sie tun", an.
In der Zeit der Freundschaft mit Hans-Christoph kam mir wieder das schon in früheren Kapitel beschriebene Phänomen zugute, dass ich völlig in diese Parallelwelt eintauchen konnte, dass ich in der Lage war, den jetzigen Moment, den Augenblick zu genießen und völlig auszublenden, was mich zu Hause oder im der Schule erwartete.
Im Sommer hielten wir uns oft zum Schwimmen am Achterdieksee auf. Wir nahmen uns von zuhause frisch gebratene Frikadellen und lecker zubereiteten Kartoffelsalat und erfrischende Limonade mit und blieben den ganzen Tag dort. Schien die Sonne sehr stark, suchten wir uns ein schattiges Plätzchen und machten es uns dort gemütlich. Wir lagen stundenlang bäuchlings auf unseren großen Badehandtüchern und unterhielten uns über Gott und die Welt. Wir unternahmen verwunschene Radtouren, die uns in manches unbekannte schöne Terrain führte. Unterwegs machten wir aus Rücksicht auf die schwere Asthmaerkrankung von Hans-Christoph zwischendurch immer wieder kleine oder größere Pausen, je nachdem, wie gut Hans-Christoph drauf war. Bekam Hans-Christoph unterwegs einen Asthmaanfall, hatte ich immer etwas Angst, versuchte aber, ihm das dann nicht zu zeigen. Dennoch war es immer ein erbarmungswürdiger Anblick, der mein Herz zusammenkrampfen ließ, wenn ich sah, wie Hans- Christoph voller Not nach Luft rang und seinen Sprayapparat ansetzte, um sich ein wenig Erleichterung zu verschaffen.

Wurde der Anfall zu heftig, hängte sich Hans-Christoph mit seinen beiden Armen um meinen Hals, um so seine Lungen zu weiten und mehr und besser Lust zu bekommen. War der Anfall leichter, setzte er sich auf meinen Schoß. Ich schob sein Hemd etwas hoch und ich streichelte ihn ganz ruhig und langsam über seinen Rücken und seine Brust, das beruhigte ihn sehr. Nach dem Anfall war er meist für ein oder zwei Stunden sehr müde. Oft kam es auf unseren Ausflügen vor, dass er nach einem solchen Anfall auf meinem Schoß in meinen Armen einschlief, um sich ein wenig zu erholen. Ich horchte in solchen Augenblicken etwas ängstlich auf seinen Atem und freute mich, wenn dieser ruhig und gleichmäßig ging. Es erfüllte mich mit großer Freude und auch mit einem gewissen Stolz, in solchen Augenblicken für Hans-Christoph verantwortlich zu sein und ihm so schöne erlebnisreiche Stunden ermöglichen zu können.
Mitunter schleppten wir auf unseren Radtouren auch ein kleines Zelt mit, das ursprünglich nur für eine Person gedacht war, aber es reichte wunderbar für uns zwei halbe Portionen. Wir suchten uns ein Plätzchen an einem lauschigen See oder an einem wiesenbedeckten Waldesrand, wo wir das Zelt aufschlagen konnten. Wir lagen bäuchlings im Zelt und nur unsere Köpfe schauten aus dem Zelt heraus. Wir horchten nachts auf die unterschiedlichsten und vielstimmigen Geräusche des Waldes und des Wassers.
Beide hatten wir in der Dunkelheit etwas wenig Angst, aber wir hielten uns aneinander fest und wir fühlten uns gemeinsam stark. Stand unser Zelt an einem See, rannten wir mehrfach in der Nacht nackt heraus, alberten und wenn wir dann erhitzt waren, stürzten wir uns ins Wasser, das war einfach herrlich. Wir hatten viel Spaß miteinander.
Hans-Christoph übte einen außerordentlich guten und positiven Einfluss auf mich aus und das in vieler Hinsicht. Er steckte mich mit seiner unbekümmerten Fröhlichkeit an. Und, obwohl er sel-

ber so schwer krank war, tröstete er mich immer, wenn ich tieftraurig und trübsinnig war und er machte mir immer wieder aufs Neue Mut, gegen alle Wirklichkeit, gegen alles Böse, gegen alle Erfahrung an eine bessere, schönere, fröhlichere und friedlichere Zukunft zu glauben, darauf zu hoffen, dafür zu arbeiten und niemals aufzugeben.

Ich darf heute im Rückblick wohl sagen, dass ich ohne das, was ich von Hans-Christoph gelernt habe, die Zeit meiner Jugend nicht überlebt hätte, sondern dem ganz grausamen Treiben irgendwann einmal ein Ende gesetzt hätte.

Hans-Christoph hatte eine wunderbare unvergleichliche Art, mir wichtige, unentbehrliche Lebensweisheiten zu vermitteln. Ich möchte das an drei Beispielen illustrieren:

Hans-Christoph war der erste Mensch, der mir deutlich machte, dass ich kein Stück Dreck sei, sondern ein wertvoller Mensch. Er hatte dafür eine einfache Übung, die angeblich von Konrad Adenauer stammte: Er nahm ein weißes Blatt Papier und teilte es mit einem Bleistiftstrich von oben nach unten. Links sollte ich dann 5 Eigenschaften aufschreiben, die meine Mutter oder andere Menschen mir zuschreiben würden und recht sollte ich fünf Eigenschaften eintragen, von denen ich glaube, sie zu haben. Die linke Spalte war schnell gefüllt, ich hörte ja jeden Tag genug Negatives über mich. Erst nach langem Nachdenken und mithilfe von Hans-Christoph lernte ich, in mich hineinzuschauen und meine verborgenen Talente und Fähigkeiten zu entdecken und so füllte sich mit der Zeit auch die rechte Spalte.

Hans-Christoph verdanke ich, dass ich zum ersten Mal in meinem Leben, einmal abgesehen von Franziska, als wertvoller, liebenswerter Mensch wahrgenommen wurde.

Eines Tages, als Hans-Christoph und ich bei ihm zu Hause waren und im Garten herumtollten, holte er sich ein Metermaß von seiner Mutter und maß zehn Meter ab. Dann bat er mich, diese zehn Meter weit zu springen. Aber so sehr ich mich auch mühte, bei 3,50 Meter landete ich. „Das wirst du nie schaffen", sagte er zu mir, „das wäre ja auch Weltrekord! Aber jetzt tue mir doch bitte den Gefallen und gehe die 10 Meter." Das war natürlich eine ganz leichte Übung. „Die meisten Menschen haben in ihrem Leben keinen Erfolg, wenn sie einen Traum verwirklichen oder ein Ziel erreichen wollen", so machte mir Hans-Christoph klar, „weil sie unbedingt zehn Meter weit springen wollen. Und weil sie das natürlich nicht schaffen können, werden sie depressiv und geben auf. Vergiss das nie: Du kannst sehr viel erreichen in deinem Leben, wenn du bereits bist, Schritt für Schritt zu gehen!"

Das größte Geschenk aber erhielt ich an einem windstillen ruhigen Sommerabend von Hans-Christoph. Es war so gegen 23 Uhr und wir saßen draußen in Garten der Familie Nordwig. Plötzlich erschien Hans-Christoph mit einer großen roten Altarkerze, die er angezündet hatte. Er gab mir diese Kerze und ich umklammerte sie mit beiden Händen. Dann gingen wir ein wenig weg vom Haus direkt in den Garten. Und dort hat er mir eine Wahrheit, eine Botschaft, eine Hoffnung zugerufen, wie ich sie niemals in meinem Leben in dieser Großartigkeit von einem der gelehrten Professoren hörte, denen ich später an der Universität begegnete. Hans-Christoph sagte zu mir: „Alexander, das Licht, dass Du da in den Händen hältst, ist klein und unscheinbar. Du kannst damit weder Bremen, noch unseren Stadtteil, ja nicht einmal unseren Garten erhellen. Aber das ist nur eine Seite. Andererseits aber gilt auch und das ist durch die Wissenschaft sogar bewiesen: Das gesamte Dunkel dieses Gartens, von ganz Bremen, ja, der gesamten Welt und auch die Finsternis des gesamten Weltalls können dein Licht nicht auslöschen. Deshalb lass in deinem Leben dein Licht leuchten und gib niemals auf."

Ich kann nicht sagen, woher Hans-Christoph seine Weisheit nahm, aber seine Worte haben sich mir unauslöschlich eingebrannt und mir das Leben gerettet. An mir schätzte Hans-

Christoph besonders, dass ich außerhalb seiner Familie fast der einzige Mensch war, der ihn nicht wie einen Schwerkranken, wie einen Behinderten behandelte, sondern ihn immer als einen normalen Freund und Spielkameraden ansah.
Bevor ich Hans Christoph kennenlernte, war ich nicht gerade eine große Leseratte. Abenteuerbücher von Karl May, Mickymaus-Hefte und Ähnliches, geistig nicht sehr anspruchsvolles Lesegut war mein geistiger Horizont. Hans-Christoph weckte vorsichtig und schrittweise in mir die Lust, mich an wertvollere Literatur zu wagen und mich auch an die Werke unserer großen Dichter und Denker heranzutrauen.
Er schleppte mich zu diesem Zweck regelmäßig in die Stadtbücherei, wo wir oft stundenlang in Büchern schmökerten. Durch ihn stieß ich in der Stadtbücherei zum ersten Mal in meinem Leben auf Berichte und Reisebeschreibungen über fremde, geheimnisvolle Länder. Eine neue, eine unbekannte Welt tat sich vor mir. Es war, als hätte mir jemand die Tür zu einem Paradies aufgetan, neue Erkenntnisse, neue Ansichten, neue Farben, neues Wissen strömten auf mich ein. In der Stadtbücherei gab es neben der Bücherabteilung auch eine kleine, aber sehr feine Abteilung, in der man Schallplatten anhören konnte. Ich gebe zu, bis zu diesem Zeitpunkt hatte ich keinerlei Beziehung zur klassischen Musik. Zu Hause besaßen wir einen Plattenspieler, der oben in einem hölzernen Loewe-Opta Radio eingebaut war. Auf diesen Plattenspieler wurden sonntags-morgens mithilfe eines sogenannten Wechslers zehn Klassikplatten aufgetürmt und diese nacheinander abgespielt. Dieses System hatte den gravierenden Nachteil, dass man von allen 10 Musikplatten zuerst die erste Seite hörte, anschließend wurden die 10 Platten umgedreht und nun hörte man von allen Platten die zweite Seite. Mir hat das nie gefallen und deshalb hörte ich der Musik nie zu, nicht zuletzt auch deshalb, weil die Musik ständig überlagert wurde von den schmatzenden und gurgelnden Geräuschen des Früh-

stücks und des Kaffees und von den Gesprächen meiner Familie, die in ihrer Flachheit diametral im Gegensatz zu dieser wertvollen klassischen Musik standen. Aber offen gesagt, um den Genuss der Musik ging es auch gar nicht, es ging nur um ein Ritual, das unbedingt jeden Sonntag eingehalten werden musste. Hans Christoph verstand wirklich sehr viel von der wunderschönen, klassischen Musik und es gelang ihm, zwar zunächst mühsam, aber immer beharrlich, in mir eine große, tiefe Liebe zu dieser Musik zu wecken.

Durch ihn lernte ich vor allem Beethoven, Bruckner, Bach, Schubert und Mozart zu schätzen. Aber nicht nur die Liebe zu der Musik weckte er in mir, nein, er vermittelte mir auch die notwendigen Hintergrundinformationen zu den einzelnen Musikwerken.

Unser persönlicher Favorit waren die neun Symphonien von Beethoven. Immer und immer wieder haben wir uns bei Hans-Christoph zuhause oder in der Stadtbücherei diese Symphonien angehört. Wir konnten uns einfach nicht satt hören.

Regelmäßig brachen wir abends auf und besuchten Opernaufführungen, wir sahen uns z.B. Mozarts Zauberflöte, Beethovens Fidelio oder Verdis Nabucco an. Ich saß, völlig versunken in eine fremde, mir bisher unbekannte Welt, völlig außer mir, mit großen, fragenden und alles Geschehen aufsaugenden Augen da und folgte der Handlung auf der Bühne und lauschte hingebungsvoll der herrlichen Musik des Orchesters und dem strahlenden Gesang der Sänger und der Chöre. Der Freiheitschor der Gefangenen aus Nabucco wurde von da an mein ganz persönlicher Hit. Ich erinnere mich noch genau, dass ich jedes Mal, wenn ich den ergreifenden Freiheitschor aus Verdis Oper Nabucco hörte, hemmungslos weinte und dass Hans-Christoph meinen Kopf in seinen Armen barg und mich tröstete. Wir nutzten auch die Gelegenheit, ein Musical zu besuchen. Bevor ich zum ersten Mal mit Hans-Christoph in die Aufführung eines Musicals ging, wusste ich nicht einmal, wie man Musical schreibt, geschweige denn, dass ich gewusst hätte, was ein Musical ist. Zwei Musicals lernte ich besonders zu lieben: „My Fair Lady“ und „Mary Poppins“. Wenn Hans-Christoph und ich abends gemeinsam bei ihm zu Hause im Bett lagen, sangen wir mit unseren schrägen, dünnen Knabenstimmen, nicht schön, aber hörbar laut den berühmtesten Song aus „My Fair Lady“: „Es grünt so grün, wenn Spaniens Blüten blühen, - ich glaub, jetzt hat sie´s, ich glaub, jetzt hat sie´s -es grünt so grün, wenn Spaniens Blüten blühen, - mein Gott, jetzt hat sie`s, mein Gott, jetzt hat sie`s...“ Aus „Mary Poppins“ brannte sich mir das eine herrliche, spaßige Wort ins Gedächtnis, welches das Kindermädchen Mary Poppins den Kindern beibrachte. Wann immer ich damals und in der späteren Zukunft etwas gut fand, wendete ich mit Vorliebe dieses Wort an, es lautete:

„Superkalifragilistischexplialigetisch.“

Durch Hans-Christoph lernte ich zum ersten Mal Theaterstücke kennen, wie z.B. „die Räuber“ von Schiller. Zu der damaligen Zeit hatte das Bremer Theater mit Peter Zadek einen außerordentlich renommierten Regisseur und mit Bruno Ganz und Vladim Glowna zwei junge begnadete Schauspieler. Die Theaterstücke ergriffen Hans-Christoph und mich tief in unserem Inneren, sie wurden ein Teil von uns und wir wurden ein Teil von ihnen. Kaum zuhause angekommen, versuchten wir uns mit alten abgelegten Anziehsachen zu verkleiden und wie auf einer Bühne spielten wir uns das entsprechende Theaterstück gegenseitig noch einmal vor. Dabei lasen wir den Text aus den Reclamheftchen, die wir uns zu diesem Zwecke kauften. Wollte ich mit Hans-Christoph unbedingt ein Konzert besuchen oder ins Theater gehen, belog ich meine Mutter und behauptete rundheraus, es handele sich um schulische Veranstaltungen, an denen ich teilnehmen müsse. Weil ich das Geld für die Eintritts-

karten der Konzert- und Theaterbesuche selbst bezahlte, hatte meine Mutter nichts dagegen.
Grundsätzlich war meine Mutter aber der seltsamen Ansicht, ich sei für Konzert- und für Theaterbesuche noch viel zu jung und es genüge vollauf, wenn ich einmal im Dezember eines jeden Jahres mit ihr in die Aufführung des Weihnachtsmärchens in das Bremer Theater ginge.
Es war für mich oft ein im Kopf kaum zu verarbeitender Gegensatz Am Nachmittag saß ich mit Hans-Christoph bei ihm zu Hause und wir lasen uns gegenseitig z.B. „Werthers Leiden" von Goethes, Friedrich Schillers „Bürgschaft" oder Hermann Hesses „Steppenwolf" vor, und abends, wenn ich nach Hause kam und meine Mutter gut drauf war, las sie mir ein Kapitel aus der „Biene Maja", aus „Pu der Bär" oder aus „Peterchens Mondfahrt" vor oder irgendwelche Märchen und Heldensagen. Hans-Christoph war unermüdlich, soweit es seine schwachen, begrenzten Kräfte erlaubten. So schleppte Hans-Christoph mich in die verschiedenen Museen und wir waren oft tagelang im Überseemuseum in Bremen. Zum wiederholten Male öffnete Hans-Christoph mir die Tür zu einer neuen, unbekannten und so lehrreichen und geheimnisvollen Welt.
Mein Verhältnis zu Hans-Christoph war bald so eng, dass ich mich fast die ganze Woche bei ihm zu Hause aufhielt, sehr oft gleich für mehrere Tage und Nächte. Ich fühlte mich bei ihm und seinen Eltern einfach wohl.
Eines Mittags kehrte ich zusammen mit Hans-Christoph aus der Schule heim und wollte mir zu Hause nur ein paar frische Anziehsachen holen und mit Hans-Christoph weiter zu ihm nach Hause fahren. Meine Mutter, die all die Jahre meiner Kindheit immer betont hatte, froh zu sein, wenn ich ihr nicht im Wege sei, zeigte sich plötzlich richtig eifersüchtig. Statt sich mit mir über meine Freundschaft zu Hans-Christoph zu freuen, bemerkte sie an diesem Mittag sehr spitz zu mir: „Meinetwegen kannst du ja

gleich ganz zu Nordwigs ziehen". Statt ihre Lästerei stumm hinzunehmen, ließ ich mich dazu hinreißen, ihr zu antworten: „Ja, am liebsten würde ich ganz zu Nordwigs ziehen." Es war, als hätte meine Mutter nur darauf gewartet, dass ich frech wurde, als hätte sie dieses Stichwort herbeigesehnt. Sie packte mich grob an meinem rechten Arm, bog ihn mir auf meinen Rücken und brachte mich in mein Zimmer. Sie forderte Hans-Christoph auf, mitzukommen. Es ist gut, dass dein Freund mal sieht, wie frech du zu deiner armen Mutter bist und deshalb soll er auch ruhig sehen, wenn du jetzt eine tüchtige Tracht Prügel von mir verabreicht bekommst, du freches, unverschämtes Gör. Da wird er staunen und sehen, was du für ein jämmerlicher Hosenscheißer bist, der schon beim ersten leichten Schlag schreit und heult. Sie zog mich, wie immer, vollständig nackt aus und verprügelte mich wie von Sinnen. Immer, wenn andere dabei waren, so auch diesmal, genoss meine Mutter es richtig, mich zu verprügeln und sie nahm sich richtig Zeit dazu, meinen Po an allen Stellen mit dem Rohrstock zu bearbeiten, bis er feuerrot war und wie ein Öfchen glühte. Anschließend schleifte meine Mutter mich in die Wanne und wusch mich vor Hans-Christoph betont langsam und gründlich von oben bis unten. Nach dem Waschen zerrte sie mich mit der linken Hand an einem Ohr nackt, nass und zitternd vor den großen Spiegel im Bad, Hans Christoph musste sich direkt neben den Spiegel stellen und mit leicht spöttischer Stimme, in der ein verächtlicher Ton mitschwang, drehte sie mit der rechten Hand den Kopf von Hans-Christoph hin zum Spiegel : „Nun guck dir doch mal deinen Freund richtig von oben bis unten an, das ist ja nicht mal ein richtiger Mann, das ist doch eine einzige Witzfigur." Ich konnte mich nicht des Eindrucks erwehren, dass sie durch ihr Handeln genauso wie damals bei Franziska versuchte, indem sie mich systematisch lächerlich machte und erniedrigte, meine Freundschaft zu Hans-Christoph zu beschädigen, was ihr aber zum Glück nicht gelang.

Was mich in diesem Augenblick besonders erschreckte, war die Tatsache, dass sie bei dieser Gelegenheit fast die gleichen Worte und Argumente benutzte wie Jahre zuvor bei Franziska. Meine Freundschaft zu Hans-Christoph offensiv zu zerstören, das wagte meine Mutter ebenso wie damals bei Franziska nicht. Denn wenn sie das getan hätte, wäre meine Mutter ein hohes, unkalkulierbares Risiko eingegangen, sie hätte sich sicher einige bohrende und wenig freundliche Fragen von Frau Nordwig anhören müssen und nach außen hin, außerhalb unserer Familie, spielte meine Mutter gerne die weltläufige, freundliche Frau. Kaum hatte meine Mutter mich trocken gerubbelt und kaum hatte ich mich in meine Kleider geschwungen, stiegen Hans-Christoph und ich uns auf unsere Fahrräder und fuhren schnurstracks zu ihm nach Hause.

Bei Hans-Christoph zu Hause war alles anders, ich wurde nach meiner Meinung gefragt, es wurde gefragt: „Was möchtet ihr, was möchtest du heute Mittag essen, wie geht es dir? Warum bist du traurig?“ So kam es des Öfteren vor, dass Frau Nordwig mittags meine Lieblingsessen kochte, wie z.B. Milchreis mit Zucker und Zimt oder ein schönes Omelett mit Heidelbeeren. Aber nicht nur, dass seine Mutter uns unsere geheimsten Essenswünsche erfüllte, nein, wir durften bei der Zubereitung dieser köstlichen Speisen mitwirken. Ein Duft nach süßen Zutaten durchzog die Küche, den ich tief einatmete und wir durften während der Zubereitung ohne Ende naschen. Wir knabberten an den Nüssen wie die Eichhörnchen, wir schleckten selbstgemachtes Eis und leckten jede Küchenschüssel aus, derer wir habhaft werden konnten. Zusammen mit Frau Nordwig backten wir mit heißen Köpfen und unter fröhlichem Lachen an einem Wochenende einen Schokoladenkuchen für seinen Vater, der wenige Tage später Geburtstag hatte. Der Schokoladenkuchen gelang uns ganz prächtig mit dem kleinen, aber verzeihlichen Fehler, dass

wir beide anschließend selbst einem Schokoladenkuchen nicht unähnlich waren.
War Hans-Christoph besonders glücklich, ergriff er die linke Hand seiner Mutter, umfasste mit seinem rechten Arm ihre Hüfte und schwenkte sie durch die ganze Küche und schrie seine überschäumende Lebensfreude und seinen nicht nachlassenden Lebensmut heraus: „Mama, schrie er, du bist die Beste, ich liebe dich!" Seine Mutter lächelte verschmitzt, streichelte ihm über den Kopf sagte leise: „Das Wichtigste ist, dass du glücklich bist!" Wenn Frau Nordwig Hans-Christoph in den Arm schloss und fest an sich drückte, nahm sie mich hinterher ebenfalls in die Arme.
Abends hockte ich zusammen mit Hans-Christoph in deren großer Badewanne. Da wir beide ja körperlich für unser Alter noch sehr klein waren, passten wir ohne Probleme beide in die Wanne und wir alberten wie kleine Jungs darin herum. Manchmal taten wir Badeschaum in das Wasser und pusteten uns den Schaum gegenseitig um die Ohren. Frau Nordwig hatte nichts dagegen, wenn wir nackt in der Wanne oder hinterher im Zimmer von Hans-Christoph herumalberten. Frau Nordwig brachte uns hinterher weiche, flaumige Badehandtücher und oft blieb ihr fragender Blick an meinem Körper hängen, wanderte auf und nieder und sie wirkte sehr nachdenklich, wenn sie auf meinen verschiedenen Körperteilen die blauen Flecken, Blutergüsse und Striemen entdeckte. Ursprünglich war vorgesehen, wenn ich bei Hans-Christoph übernachtete, dass ich auf einer Luftmatratze neben seinem Bett schlafen sollte. Aber da er in der Vahr und in Fischerhude bei seinen Großeltern ein großes breites Bett hatte, durfte ich auf seinen Wunsch hin mit ihm in seinem Bett schlafen. Die Eltern wussten, dass Hans-Christoph nicht sehr lange würde leben können und so gönnten sie ihm jede Minute der Freude und waren froh über jede kleine Zuwendung, die Hans-Christoph bekam. Im Bett unterhielten wir uns abends, während

wir uns in die daunenweichen Decken und frisch duftenden Kissen kuschelten, über die hübschen Mädchen in unserer Schule und wie dereinst die Frau aussehen sollte, die wir mal heiraten wollten. An den Wochenenden waren Hans-Christoph und ich sehr häufig auf dem Resthof seiner liebenswerten Großeltern in Fischerhude, einem malerischen kleinen Bauerndorf bei Bremen, wo wir viele unbeschwerte und fröhliche Stunden erlebten. Die Großeltern hatten auf dem Resthof einen kleinen Schwimmteich angelegt, in den wir regelmäßig mit flinkem Anlauf und einer Arschbombe, wie wir das nannten, hineinsprangen. Mit viel Geschrei und großem Gelächter wiederholten wir das Spielchen so oft, bis uns der Großvater in der Dämmerung mit gütigen Worten, aber sehr bestimmt, in die gute Stube scheuchte. Bei einem benachbarten, älteren Bauern durften wir auf Ponys reiten und dort oft im Heu übernachten. Aber an Schlaf war kaum zu denken, denn zum einen piekte das Heu und zum anderen hielten uns die geheimnisvollen Geräusche wach, die aus dem Stall herüberdrangen.
Diese Stunden des Glücks, der Unbeschwertheit, des Leichtseins auf dem Resthof in Fischerhude zusammen mit meinem Freund Hans-Christoph waren für mich Oasen der Liebe in der Wüste der Lieblosigkeit und Gewalt. Der Aufenthalt dort bot mir die unverdiente Möglichkeit, meinem Alltag zuhause wenigstens stundenweise zu entgehen und zu vergessen, was mir zuhause und anderswo angetan worden war.

Die Berlinreise

„Vor zweitausend Jahren war der stolzeste Satz, den ein Mensch sagen konnte, der Ich bin ein Bürger Roms“.
John F. Kennedy

Hans-Christoph und ich, wir schwärmten damals sehr für John F. Kennedy, den amerikanischen Präsidenten. Wir verschlangen

voller Neugier alle Berichte und Bücher über ihn und lasen uns gegenseitig seine Reden vor, die von guten Hoffnungen und positiven Zukunftsvisionen erfüllt waren.
Besonders seine Rede, die er zu seinem Amtsantritt als Präsident gehalten hatte, hatte uns sehr beeindruckt: „Frage Dich nicht, was Dein Land für Dich tun kann, frage Dich vielmehr, was Du für Dein Land tun kannst." Und nun, unglaublich, aber wahr, im Juni 1963 kam Präsident Kennedy nach Deutschland.
Ein junger Mann, der Thomas, aus der Gemeinde, in der Herr Nordwig, der Vater von Hans-Christoph, Pastor war, plante, mit seinem altersschwachen, schon etwas klapprigen, aber noch voll fahrtüchtigen VW-Bus nach Berlin zu fahren, um dort dabei zu sein, wenn Präsident Kennedy zu den Berlinern sprechen würde. Thomas bot Hans-Christoph und mir an, uns zusammen mit zwei anderen Jungs mit nach Berlin zu nehmen.
Die Eltern von Hans-Christoph stimmten diesem Vorhaben sofort zu. Sie hatten wohl schon die Vorahnung, dass Hans-Christoph nicht mehr sehr lange zu leben hatte. Mir war klar, dass ich meine Mutter gar nicht erst um Erlaubnis bitten brauchte, sie hätte es mir nie gestattet, an der Fahrt nach Berlin teilzunehmen.
So hinterließ ich ihr am Morgen des 25. Juni 1963 auf dem Küchentisch nur einen mit zittriger Hand geschriebenen Zettel, auf dem ich ihr mitteilte, dass ich zusammen mit Hans-Christoph und Thomas und zwei weiteren Jugendlichen auf dem Weg nach Berlin sei, um Kennedy zu sehen und dass ich erst zwei Tage später zurückkehren würde.
Während Hans-Christoph von seiner Mutter ordnungsgemäß schriftlich in der Schule entschuldigt wurde, blieb mir nichts anderes übrig, als die Schule zu schwänzen und so packte ich mir einige wenige Anziehsachen für die Reise in meinen Schultornister und einen zusätzlichen Turnbeutel.

Als die Reise begann, ging es Hans-Christoph gesundheitlich gar nicht gut, aber er wollte unbedingt mitfahren und bat uns flehentlich unter Tränen, ihn nicht zurückzulassen. Während der anstrengenden Fahrt nach Berlin ruhte er auf einer der Sitzbänke und sein Kopf lag schweißüberströmt auf meinem Schoß. Die beiden anderen Jugendlichen, die etwas älter als Hans-Christoph und ich waren, saßen vorne bei Thomas, der uns fuhr. Wir beide Hans-Christoph und ich, wir waren noch nie zuvor in Berlin gewesen. Die Kontrollen der Volkspolizei an der innerdeutschen Grenze machte uns ein wenig Angst. Mit ernstem, ja fast grimmigem Gesicht kontrollierten sie peinlichst genau jeden Winkel des Busses und sie ließen es sich auch nicht nehmen, unter den VW-Bus zu kriechen, auf der Suche, ob sich dort vielleicht jemand versteckt hätte. Endlich, es war bereits am späten Nachmittag kamen wir in Berlin an und wir staunten wie kleine übermütige Kinder über die bunte Vielfalt der Leuchtreklamen, über die emsig sich fortbewegenden Menschenmengen auf dem Kurfürstendamm und über die Berliner Mauer, die brutal mitten im pulsierenden Leben dieser Stadt durch die Häuser und die Familienbindungen Berlins brach und uns schockiert und mit Unverständnis zurückließ. Thomas, der uns in vorbildlicher Weise sicher nach Berlin gebracht hatte, war in Berlin mit einer sehr netten, fürsorglichen Familie befreundet. Als Thomas wenige Wochen vor unserer Reise wegen einer Schlafmöglichkeit nachfragte, stellte diese Familie uns unentgeltlich sofort für die entsprechenden Tage ihr geräumiges Gartenhäuschen zur Verfügung

Hans-Christoph ging es an diesem Abend schlecht. Er bekam zwar gut Luft, aber er schwitzte zu sehr und er fühlte sich sehr schwach. Immer wieder fielen ihm die Augen zu. Ich besorgte mir eine Schüssel, einen Waschlappen und kaltes Wasser und wusch ihn unermüdlich von oben bis unten langsam und gleichmäßig mit dem kalten Wasser ab. Das tat ihm sehr, sehr

gut und so schlief er bald ein und schlief durch bis zum nächsten Morgen.
Die wichtigen Tipps und guten Ratschläge, wie ich mit Hans-Christoph umgehen musste, wenn es ihm nicht gut ging, hatte mir seine Mutter schon vor längerer Zeit gegeben.
Am nächsten Morgen machten wir uns nach einem ausgiebigen, leckeren Frühstück, zu dem wir erfrischendes Orangensaft tranken, auf den Weg zum Schöneberger Rathaus, um rechtzeitig einen Platz zu ergattern, von dem aus man einen Blick auf Präsident Kennedy werfen konnte und vor allem, von dem aus man ihn verständlich hören konnte.
Um die Wartezeit, die sich quälend lange hinzog, zu überbrücken und für Hans-Christoph erträglich zu machen, hatten wir für ihn einen kleinen Camping-Hocker mitgeschleppt, damit er sich nicht durch das lange Stehen überanstrengte und da sehr schönes Wetter herrschte und die Sonne vom blauen Himmel lachte, hatten wir alle weiße Baumwollmützen auf dem Kopf, um uns gegen die Sonne zu schützen, und genug Getränke dabei, um uns jederzeit erfrischen zu können.
Kennedys Auftritt und seine kraftvolle Rede war für uns ein einzigartiges, unvergessliches Erlebnis. Dieser Mann hatte so viel Charisma. Er strahlte so viel Hoffnung, soviel Mut, so viel Zuversicht aus. Wir waren zutiefst aufgewühlt und jubelten ihm zu und vergaßen die Welt um uns herum.
Damit Hans-Christoph und ich ab und zu noch mehr von dem Geschehen um Kennedy mitbekamen, hievte Thomas uns abwechselnd auf seine Schultern.
Als Präsident Kennedy seinen berühmten gewordenen Satz sprach: „Ich bin ein Berliner“, kannte der Jubel auf dem Platz vor dem Schöneberger Rathaus keine Grenzen mehr. Eiskalt lief es uns über den Rücken, so sehr hatte Kennedy uns tief innen drin berührt.

Am Ende der Veranstaltung verschlechterte sich der Gesundheitszustand von Hans-Christoph wieder erheblich, deshalb fuhr uns Thomas zurück in unser Quartier, von dort startete er mit den beiden anderen Jugendlichen noch zu einem Stadtbummel durch die Innenstadt Berlins, während ich bei Hans-Christoph zurückblieb. Ich legte ihn mitten aufs Bett, zog ihn aus und kühlte ihn, indem ich ihm an seinen Armen und Beinen kalte Wickel machte und seinen Körper unablässig mit kaltem Wasser abwusch. Gegen Abend ging es ihm deutlich besser und wir konnten noch ein wenig spazieren gehen. Ich lud Hans-Christoph in einen kleinen Imbiss ein, in dem man sitzen konnte und wir verzehrten mit ganz großem Genuss jeder ein halbes knuspriges Hähnchen mit leckeren Pommes Frites.
Für Hans-Christoph und mich machte Thomas am nächsten Tag vor unserer Rückreise mit seinem VW-Bus einen kleinen Schlenker durch die Berliner Innenstadt, eine Art Ministadtrundfahrt. Traurigerweise mussten wir danach leider wieder die Heimreise antreten. Auf der Rückreise wurde ich innerlich immer unruhiger, denn ich wusste sehr klar, was mich zuhause erwarten würde. Aber ich zeigte das nach außen nicht, für mich war nur wichtig, dass wir in Berlin gewesen waren, dass wir Präsident Kennedy gesehen und gehört hatten und dass Hans-Christoph glücklich war.
Als ich zu Hause ankam, zitterte ich innerlich, äußerlich aber versuchte ich, fröhlich zu sein und ich nahm mir vor, meiner Mutter von unseren schönen Erlebnissen in Berlin und von Präsident Kennedy zu erzählen. Aber dazu kam es gar nicht. Ich hatte kaum geklingelt, da riss meine Mutter die Tür auf und kaum hatte ich meinen Mund geöffnet, packte sie mich bereits wie mit einer Kralle am Kragen und verabreichte mir rechts und links kräftig ein paar Ohrfeigen.
„Halt ja dein kleines verdammtes Schandmaul“, brüllte sie los, „ich will gar nichts von dir hören, dir werde ich schon Manieren

beibringen, wieso habe ich mir dich verdammtes Wanst überhaupt aufgehalst?“

Bevor ich Luft holen konnte und mich versah, hatte sie mir die Kleider vom Leibe gerissen und mich in den fensterlosen Kellervorraum unseres Hauses eingesperrt. „Da kannst du die nächsten Stunden erst einmal zubringen und über dein unverschämtes Verhalten nachdenken!!“

Unter unserem Haus in Bremen befand sich ein kalter, dunkler furchteinflößender Keller. Dieser bestand aus einem kleinen fensterlosen Vorkeller, von dem drei weitere Kellerräume für die Heizung und die Vorräte abgingen. War meine Mutter der teuflischen Meinung, ich solle mal eingesperrt werden, um mich zur Raison zu bringen, zerrte sie mich in den Keller, zog die Schlüssel von den drei anderen Kellerräumen ab und schloss mich in den Kellervorraum ein. Dies machte mir jedes Mal sehr viel Angst, weil der Vorkeller kein Fenster hatte und ich in völliger Dunkelheit saß.

Meine flehentlichen Bitten, mich nicht einzuschließen, wurden immer mit dem kalten, unbarmherzigen Hinweis abgelehnt: „Das hättest du dir früher überlegen müssen“.

Dies Ausgeliefertsein, dies Sich-nicht-wehren-Können, diese Dunkelheit, dies Eingeschlossensein, das machte mir derartig Angst, dass ich regelmäßig, wenn ich eingesperrt war, in die Hose machte und dies sogar noch, als ich bereits 15 war. Das führte alsbald zu einer Spirale der Gewalt, beginnend mit einer gründlichen Wäsche und endend mit anschließender Tracht Prügel. Diesmal, nach der Berlinfahrt mit Hans-Christoph erhielt ich die Höchststrafe, indem meine Mutter mich nackt in dem kalten Kellervorraum einsperrte. So stand ich zitternd und heulend in dem kalten Kellerloch und harrte meiner Strafe. Nach etwa zwei Stunden holte mich meine Mutter endlich aus dem Keller und verprügelte mich ohne Rücksicht auf mein Wimmern und Flehen.

Die Begegnung mit dem Tod

Von guten Mächten wunderbar getragen, erwarten wir getrost, was kommen mag, Gott ist mit uns.

Dietrich Bonhoeffer

Seit der Reise ging es Hans-Christoph gesundheitlich erheblich schlechter. Es kam immer öfter vor, dass er, wenn er einen schweren Asthmaanfall bekam, sich mit seinen Armen an mich hing, indem er seine Arme um meinen Hals schlang, um damit seine verengten Lungen zu weiten und wieder mehr Luft zu bekommen. Es gab mir jedes Mal einen Stich ins Herz, wenn ich ihn so nach Luft schnappen sah und er um sein junges, noch so unverbrauchtes Lebens rang.

In den Sommerferien des Jahres 1963 war ich mit Hans-Christoph mehrere Wochen in Fischerhude auf dem Bauernhof seiner Großeltern. Nun ergab es sich, dass die Großeltern an einem sonnigen Samstagmorgen einkaufen fuhren. Während sie unterwegs waren, bekam Hans-Christoph einen besonders schweren Asthmaanfall und er hing sich mit seinen dünnen Armen an meinen Hals. Ich blickte ihm direkt ins Gesicht, das sich immer mehr rötete, seine Augen waren angstgeweitet und sein Atem ging nur stoßweise. Ich wollte unbedingt telefonieren und den Hausarzt herbeirufen, aber Hans-Christoph winkte ab, der Anfall sei nicht so schlimm, er werde schnell vorübergehen. Nur wenige, grausame Augenblicke später kehrten seine Großeltern zurück und als sich der Großvater über Hans-Christoph beugte und ihn berührte, bemerkte er, dass er tot war.

Die folgenden Sekunden, Minuten und Stunden erlebte ich wie in Trance. Es war meine erste Begegnung mit dem Tode. Fassungslos, außer mir, keines Wortes fähig hoffte ich, Hans-Christoph möge die Augen wieder aufschlagen und mit mir reden. Ich hätte ihn gerne geschüttelt, ich hätte ihn gerne berührt und gestreichelt, alles hätte ich getan, wenn er nur wieder gelebt hätte.

Das Einzige, was mich im Angesicht seines jungen, unverdienten und viel zu frühen Todes ein wenig tröstete, war der friedliche Ausdruck in seinem Gesicht. Aber innerlich kochte es in mir, ich schrie voll Wut auf zu Gott, ich klagte ihn an, dass er mir das Beste, das Wertvollste genommen hatte, was mir in meinem Leben begegnet war.

Als Hans-Christoph mit einem Krankenwagen abtransportiert wurde, war ich einer Ohnmacht nahe.

Bei einem Besuch viele Jahre später erzählten mir die Großeltern, ich sei nach dem Tod von Hans-Christoph total geschockt gewesen, ich sei totenblass geworden und hätte etwa eine Stunde wortlos dagesessen. Sie hätten versucht, mit mir zu sprechen, aber ich hätte auf kein Wort geantwortet. Plötzlich sei ich ohne einen Abschiedsgruß, wie von quälenden Furien getrieben, auf mein Fahrrad gestiegen und fort geradelt.

Auf dem Wege von Fischerhude nach Bremen stürzte ich zweimal in den Straßengraben, weil ich mich vor lauter Aufregung mit meiner guten Stoffhose in der Fahrradkette verhedderte. Es war mir so elend und in mir war eine so große Leere, es hätte nicht viel gefehlt, ich wäre einfach im Straßengraben liegengeblieben.

Endlich, nach vielen Mühen und noch mehr Tränen zuhause angekommen, traf ich meine Mutter alleine an und es sprudelte aus mir heraus, was geschehen war und welch furchtbares Erleben ich hatte.

In dieser Stunde der herzzerreißenden Trauer, des unendlichen Schmerzes dürstete mein Herz nach ein wenig menschlichem Verständnis und hatte ich bis zu diesem Tage auch sehr viel Schlimmes von meiner Mutter erfahren und erlitten, ich hätte ihr alles in diesem einzigen Augenblick vergeben für ein klein wenig Zuhören, ein klein wenig Hinhören, ein klein wenig mütterliches Verständnis in diesem so besonderen, weil so unendlich traurigen Augenblick. Aber statt mir zuzuhören, statt mich fest in den Arm zu nehmen, mich ein wenig zu streicheln und mich zu trösten, fragte meine Mutter sofort: „Warum hast du nicht sofort einen Arzt gerufen, du Tölpel?" Und es brach aus ihr heraus: „Etwas anderes war ja auch nicht von dir zu erwarten, du bist schuld an seinem Tod!"

Sie zeigte nicht die Spur von Verständnis und tröstete mich auch nicht, ich glaube, sie wusste gar nicht, was Verständnis ist. Statt mich zu trösten, hatte sie nur einen Blick für meine Hose, die ich anhatte und die durch die beiden Stürze unterwegs mit dem Fahrrad erheblich verschmutzt und an einer Stelle eingerissen war. „Du bist fast 15 Jahre alt und saust dich ein wie ein kleines Kind, du Dreckschwein, am liebsten würde ich dich an die Wand knetschen, dass du kleben bleibst", brüllte sie mich lautstark an. Sie packte mit ihrer rechten Hand mein linkes Ohr, hielt es fest wie in einem Schraubstock und zerrte mich trotz meines Widerstandes in mein Zimmer. In meinem Zimmer zwang sie mich dazu, mich auf mein Bett zu setzen. Unter lautstarkem Protest meinerseits zog sie mir Hemd und Unterhemd aus und schlug mich mit dem Handrücken derartig hart ins Gesicht, dass meine Nase blutete und ich nach hinten umfiel auf mein Bett. „Halt endlich deine gottverdammte Schnauze, sonst hau ich dir ein paar aufs Maul, dass dir die Zähne einzeln den Hals runter marschieren."

Ungerührt öffnete sie meine Hose und zerrte mir auch die Hose und Unterhose vom Leib. Immer noch versuchte ich, mich zu widersetzen, und immer noch hoffte ich, es möge mir gelingen, mit ihr ein Gespräch über meinen gerade gestorbenen Freund anzufangen und zu führen, aber sie hörte einfach nicht zu, es war entsetzlich, sie wurde nur noch wütender, nur noch böser. „Dass ich dich kleinen Mistkerl noch mit fast 15 Jahren verhauen

muss, du verdammtes, dreckiges Wanst du, mir dir habe ich nur Sorgen, nur Probleme, nur Last, aber heute, heute werde ich dir deinen kleinen Arsch versohlen, dass du hinterher nicht mehr drauf sitzen kannst, das verspreche ich dir!“
Zunächst aber schleppte sie mich hinter sich her ins Badezimmer, schubste mich in die Wanne und schrubbte mich von oben bis unten betont langsam und derartig gründlich und hart, dass ich hinterher am ganzen Körper krebsrot war und sogar einige wunde Stellen hatte. Während der Wäsche suchte ich aufs Neue das Gespräch mit ihr, aber statt auf mein flehentliches Bitten einzugehen, stopfte sie mir ungerührt einen nassen Waschlappen in den Mund mit der erneuten drohenden Aufforderung, endlich das Maul zu halten, mit der Zusatzdrohung „sonst vergesse ich mich und dann hast du deinen letzten Knödel gedreht“. Ich gab auf und verstummte. Und selbst angesichts meiner großen inneren Not und angesichts dieses traurigen Tages und des unfassbaren Todes meines besten Freundes konnte sie sich beim Anblick meines winzigen Penis und der noch fehlenden Schamhaare dummer Bemerkungen nicht enthalten: „Na, du Schwachkopf, um bei dir was zu sehen, braucht man ja ein Elektronenmikroskop, eine Lupe nutzt da gar nichts, da sieht man ja nichts! Ich hätte damals, als Du am Hodenhochstand operiert wurdest, dir gleich das Wenige, was du hattest, abschneiden lassen sollen.“ Sie zwang mich, nass und nackt, zitternd vor Scham, gedemütigt durch ihre spitzen und abwertenden Sprüche, mich vor den mannshohen Spiegel im Bad zu stellen und voller Verachtung deutete sie auf den Spiegel und angewidert von meinem Anblick lästerte sie : „Guck dich doch mal richtig an. Guck mal richtig hin. Aus dir wird nie ein richtiger Mann, du halbe Portion! Du bist dumm wie Bohnenstroh, du hast nix im Kopf, nix in den Armen, nix auf den Rippen und nix zwischen den Beinen, was soll dabei schon Gescheites rauskommen? Es wäre besser gewesen, ich hätte dich abtreiben lassen. Du siehst einfach lä-

cherlich aus und wie dämlich du wieder guckst!" Und je mehr sie mir an teuflischen Gemeinheiten ins Gesicht schleuderte, je wütender wurde sie, je mehr redete sie sich in Rage und Wut. Sie wollte sich gar nicht wieder beruhigen und eine Kälte blickte ihr aus den blitzenden katzengrünen Augen, die mir das Herz gefrieren ließ: „Solange du noch nicht erwachsen bist und bis dahin sind es ja noch über 6 Jahre, wird das getan, was ich will und was ich dir sage und wenn ich es für richtig halte, kriegst du einen Tracht Prügel und wenn ich der Meinung bin, ich muss dich baden, tu ich das, hast du das endlich verstanden, du Sauhund?" „Du hast überhaupt nichts zu sagen, das wäre ja noch schöner, wenn jetzt die Kinder auch noch anfingen, ihren Eltern zu sagen, was sie zu tun oder zu lassen haben."

Während sich ihr demütigender und erniedrigender Redeschwall über mich ergoss, rieb sie mich trocken, anschließend nahm sie ihren dünnen elastischen Rohrstock und hieb wie wild auf meinen Po ein, dabei schlug sie nicht einfach nur zu, nein sie zielte mit Absicht genau zwischen die beiden Pobacken und sie schlug auch auf beide Beine genau unterhalb des Pos, auch auf die Seiten der Beine, auf die Schenkelinnenseiten, meinen Rücken und meinen Bauch, je nachdem wohin ich mich in meinem unsäglichen Schmerz gerade wand, und sie hörte selbst dann nicht auf, als ich schon schreiend und wimmernd vor Schmerzen vor ihr auf dem kalten Kachelfußboden lag. Und während sie immer und immer wieder auf mich einschlug, beschimpfte sie mich als erbärmliche, hoffnungslose Missgeburt.

Ohne Essen, ohne Trinken, nackt und ohne Schlafanzug und ohne ein weiteres Wort schleifte sie mich ins Bett.

In dieser Nacht durchbohrte mich wellenartig ein entsetzlicher Schmerz, alles in mir, jede Faser meines Herzens schrie auf, ich haderte erneut mit Gott und ich konnte den unbegreiflichen, unfasslichen und ungerechten Tod von Hans-Christoph doch nicht fassen. In dieser Nacht „starb" auch ich, als Körper mit seinen

Funktionen war ich noch vorhanden, aber als lebendiger Mensch mit seinen Gefühlen, Hoffnungen und Sehnsüchten war ich gestorben, war ich tot.
Der letzte Funke Glaubens an das Gute in den Menschen war in mir erloschen. Zusätzlich fühlte ich mich an dem plötzlichen, unfassbaren Tod meines so geliebten Freundes Hans-Christoph tief schuldig, obwohl ich völlig unschuldig war.
Der Tod von Hans-Christoph traf mich wie ein Keulenschlag, es war, als wenn sich die Sonne mitten am helllichten Tage verdunkelt hätte, als wenn die Finsternis der Nacht sich erneut über mein Leben gesenkt hätte und ich verstummte.
Die Beerdigung von Hans-Christoph ging fast über meine Kraft. Es war nicht das erste Mal, dass ich erlebte, dass jemand beerdigt wurde, aber bei diesem Mal ging es mir unendlich nahe. Als sein weißer Holzsarg in die tiefe Grube abgesenkt wurde, krampfte sich mein Herz zusammen und löste einen grauenhaften Schmerz aus, der mich bis ins tiefste Mark traf. Am liebsten hätte ich mich in die Grube gestürzt, um dem Schmerz, den ich kaum ertragen konnte, ein Ende zu bereiten.
Nach Ende der Sommerferien besuchte ich wieder das Gymnasium in Bremen. Ich hatte mir ein großes Stück tiefschwarzen Samtes besorgt. Ich bedeckte damit die Schulbank, an der Hans-Christoph neben mir gesessen hatte, und ich stellte ein besonders schönes und großes Bild von ihm in einem edlen Silberrahmen auf den Tisch. Davor postierte ich zwei dicke rote Kerzen, wie sie Hans-Christoph geschätzt hatte und entzündete sie. Auf den Tisch legte ich einen Zettel, auf den ich das Lieblingslied von Hans-Christoph geschrieben hatte:
„Von guten Mächten treu und still umgeben, behütet und getröstet wunderbar, so will ich diese Tage mit euch leben und mit euch gehen in ein neues Jahr.
Noch will das alte unsre Herzen quälen, noch drückt uns böser Tage schwere Last.

Ach Herr, gib unsern aufgeschreckten Seelen das Heil, für das du uns geschaffen hast.

Und reichst du uns den schweren Kelch, den bittern des Leids, gefüllt bis an den höchsten Rand, so nehmen wir ihn dankbar ohne Zittern aus deiner guten und geliebten Hand.
Doch willst du uns noch einmal Freude schenken an dieser Welt und ihrer Sonne Glanz, dann wolln wir des Vergangenen gedenken, und dann gehört dir unser Leben ganz.
Lass warm und hell die Kerzen heute flammen, die du in unsre Dunkelheit gebracht, führ, wenn es sein kann, wieder uns zusammen. Wir wissen es, dein Licht scheint in der Nacht.
Wenn sich die Stille nun tief um uns breitet, so lass uns hören jenen vollen Klang der Welt, die unsichtbar sich um uns weitet, all deiner Kinder hohen Lobgesang.
Von guten Mächten wunderbar geborgen, erwarten wir getrost, was kommen mag. Gott ist bei uns am Abend und am Morgen und ganz gewiss an jedem neuen Tag."
Dietrich Bonhoeffer
Zu meiner großen Verwunderung wurde von meinen Lehrern und meinen Mitschülern und Mitschülerinnen nichts dagegen unternommen, ja man akzeptierte es sogar. Mehrere Tage nutzten die Lehrer die gebotene Gelegenheit, mit unserer Klasse über den plötzlichen und unerwarteten Tod von Hans-Christoph zu reden. Und noch ein kleines Wunder geschah:
Niemand lachte mehr über mich, kein Lehrer lästerte über mich, kein Klassenkamerad schlug mich, keine Klassenkameradin demütigte, erniedrigte, schlug oder quälte mich mehr.
Am 22. November 1963 saß ich gegen Abend, es war draußen schon dunkel geworden, zuhause in meinem Zimmer an meinem kleinen Telefunken-Transistorradio, das ich mir selbst zusammengespart hatte und lauschte der Musik, die blechern aus dem Lautsprecher ertönte. Plötzlich, es war gerade 19 Uhr 43

mitteleuropäischer Zeit, wurde die Musiksendung abrupt unterbrochen und ein merklich aufgeregter Nachrichtensprecher berichtete fassungslos und nach Worten ringend: „Auf Präsident Kennedy sind heute, am Freitag, den 22.November um 12 Uhr 27 Ortszeit in Dallas in Texas drei Schüsse abgefeuert worden. Der Präsident soll schwer verwundet sein." Ich eilte zu meiner Zimmertür und verschloss sie, um nicht gestört zu werden. Ich kehrte zurück zu meinem Transistorradio und lauschte auf weitere Nachrichten aus Amerika. Nur eine dreiviertel Stunde später kam die Nachricht: „John F. Kennedy, der Präsident der Vereinigten Staaten von Amerika, ist tot."

Noch in derselben Stunde schnitt ich mir aus einem der Bücher, die ich mir über Kennedy gekauft hatte, mit der Schere ein Bild von ihm heraus und verstärkte es auf der Rückseite mit einem Stück fester Pappe. Mithilfe einer Sicherheitsnadel befestigte ich es am nächsten Morgen außen an meinem Anorak.

Nach der Schule suchte ich das amerikanische Konsulat auf und trug mich dort ins ausgelegte Kondolenzbuch ein.

Ich spürte eine abgrundtiefe Leere in mir.

Es war, als wären alle meine Hoffnungen gestorben.

Von diesem Tag an verstummte ich für volle 13 Monate.

Kapitel 11

1961-1963

Bitte, bitte tut mir nichts!

„Wer das Böse nicht bestraft, befiehlt, dass es getan werde."
Leonardo da Vinci

Im Jahr 2003 setzte sich die angesehene Wochenzeitung „Die Zeit" intensiv mit dem Problem der Gewalt in den Schulen auseinander. In einem Artikel der Ausgabe 33 stand folgender bemerkenswerter Satz: ***„Schule ist wie die Gesellschaft: Böse. „...das Böse kommt nicht aus böser Absicht, sondern als Ergebnis einer chemischen Reaktion, die einsetzt, wenn lauter Einzelne zur Gruppe, zur Gesellschaft werden und sich nun einen ausgucken, an dem sie ihre Gemeinsamkeit zeigen können, nämlich indem sie diesen ausschließen und zum Opfer machen."***
Immer häufiger lesen wir aufrüttelnde Berichte in den Zeitungen oder sehen wir erschütternde Meldungen im Fernsehen über Schüler, die von Mitschülern ausgegrenzt, bestohlen, geschlagen, gepeinigt, gedemütigt, ja sogar sexuell missbraucht wurden. So wurde unter anderem von einer Berufsschule in Hildesheim berichtet, in der eine Gruppe von Schülern monatelang einen Mitschüler in der Schule folterte. Das besonders Erschreckende an dem dortigen Vorfall war die Tatsache, dass angeblich kein Lehrer der Schule etwas von den schlimmen Vorgängen mitbekommen hatte und dass der geschlagene und gefolterte Schüler es nicht wagte, mit seinen Eltern über die schrecklichen Vorkommnisse zu sprechen. Vor längerer Zeit feierte mein Gymnasium, das ich zu meiner Schulzeit in Bremen besuchte, Jubiläum und aus diesem Anlass hatte ich die Gelegenheit, mehr über die zukunftsweisenden Ideale und Wertvorstellungen dieses Gym-

nasiums zu erfahren, die es heute vertritt. Und zu meiner großen Freude stellte ich fest, dass heute in dieser Schule das menschliche Miteinander, der gegenseitige Respekt und ein gutes Lernklima im Vordergrund stehen.
Leider konnte zu der Zeit, als ich in den 1960er Jahren diese Schule besuchte, von solchen geradezu paradiesischen Zuständen keine Rede sein. Drei Jahre lang habe ich in einer Schulklasse als Opfer Gewalt, Demütigungen, Folterungen und Quälereien erleiden und erdulden müssen.
In meiner damaligen Lage als junger Schüler stand ich dem Phänomen Gewalt, das über mich hereinbrach, völlig fassungslos gegenüber, aber im Lichte des oben zitierten ZEIT-Artikels ist mir in der Rückschau deutlich geworden, wie es dazu kommen konnte, welche genauen Beweggründe die Täter leiteten und welche sonstigen Hintergründe eine Entwicklung begünstigten, ja überhaupt erst möglich machten, dass sich aus kleinen, fast möchte ich formulieren, „normalen" Gemeinheiten unter Schülern eine Orgie der brutalen Gewalt entwickeln konnte, die zu einer explosionsartigen Entmenschlichung der Täter und des Opfer führte, die mir fast mein junges Leben kostete. Ich hatte das unverhoffte Glück, im Erwachsenenalter, als ich das Gespräch mit den damaligen Haupttätern suchte, auf einsichtige und gesprächsbereite Erwachsene zu treffen und die Motivation kennenzulernen, die sie als junge Menschen dazu veranlasst hatte, in einem exzessiven Maße Gewalt an mir auszuüben. Ebenso wichtig war mir aber auch, über meine eigene Rolle als Opfer nachzudenken. Als ich im 5. Schuljahr erstmalig das Gymnasium besuchte, war ich von allen Kindern in meiner Klasse mit Anstand der Jüngste und Kleinste, war ich doch schon mit fünfeinhalb Jahren in die Grundschule eingeschult worden. Diese Klasse auf dem Gymnasium besuchte ich bis zum Ende der 7. Klasse. Mit meinen Mitschülerinnen und Mitschülern verstand ich mich sehr gut, es gab jedenfalls zwischen uns keine größeren Proble-

me in den drei gemeinsamen Jahren. Leider blieb ich dann in der 7. Klasse mangels ausreichender Leistungen sitzen, was sicher dem Umstand geschuldet war, dass ich zum einen zu Hause sehr viel aus oft nichtigen Gründen geschlagen wurde und zum anderen den stetigen Missbrauch durch einen Diakon nicht verarbeitet hatte. Nach meinem Sitzenbleiben allerdings ereilte mich das unverhoffte Glück, dass ich, obwohl schon fast dreizehn Jahre alt, aufgrund der für mein Alter zu geringen Größe (138 cm) und meines massiven Untergewichts (knapp 37 kg) vom Gesundheitsamt, wie seinerzeit schon in der Grundschule, diesmal für ein Vierteljahr zur Kur in ein Kinderheim in den Schwarzwald geschickt wurde. Mein Start in der neuen Klasse hätte kaum schlechter und negativer ausfallen können. Nachdem ich Hans-Christoph, der nach den ersten beiden Stunden in der großen Pause in der Klasse geblieben war, begrüßt hatte, eilte ich mich zum Lehrerzimmer, wo mich mein neuer Klassenlehrer, Herr Jensen, in Empfang nahm. Erstaunt erkundigte er sich mehrfach danach, ob ich tatsächlich schon 12 Jahre alt sei und im kommenden September tatsächlich schon 13 Jahre alt würde. Kopfschüttelnd legte er seinen Arm um meine schmalen Schultern und bugsierte mich, indem er mich wie in einem eisernen Griff festhielt, in meine neue Klasse. Ich sehe mich heute noch zusammen mit Herrn Jensen auf dem etwas erhöhten Podest, auf dem das Pult angesiedelt war, damit der jeweilige Lehrer von seiner erhöhten Position aus die Schüler besser im Blickfeld hatte, vor der gesamten Klasse stehen und ich räume ein, der Unterschied hätte kaum krasser sein können. Die Jungen und Mädchen meiner neuen Klasse waren alle ebenso alt wie ich, aber alle, mit Ausnahme von Hans-Christoph, schon ein oder gar zwei Köpfe größer als ich. Während die Mädchen alle lange Röcke trugen, hatten die Jungs, auch Hans-Christoph, lange Stoffhosen an, während ich in meiner viel zu kurzen und gleichzeitig viel zu großen Lederhose auf die anwesenden Schülerinnen und

Schüler einen derartig belustigenden und erheiternden Eindruck machte, dass lautes Gelächter und Gejohle die Klasse erfüllten. „Was ist das denn für ein lächerlicher abgebrochener Riese?“, brüllte einer, „haben sie den überhaupt schon aus dem Kindergarten entlassen oder muss der noch Windeln tragen?“ Wieherndes, dem lauten Meckern einer Ziege nicht unähnliches Gelächter war die tosende Antwort. Herr Jensen, der mich vom ersten Augenblick an nicht leiden konnte, weil ich seinem persönlichen Ideal eines deutschen Jungen (groß, stark und mutig) nicht entsprach, und der mich, wie man damals sagte, in der Folgezeit auf dem Kieker hatte, stellte mich der Klasse vor: „Der winzige Zwerg hier (Lautes Gegröle der Klasse) ist Alexander. Er scheint nicht ganz helle in der Birne zu sein, denn er ist sitzengeblieben, wir haben es hier also mit einem Versager zu tun“ und, nachdem einen Blick in seine Akten geworfen hatte, die er mit sich führte, ergänzte er „das ist ja auch kein Wunder, der hat ja nicht mal einen Vater, der wurde unehelich geboren, wir haben hier also einen echten minderwertigen Bastard. “ Heute ist eine solche uneheliche Geburt nichts Besonderes mehr, zu der damaligen Zeit aber haftete einer solchen Geburt ein ausgesprochen negativer Makel an und dadurch war nicht nur die Mutter, sondern vor allem auch das betroffene Kind gebrandmarkt und als moralisch minderwertig qualifiziert.

„Los, setz Dich hin, du halbe Portion, wo Du einmal hier bist, müssen wir uns nun mal mit Dir abfinden,“ redete Herr Jensen auf mich ein und versetzte mir dabei einen solchen Stoß, - aus meiner heutigen Beurteilung her mit voller Absicht -, dass ich, das Podest, auf dem das Pult stand, übersehend, stolperte und lang auf den Fußboden hinschlug. Als ich dann aufstand und laut losheulte, hatte ich auch bei dem Letzten in der Klasse, wenn ich einmal von Hans-Christoph absehe, von Anfang an verschissen.

Sehr schnell hatten einige Schüler und Schülerinnen aus meiner neuen Klasse registriert, und das war ja auch keine besonders schwierige Erkenntnis, dass ich ein sehr ängstlicher Junge war und ebenso rasch schnell hatten weitere Schüler und Schülerinnen Spaß und Lust daran gefunden, mir bei verschiedenen Gelegenheiten weh zu tun, mich zu quälen und zu demütigen. Der einzige Schüler in dieser Klasse, mit dem ich mich wirklich gut verstand und mit dem ich mich sehr anfreundete und in der Folge fast meine gesamte Freizeit verbrachte, war Hans-Christoph Nordwig, von den ich bereits ausführlich erzählt habe. Wenn ich in der Schule in der Folgezeit von meinen Mitschülern oder Mitschülerinnen verprügelt und gequält wurde, konnte mir Hans-Christoph leider nicht helfen, aber es tat ihm jedes Mal in der Seele weh, wenn er sah, wie ich leiden musste. Dass die Klasse sich gegenüber Hans-Christoph mit Gemeinheiten oder Gewaltmaßnahmen zurückhielt, weil sie wussten, dass er sehr schwer asthmakrank war, hat mir im der Rückschau den Beweis für die Tatsache geliefert, dass in diesen jungen Menschen damals doch noch ein Rest an Menschlichkeit vorhanden war, dass in ihnen doch noch eine hemmende Schwelle existierte, die sie davor bewahrte, jedes Maß an Gewalt zu verlieren und völlig außer Kontrolle zu geraten. Im meinem ersten Jahr in dieser Klasse war die schmale Grenze zwischen dem derben, gemeinen Spaß, den sich meine Mitschüler und meine Mitschülerinnen mit mir erlaubten, und der echten, das Rückgrat verletzenden Demütigung und der brutalen zerstörenden Gewalt noch fließend.

So gab in unserer Schule z.B. auf den Fluren zwischen den einzelnen Klassenzimmern in einer Höhe von etwa 170 cm eine fest verankerte lange Reihe von Kleiderhaken. Wiederholt machten sich meine Klassenkameraden einen Heidenspaß daraus, mich mit den Hosenträgern meiner kurzen Lederhose an die Kleiderhaken zu hängen und zwar so, dass ich mit dem Rücken zur Wand hing. Ich hatte dann keine Chance, allein und ohne fremde Hilfe wieder von den Haken herunterzukommen. Wenn ich dann hilflos an den Kleiderhaken hing, zog sich meine Lederhose langsam in der Mitte zusammen und meine Pobacken guckten weit aus der Lederhose heraus. Die Schüler und Schülerinnen meiner Klasse und anderer Klassen nutzten dann die Gelegenheit, mit einem Lineal auf meine nackten Beine einzuschlagen, bis ich wie ein heulendes Stück Elend an den Haken hing. Ein anderes Beispiel: Im ersten Sommer in der neuen Klasse spielte ich in den Pausen gerne auf dem recht großen Pausenhof unserer Schule mit Schülern aus unteren Altersstufen, die etwa meiner Größe, oder besser formuliert, meiner Kürze, entsprachen, regelmäßig Fangen oder Fußball. Wenn wir nach einer Weile an warmen Tagen richtig durchgeschwitzt waren, kam es vor, dass mich drei oder vier Schüler aus meiner Klasse packten und mich trotz heftiger Gegenwehr in eine Ecke des Schulhofs schleppten, in der sich eine Sandkiste befand. Dort stellten sie mich auf den Kopf, indem sie mich an den Füßen hochhielten und ein Schüler schaufelte mit seinen Händen unter dem Gelächter vieler anderer Schüler, die sensationslüstern zuschauten, jede Menge Sand in meine Lederhose, bis er mir wieder am Hals herausrieselte. Da ich durch das intensive Schwitzen überall feucht war, blieb ein großer Teil des Sandes unter meiner Kleidung an mir haften, dabei auch an den intimsten Stellen. Das führte dazu, dass ich mich laut heulend auf das Schulklo zurückzog, um mich dort von dem Sand zu befreien, während die Meute der Schüler hinter mir her grölte: „Achtung, Vorsicht, die Heulsuse ist wieder unterwegs!"Mit der Zeit wurden die Übergriffe aus meiner Klasse auf mich immer heftiger, immer geplanter, immer ausgeklügelter. Das hatte im Wesentlichen drei Gründe. Und nur das scheinbar zufällige, in Wirklichkeit aber unausweichliche Zusammentreffen dieser drei Gründe ermöglichte in der Folge den massiven Ausbrauch an brutaler Gewalt:

Erstens: In der Klasse gab es zwei Haupttäter, Andrea Dornier und Matthias Ladenburg, die aus ganz unterschiedlichen Beweggründen und Motiven äußerst daran interessiert waren, mir Gewalt anzutun. Ich weiß das deshalb so genau, weil ich vor etwas mehr als 10 Jahren die Möglichkeit hatte, mit diesen Haupttätern ein sehr persönliches, sehr offenes und ehrliches Gespräch zu führen und die näheren Hintergründe zu erfahren. Deshalb habe ich diesem Kapitel auch die beiden Interviews mit den beiden Tätern, die ich am Ende des Gesprächs geführt habe, beigefügt. Das Erschütterndste dieser Gespräche war die Tatsache, dass die Gewalt der Haupttäter eigentlich gar nicht meiner Person galt, sondern dass ich lediglich eine Stellvertreterfunktion ausfüllte. Neben diesen beiden Haupttätern gab es unter den insgesamt 26 Schülerinnen und Schülern weitere 2 Schülerinnen und 4 Schüler, die auf die Motivation der Haupttäter hin gerne bereit waren, von sich aus mir auf jede nur denkbare Weise weh zu tun. Der Rest der Klasse wurde zwar nicht von sich aus aktiv gegen mich, machte aber immer dann mit, wenn es darum ging, mir Gewalt anzutun.

Zweitens: Von zu Hause hatte ich keinerlei Unterstützung zu erwarten. Zum einen war ich zu Hause oft den Prügelattacken meiner Mutter ausgesetzt und zum anderen hätte meine Mutter mir ohnehin nicht geglaubt, wenn ich ihr etwas von den Vorkommnissen in der Schule erzählt hätte.

Drittens: Meine Klassenkameraden und Klassenkameradinnen wurden in ihrem Tun von einigen Lehrern indirekt dadurch massiv unterstützt, dass diese mir nicht zur Hilfe eilten, wenn meine Klassenkameraden über mich herfielen. Ich dagegen konnte meinerseits auf keinerlei Hilfe durch die Lehrer aufgrund meiner sozialen Stellung in der Klasse (Sitzenbleiber und Bastard) hoffen. So kam es z.B. immer wieder vor, dass ich in aller Öffentlichkeit auf dem Schulhof unserer Schule unter den Blicken des jeweiligen aufsichtsführenden Lehrers von anderen

Mitschülern verprügelt wurde. Mich zu besiegen, war aber keine besonders große Heldentat, war ich doch für mein Alter ziemlich klein, schwächlich und außergewöhnlich ängstlich. Dennoch oder vielleicht gerade deshalb machte es manchen Schülern viel Spaß, sich mit mir intensiv zu beschäftigen. Ein gezielter harter Schlag auf meine Nase und schon pinkelte ich vor Angst in meine Hose, was zu einem höllischen Gelächter der umstehenden Schüler führte. Besonders beliebt war es, sich unbemerkt von hinten an mich heranzuschleichen und mir dann mit voller Wucht in den Po zu treten, sodass ich nach vorne auf den Boden des Schulhofs stürzte. Ebenso beliebt war es auch, mir plötzlich und ohne Vorwarnung das Knie seitlich gegen den Oberschenkel zu rammen, Pferdekuss nannte sich das. Manchmal packte ein Schüler meinen Kopf und steckte ihn sich zwischen seine Beine, zog meine Lederhose hinten auf Rille, wie sie das nannten, hielt mit einer Hand die zusammengezogene Lederhose fest, und schlug mit der anderen Hand wild und hart auf meine Pobacken ein, was wiederum zur allgemeinen Heiterkeit beitrug, wenn es klatschte und ich heulte. Meist stand eine ganze Meute von Schülerinnen und Schüler um uns herum und lachten und feuerten denjenigen an, der mich gerade verprügelte. Es kam auch vor, dass dieser Schüler mich dann in eiserner Umklammerung festhielt und die Umstehenden der Reihe nach mit voller Wucht mit der flachen Hand auf meine Pobacken einschlugen, dabei versuchte jeder Schüler den anderen bei der Härte des Zuschlagens zu übertreffen. Nicht der Schmerz war das Vernichtende dieser Situation für mich, sondern diese Demütigung und die Verletzung meiner Scham. Schinkenklopfen nannten sie das, mich erinnerte es mehr an den Hau-den-Lukas auf dem Freimarktrummel in Bremen. Bei einer dieser Gelegenheiten schaute auch einer der älteren Lehrer, Herr Dehler, zu, wie sie mich schlugen und als ich mich hinterher bei ihm heftig darüber beschwerte, dass er nicht eingeschritten war, meinte er nur trocken

: „Du wirst es schon verdient haben, außerdem sah es doch ganz lustig aus.“
Mir wird es auf immer verschlossen bleiben, warum es so sehr Spaß macht, sich an einem kleineren und schwächeren Mitschüler zu vergreifen und ihn mit mehreren Personen fertig zu machen und warum es den umstehenden und zuschauenden Schülern so viel Freude bereitet, zu sehen, wie ein Schüler fertiggemacht wird, und dabei die sich an ihm vergreifenden Schüler auch noch anzufeuern. Ich glaube aber selbstkritisch, dass ich durch mein damaliges Verhalten auch ein ganzes Stück dazu beigetragen habe, dass man mich so viel schlug und quälte. Statt zumindest mit einem frechem Mundwerk den Versuch zu unternehmen, meine Mitschüler und Mitschülerinnen auf Distanz zu halten, winselte ich in der Regel sofort um Gnade und bat sie flehentlich: Bitte, bitte, tut mir nichts!
Das aber machte sie nur umso wütender und begieriger, mich zu schlagen und zu quälen. Und je öfter sie das taten, desto rücksichtsloser wurden sie und desto weniger Skrupel hatten sie, mir weh zu tun. Oft schlossen sie vorher bereits Wetten untereinander ab, wem es wohl als Erstem gelingen würde, mich zum Heulen zu bringen und sie wetteten außerdem, wer es wohl als Erster schaffen würde, mich so fertig zu machen, dass ich vor Angst in die Hose pinkelte.
Ich möchte an dieser Stelle einen kleinen Moment innehalten: Bei all dem, was ich hier über meine damaligen Erlebnisse berichte, könnte sich beim Leser der fälschliche Eindruck verfestigen, dass ich ununterbrochen und täglich in der Schule Gewaltattacken ausgesetzt war. Das war keineswegs so, sondern das muss differenziert betrachtet werden:
Täglich, ja fast stündlich war ich in der Schule Verbalattacken ausgesetzt. „Heulsuse, Hosenpisser, Pisser, Bettnässer, Zwitter, Bastard“, - das stellt nur eine kleine Auswahl dessen dar, was mir regelmäßig an den Kopf geschleudert wurde. Und damit

kein Missverständnis entsteht: Daran beteiligten sich nicht nur die Schüler, sondern auch eine ganze Reihe von Lehrern, die mit noch ausgeklügelteren Formulierungen versuchten, mich zu erniedrigen: „Looser, Versager“ – waren noch harmlose Formulierungen, ein Lehrer verstieg sich sogar zu der Aussage, ich sei grundsätzlich „zu dumm zum Scheißen.“
Was die physische Gewalt betraf, so konnte von täglichen Attacken keine Rede sein. Natürlich konnte es vorkommen, dass mir fast täglich, wenn ich mich gerade in der Klasse hinsetzen wollte, der Stuhl weggezogen wurde, sodass ich hart mit dem Po auf dem Fußboden aufschlug, dass ich geohrfeigt, mir ein Bein gestellt, ich in den Bauch geboxt, mir in den Po getreten oder ein Pferdekuss verpasst wurde, aber dann gab es auch wieder Tage, ja Wochen, in denen gar nichts vorgefallen ist, in denen man mich völlig in Ruhe ließ. Die großen Gewaltausbrüche, zu denen es später kam und von denen ich noch erzählen werde, kamen vielleicht einmal im Monat vor oder noch seltener. Wie ich aufgrund meiner Gespräche mit den Haupttätern weiß, hatte dies einen ausgeklügelten Hintergrund: Die Täter wollten sich meine Person möglichst lange als Opfer erhalten und waren sich darüber im Klaren, dass dazu auch Schonzeiten nötig waren, in denen ich mich erholen konnte, damit sie dann wieder umso brutaler gegen mich vorgehen konnten.
Ich glaube, dass ich es nur der Freundschaft mit Hans-Christoph und seiner unermüdlichen Ermutigung zu verdanken habe, dass ich diese Zeit durchgestanden habe, denn etliche Male war ich am Boden zerstört und dachte daran, meinem Leben ein Ende zu setzen.
Vielleicht wäre es bei diesen kleinen brutalen Übergriffen, die ich eben geschildert habe, geblieben, vielleicht wäre mir all das Folgende bis hin zu der Klassenfahrt nach Damme erspart geblieben, wäre es nicht zu dem folgenschweren Übergriff im Zentralbad in Bremen gekommen, der dazu führte, dass die noch

vorhandenen Dämme der Menschlichkeit und der Rücksichtnahme auf meine Person endgültig brachen.
Es war im Oktober des Jahres 1962, ich war inzwischen 14 Jahre alt geworden. Mein Äußeres aber entsprach dem in gar keiner Weise. Jeden Morgen, wenn ich mich zu Hause in unserem Bad wusch und mich anschließend vor den großen mannshohen Wandspiegel stellte, packte mich eine große Wut auf mich selbst: Kein 14-jähriger, großer starker junger Mann mit kräftigen Muskeln, der auch im Genitalbereich altersgemäß ausgestattet war, blickte mich an, nein, sondern ein kleiner verschüchterter Junge, von dem man annehmen musste, er sei höchstens 10 oder 11 Jahre alt und der sich untenrum kaum von einem Kleinkind unterschied. Jeden Morgen stopfte ich mir deshalb mehrere Taschentücher aus Stoff, wie sie damals noch üblich waren, in die Unterhose oder vor dem Schwimmunterricht in die Badehose, damit diese Tatsache nicht auffiel.
Ich erinnere mich noch genau daran, dass ich vor und nach dem Schwimmunterricht im Zentralbad in Bremen nie am Duschen teilnahm. Nach dem Schwimmunterricht zogen sich alle in der großen allgemeinen Umkleidekabine, natürlich streng nach Jungs und Mädchen getrennt, nackt aus, um zu duschen, ich aber wechselte jedes Mal unter dem Vorwand, zur Toilette zu müssen, dort meine ausgepolsterte Badehose gegen die ebenso ausgepolsterte Unterhose. Nach einer Schwimmstunde wandte sich Herr Jensen, unser Klassen- und Sportlehrer an meine Klassenkameraden mit der eindringlichen Bitte:
„Ich muss heute wegen einer Lehrerkonferenz sofort weg, sonst würde ich mich um die Angelegenheit selber kümmern. Ich habe beobachtet, dass der Alexander sich weder vor noch nach dem Schwimmen duscht. Sorgt doch dafür, dass sich der Alexander auch endlich einmal duscht wie ihr alle, das dreckige Ferkel geht immer ungeduscht nach Hause. Wenn ihr dafür sorgt, dass er sich auch gründlich duscht, wird ihm das vielleicht eine heilsa-

me Lehre sein." Als ich mich gerade mit meiner trockenen Unterhose und drei Taschentüchern wie gewohnt in die Toilette verdrücken wollte, rempelten einige meiner Klassenkameraden mich von hinten an und teilten mir, süffisant lächelnd, mit: „Herr Jensen möchte, dass du dich auch duscht, los, Alexander, zieh dich aus und komm mit uns duschen." Als ich mich wort- und gestenreich weigerte, packte Matthias Ladenburg mich und schlug mir mit der Faust voll auf den Mund und meinte trocken: „Halt dein ungewaschenes Maul, du kleine, stinkende Sau brauchst wohl erst eine Extraeinladung. Wenn wir dir sagen, du sollst dich ausziehen und duschen, hast du das zu tun, hast du das kapiert?!

Matthias Ladenburg war der von meinen Mitschülern, der am härtesten zuschlug und der auch dann noch zuschlug, wenn ich schon ziemlich fertig war. Seine Maxime, die er mindestens dreimal am Tag um sich schleuderte, lautete: „Bist du nicht hart, mach ich dich kaputt." Er war ein brutaler Sadist, je mehr ich litt, je mehr Angst ich empfand, desto mehr leuchteten seine Augen, eine sadistische Gier spiegelte sich in seinem Gesicht wider. Wenn er mich verprügelte, allein oder zusammen mit anderen, hörte er erst dann auf, wenn ich ihm Sätze nachsprach wie: „Ich bin nur ein Stück Scheiße und nichts wert und ich ergebe mich dir bedingungslos!" Während Matthias Ladenburg mich also packte und auf mich einschlug, rannten andere Klassenkameraden in der Zwischenzeit zum Umkleideraum der Mädchen und teilten diesen mit, es gäbe gleich etwas Geiles zu sehen, denn man wolle mich auf Wunsch von Herrn Jensen nackt ausziehen und duschen. Die Mädchen in ihren Bikinis kamen natürlich sofort ganz begeistert und sehr neugierig in die Jungenumkleide, zumal ja Herr Jensen, unser Sportlehrer, gar nicht mehr anwesend war. In der damaligen, noch sehr konservativen Zeit hatten die meisten Mädchen außer ihren eigenen Brüdern noch keinen fremden Jungen ganz nackt gesehen, daher die offensichtliche

Neugier. Mehrere Klassenkameraden zogen mich unter dem Gelächter der ganzen Klasse nackt aus trotz meiner überaus heftigen Gegenwehr. Dabei entdeckten sie den Grund, warum ich mich immer so zurückgezogen hatte nach dem Schwimmen, dass ich eben nur so einen winzigen Penis hatte und nur ganz kleine Hoden zu sehen waren, dass mein Hodensack eigentlich nur aus einem kleinen Stück faltiger Haut bestand und dass ich noch keine Schamhaare hatte. Die Wände der Umkleidekabine wackelten von dem höllischen Gelächter meiner Klasse. Alle zeigten mit Fingern auf mich und schlugen sich immer wieder mit der Hand vor die Stirn, als könnten sie einfach nicht glauben, was sie gerade sahen. Nachdem sie sich ein wenig beruhigt hatten, prasselten ihre höhnischen, zutiefst meine Seele verletzenden Fragen auf mich herab: „Was bist du denn für eine missratene Missgeburt? Warum hast du denn so einen winzigen Schwanz und so kleine Eier?“ Ein Mädchen, Angelika Kreuzer, glaubte zu wissen, was mit mir los war: „Die kleine Sau ist gar kein Junge, der ist bestimmt abartig, das ist bestimmt ein Zwitter!“ Ich hatte dieses Wort noch nie vorher gehört. Schon wollten die Jungs mich in die Dusche schleppen, da rief Andrea Dornier: „Halt, die Memme braucht erst mal einen Arsch voll, ich hatte schon immer mal Lust, dem Alexander eine richtige, heftige Abreibung zu verpassen.“ „Los legt ihn mit dem Rücken hier auf die Bank und biegt seine Beine nach hinten und haltet ihn fest. Tiefstes Schamgefühl, namenlose Angst und das Gefühl, wirklich nichts wert zu sein, denn sonst würde man doch nicht so mit mir umgehen, durchfluteten mich. Diese entwürdigende Lage, in die sie mich brachten, auf dem Rücken liegend und mit zurückgebogenen Beinen, erinnerte mich aufs Furchtbarste an das Vorgehen des Diakons, wenn er wollte, dass ich ein Geschäft verrichtete. Um mein heftiges Schreien zu unterdrücken, stopften mir andere Schüler irgendwelche stinkenden Socken in den Mund. Andrea ließ sich von den Jungs einen Ledergürtel geben und schlug mit voller Wucht auf meinen Po ein. Die anderen aus der Klasse feuerten Andrea dabei an: „Los, mach ihn fertig, gibs ihm."

Axel Peters witzelte, teuflisch grinsend, „hau ihm nicht auf die Eier" und Andrea hielt kurz inne und entgegnete spöttisch „Auf welche Eier denn? Ich kann keine sehen!" Und alle grölten und schlugen sich auf die Schenkel und klatschten sich gegenseitig ab.

Man konnte Andrea die Lust, die innere Genugtuung anmerken und dass es ihr richtig Freude bereitete, meinen Po mit dem Gürtel zu bearbeiten und dass sie darüber hinaus sehr stolz war, dafür von den anderen aus unserer Klasse gelobt und angefeuert zu werden.

Andrea gestand mir später, dass gerade mein erbärmliches Gewinsel um Gnade in der damaligen Situation sie erst recht wütend auf mich gemacht habe. Nach den Prügeln durch Andrea zog mich Matthias Ladenburg hoch, nahm mich ganz eng in den Schwitzkasten und schleppte mich hinüber in die Dusche. Weil ich mich dabei nach Kräften wehrte, traten mir mehrere andere Schüler mit voller Wucht in den Po und gegen meine dünnen Beine und zwei Klassenkameradinnen kniffen mich, um meinen letzten Widerstand zu brechen.

Es bereitete meinen Klassenkameraden in der Folge eine ganz besondere Freude, mich abwechselnd kalt und heiß abzuduschen, bis ich am ganzen Körper zitterte wie Espenlaub. Die Dusche dröhnte und hallte von dem gurgelnden und hellen Gelächter meiner Klasse wieder, als sie sahen, dass mein winziger Penis aufgrund meiner Angst und der Schmerzen und des kalten Wassers noch winziger geworden und am Ende ganz verschwunden war.

Die Mädchen lachten sich schlapp, als sie mich so nackt sahen. Lisbeth Fülle meinte, indem sie mich verächtlich von oben bis unten musterte: „So einen wie Alexander möchte ich niemals zum Freund haben, der hat ja nicht mal einen richtigen Schwanz, der hat ja nur einen ganz dünnen Bindfaden."

Vor den lachenden Mädchen und den grölenden Jungen wurde ich von mehreren Schülern von oben bis unten gründlichst abgeseift und auf recht grobe Weise trocken gerubbelt mit ihren Handtüchern. „Na, nun bist du endlich mal richtig sauber, du kleiner mieser Stinker", lachten sie mich an. Als ich da so nackt mitten in der Dusche stand, heulend und vor Scham keiner Bewegung fähig, ohrfeigte mich Lisbeth Fülle mehrfach: „Los, zieh dich an, du kleines jämmerliches Etwas oder müssen wir dir dabei auch noch helfen?"

Ich schlich anschließend wie ein geprügelter Hund nach Hause, als es endlich vorbei war. Erzählen konnte ich von dem schrecklichen Erlebnis zu Hause nichts, ich hätte sofort noch eine Tracht Prügel von meiner Mutter zusätzlich kassiert, weil meine Mutter sich blamiert gefühlt hätte durch das, was geschehen war. Nicht mir sei etwas angetan worden, hätte sie dann argumentiert, nein durch die Blamage sei ihr etwas angetan worden, wäre ihre Logik gewesen.

Fortan musste ich Schwimmunterricht immer mit den hämischen, gemeinen und herabwürdigenden Bemerkungen meiner Klassenkameraden und -kameradinnen rechnen. Das Schlimmste und Demütigendste aber war die Tatsache, dass sie fortan beim Duschen nach dem Schwimmen mich immer von oben bis unten einseiften und nach dem Abduschen anschließend trocken rubbelten. Jedes Mal, wenn das geschah, habe ich mich so geschämt, dass ich den Rest des Tages niemandem ins Gesicht sehen konnte.

Bei Herrn Jensen hatten wir auch Turnunterricht. Ich hasste diesen Lehrer, weil er so grob und böse war. Ich übergab mich morgens vor der Schule fast regelmäßig, wenn ich an dem Tag Sportunterricht bei Herrn Jensen hatte. Eigentlich hätte ich ein guter Turner sein müssen, weil ich relativ klein war, aber mir fehlte die Kraft in meinen spirreldünnen Armen. Wenn ich den befohlenen Aufschwung am Reck nicht schaffte, haute er mir regelmäßig mit der Hand derartig hart auf den Po, dass ich fast von alleine um die Reckstange flog. „Alexander, du bist und du bleibst ein armseliger Schwächling“ sagte er oft zu mir und die ganze Klasse lachte mich aus. „Dich sollten sie für „Brot für die Welt fotografieren, so dünn, wie du aussiehst“, fügte Herr Jensen hinzu. Und die Krönung des Ganzen war seine wiederholt vorgetragene Äußerung: „So etwas wie Dich hätten sie früher nicht in die Hitlerjugend aufgenommen, dich hätten sie vorher schon entsorgt!“ Ebenso blamierte ich mich, wenn wir an den Kletterstangen in der Turnhalle hochklettern sollten. Keinen einzigen Meter schaffte ich mit meinen kraftlosen Armen. „Hilfsbereite“ Klassenkameraden packten mich dann gerne am Bund der Turnhose, um mir auf dem ersten Meter der Kletterstange zu helfen, was regelmäßig dazu führte, dass die Turnhose dadurch auf Rille gezogen wurde und meine Pobacken zu sehen waren, was wieder zu allgemeinem Gelächter der Schülerinnen und Schüler und des Lehrers führte.

Das, was ich an Herrn Jensen besonders hasste, war seine ungerechte Bewertung. Nicht die Mühe, die ich mir gab, wurde anerkannt, sondern lediglich meine nicht erbrachte Leistung herabgewürdigt. Er anerkannte nicht, dass ich etwas nicht schaffen konnte, sondern unterstellte mir wiederholt, die geforderte Leistung einfach zu verweigern. „Aber was soll man von einem solchen Versager, einem solchen Hosenscheißer wie Dir schon erwarten, so ein Bastard wie Du ist es gar nicht wert, zu leben“, war einer seiner des Öfteren geäußerten Sprüche. Bei einer dieser Gelegenheiten, es war inzwischen November 1962, war er nach mehreren vergeblichen Versuchen meinerseits, eine angeordnete Reckübung zu turnen, und nach meiner heftigen Weigerung, über einen Kasten zu springen, derart erbost, dass er seinen Turnunterricht unterbrach, die gesamte Klasse zusammenrief und ihr befahl, sich im Halbkreis um ihn herum hinzusetzen. Dann thematisierte er mein Verhalten im Turnunterricht und fragte demonstrativ, wer, wie er, der Meinung sei, dass dieser unverschämte Bastard bestraft gehöre. Niemand widersprach ihm und als er darüber abstimmen ließ, wer für eine Bestrafung sei, gingen alle Arme, natürlich mit meiner Ausnahme, nach oben. Bevor ich noch weiter nachdenken konnte und mir ausdenken konnte, was mir wohl bevorstand, hatte er mich bereits gepackt, über seinen Schoß gelegt, das Hemd noch oben und die Turnhose samt Unterhose heruntergerissen und dann nahm er einen Kleiderbügel, den er sich aus der Lehrerumkleidekabine hatte bringen lassen, und vermöbelte mich aufs Brutalste. Nur wenige Tage später hatten wir wieder Schwimmunterricht bei Herrn Jensen. Während Herr Jensen sonst immer in einem schicken Trainingsanzug am Beckenrand stand, kam er zu diesem Schwimmunterricht in einem sehr feinen eleganten dunklen Anzug, weil er nach dem Unterricht sofort zu einer Beerdigung musste, wie ich aber erst später erfuhr.

Wie er da so am Beckenrand stand, leicht vorn übergebeugt, um diejenigen aus unserer Klasse genau zu beobachten, die bereits im Wasser ihre Runden drehten, brach plötzlich und unvermittelt meine ganze innere, angestaute Wut auf ihn aus mir heraus, ich nahm aus zwei Meter Entfernung Anlauf und schubste ihn unter Aufbietung aller mir zur Verfügung stehenden Kräfte ins Wasser. Herr Jensen landete mit einem lauten Klatschen im Schwimmbecken und tauchte anschließend wutschnaubend wieder auf.

In seinem nassen, triefenden Anzug und mit seinen aufgrund des Wassers nun in Strähnen herabhängenden Haaren sah er ziemlich erbärmlich aus. Diejenigen, die wie ich noch am Beckenrand standen, und auch die anderen Schülerinnen und Schüler, die sich bereits im Wasser befanden, lachten aus vollem Hals und als Herr Jensen wieder aus dem Wasser herausgestiegen war und wutschnaubend wissen wollte, wer ihn ins Wasser geschubst habe, haben sie mich nicht verraten. Ich war, ehrlich gesagt, völlig überrascht und ziemlich verwirrt. Aber irgendwie muss meinen Klassenkameraden und -kameradinnen meine Tat mächtig imponiert haben. Zumindest hatte diese Tat den positiven Nebeneffekt, dass die Klasse mich in den folgenden vier Wochen völlig in Ruhe ließ.

Aber nur einen Monat später wurde die Eskalation der Gewalt eingeleitet. Wir hatten zu der Zeit einen Lateinlehrer, Herrn Gunnar Lange, der sinnigerweise in der ganzen Schule wegen seiner Grobheit nur „Schlachtermeister Gunnar“ genannt wurde. In seinen Stunden kam es nun häufig vor, dass Herr Lange recht viel an die Tafel schrieb und dass ein Schüler z.B. Erbsen durch die Klasse warf. Herr Lange, der sich dadurch gestört fühlte, drehte sich um, um zu sehen, wer das gewesen sei und sofort rief der Schüler, der es tatsächlich gewesen war: „Das war der Alexander!“ Ich widersprach ganz entschieden: „Ich war das nicht!“ Aber sofort schrien drei andere Schüler: „Das ist gelogen, natürlich war das Alexander, die Sau.“ Damit war für Herrn Lange die Angelegenheit klar und ich als Täter abgestempelt. Die Wahrheit, das, was wirklich vorgefallen war, interessierte Herrn Lange nicht. Hans-Christoph versuchte immer wieder, mir helfend zur Seite zu springen, aber seine einzelne Meinung ließ Herr Lange nicht gelten. Dieses Spielchen wurde recht häufig inszeniert, um mich bei Herrn Lange als Täter anschwärzen zu können. Bei der Gelegenheit, von der ich hier erzähle, hatte Herr Lange einen guten Tag, er ermahnte mich nur sehr streng und ohrfeigte mich heftig, aber das verzögerte die Angelegenheit nur, denn die Mitschüler wiederholten das Spiel. Diesmal erhielt ich eine saftige Strafarbeit aufgebrummt und zusätzlich zwei Ohrfeigen verpasst und Herr Lange wandte sich an die Klasse und forderte sie auf, ihm genau zuzuhören: „Durch die ständigen Störungen durch Alexander wird mein Unterricht immer wieder unterbrochen. Und dann ist diese Drecksau auch noch zu feige, zu dem zu stehen, was sie getan hat und belügt mich schamlos. Und darunter leidet ihr alle. Ich fordere ich euch deshalb alle ultimativ auf, nehmt euch den Alexander doch mal richtig zur Brust, damit er endlich damit aufhört, sonst bekommt ihr beim nächsten Mal alle eine saftige Strafarbeit aufgebrummt".

Meine Mitschüler und Mitschülerinnen hörten das sehr gerne und ließen sich das nicht zwei Mal sagen und hatten somit einen neuen Anlass, mich zu verprügeln und zu demütigen. Nach der Stunde, -- ich war bereits mit Hans-Christoph in die Pause gegangen --, gingen einige Schüler zu Herrn Lange und versicherten ihm, sie würden sich darum kümmern, dass ich meine gerechte Strafe erhielte. Herr Lange lobte sie wegen ihres Entschlusses, fügte aber hinzu: „Bestraft den Alexander aber wirklich ordentlich hart, sonst nutzt es gar nichts." Wie ich später erfahren habe, wurde mir von dieser bevorstehenden Bestrafung mit Absicht nichts erzählt, um mich in Sicherheit zu wiegen und die Bestrafung wurde auf die Klassenfete Anfang Januar 1963 vertagt.

Ein paar Wochen später, wir schrieben inzwischen das Jahr 1963, es war ein Freitag, kam Ludwig Heeren zu mir und lud mich zu einer Klassenfete ein, die er Samstagabend veranstalten wollte. Ludwig Heeren, bei dem ich eingeladen war, wohnte in dem Bremer Stadtteil Neue Vahr. Seine Eltern besaßen dort ein kleines, gemütliches Reihenhaus mit einem von dem Vater des Schülers extra schalldicht gemachten Partyraum. Ludwig Heeren hatte zu der Zeit sturmfreie Bude, d.h. seine Eltern waren über das Wochenende verreist.

Ich freute mich wirklich, dumm und gutgläubig wie ich war, dass Ludwig mich zu dieser Fete einlud. Was ich nicht wusste, auch nicht im Entferntesten ahnen konnte, war die Tatsache, dass der gesamte Ablauf der Fete bereits minutiös durchgeplant

war. Die gesamte Klasse hatte sich, mit Ausnahme von Hans-Christoph, bereits vor der Fete zusammengesetzt und gemeinsam hatten sie sich beratschlagt, was sie an diesem Abend mit mir veranstalten wollten. Den Abschlusspunkt sollte auf jeden Fall die Bestrafung aufgrund des Wunsches von Herrn Lange bilden. Ludwig Heeren empfing mich persönlich an der Haustür. Er begrüßte mich wie einen alten guten Freund und begleitete mich zu seinem Partyraum. Dort war bereits die ganze Klasse anwesend mit Ausnahme von Hans-Christoph, der gar nicht erst eingeladen worden war.
Die Fete begann mit echt guter swingender Tanzmusik, zum Trinken wurden eine wirklich leckere süffige Erdbeerbowle und leckeres Knabber-Gebäck gereicht. Es waren etwa zwei Stunden vergangen, da waren alle schon etwas angeheitert, besonders die Jungen, die zusätzlich zur Bowle schon etliche Flaschen Bier geleert hatten.
Plötzlich wandte sich unser Klassensprecher Friedrich Kluge in sehr hämischem Ton an mich und brüllte unter dem Gelächter der gesamten Klasse: „Alexander, zieh dich doch mal aus, wir wollen mal was zu lachen haben und deshalb wollen wir mal deinen Riesenschwanz und deine Rieseneier sehen."
Meine versuchte Gegenwehr mit zaghaft vorgetragenen Worten ging in den Stakkatorufen der Klasse unter: „Ausziehen, ausziehen!" Als ich immer noch zögerte, der Aufforderung nachzukommen, zog Ludwig Heeren mich von meinem Stuhl, auf dem ich saß, hoch und boxte mir mit der rechten Faust mit voller Wucht in den Magen, sodass ich auf den Boden stürzte und mich vor Schmerzen krümmte. „Los, Alexander, zieh dich bis auf die Unterhose aus", sagte Ludwig. „Na", meinte Matthias Ladenburg, „jetzt geht dir kleinem Arschloch wohl der Hintern mit Grundeis?" Hämisch spottete Angelika Kreuzer: „Mach doch den Kleinen nicht so fertig, der zittert doch jetzt schon vor Angst, der pisst sich gleich ein." Vor lauter Angst zog ich mich

freiwillig aus und stand, nur noch mit der Unterhose bekleidet, zitternd mitten in dem Partyraum und meine Mitschüler und Mitschülerinnen standen rings im Kreis rund um mich herum. Zuerst wurde ich von einem zum anderen geschubst. Sebastian Rose rammte mir sein Knie in meinen Unterleib und als ich zusammensackte, riss mich Michael Fronzek wieder hoch und rammte mir sein Knie seitlich gegen meinen Oberschenkel. Kaum hatte ich diesen Pferdekuss verdaut, erhielt ich von der anderen Seite noch einen von Leonhard Sieloff. Sebastian Rose verpasste mir einen Satz heiße Ohren, indem er meine Ohren mit seinen Händen sehr hart gegen meinen Kopf rieb. Leonhard Sieloff ohrfeigte mich ein paar Mal kräftig und packte mich an meinen beiden Ohren und riss diese derart grob nach oben, dass ich vor Schmerzen gezwungen war, mich auf meine Zehenspitzen zu stellen. Währenddessen zog mir Lisbeth Fülle von hinten unter dem Grölen der gesamten Klasse Zentimeter für Zentimeter die Unterhose herunter.
Das Gelächter über meinen Minipenis und meine kleinen Hoden wollte gar nicht enden. „Du bist doch eine echte Missgeburt, Alexander“, so lautete das einhellige Urteil. Obwohl die Klasse mich nicht zum ersten Mal nackt sah, schien sie sich jedes weitere Mal neu daran aufzugeilen.
Inzwischen hatten Ludwig Heeren und zwei weitere Schüler ein großes Standfahrrad ins Zimmer geschleppt. Auf dieses setzten sie mich nun und ich musste kräftig strampeln. Es war entwürdigend und lächerlich, wie ich da so klein, völlig nackt und erbärmlich auf dem großen Standfahrrad hockte. Je nachdem, welche Pedale gerade unten war, rutschte ich rechts und links fast vom Sattel und radelte wie um mein Leben. Ich schloss meine Augen und in meinem Kopf spielten sich dramatische Szenen ab: Angst, gepaart mit Entsetzen und Scham durchzuckte meinen Kopf und wieder hoffte ich, ein Engel oder dergleichen möge erscheinen und mich erlösen. Ein anderer Gedanke klammer-

te sich an den Strohhalm des Verzweifelten, dass die Eltern von Ludwig früher nach Hause kommen würden und mich aus meinem Elend befreien würden, aber nichts geschah. Als ich die Augen wieder öffnete, blickte ich nur in die hämisch grinsenden, schwitzenden und bierselig dreinblickenden Gesichter meiner Klassenkameradinnen und -kameraden.
Nachdem ich etwa eine Viertelstunde geradelt war, riss mich plötzlich Jörg Altenkoven vom Fahrrad herunter, steckte meinen Kopf zwischen seine Beine und schrie: „Ich will mal gucken, ob das Arschloch von der Sau genauso winzig ist wie sein Schwanz und seine Eier!" Alle lachten, grölten und schlugen sich vor Begeisterung auf die Schenkel. „Der hat ja einen roten Arsch wie ein Pavian", schrie Jörg Altenkoven, „steckt der Sau mal eine Kerze in den Arsch", aber Andrea Dornier vertrat die Ansicht, sie hätte etwas viel Besseres und sie versuchte, mir den Hals einer Colaflasche in den Po zu drücken, aber da ich in namenloser Angst und abgrundtiefer Scham total verkrampfte, gelang ihr das zum Glück nicht. Anschließend legte Andreas Morzig mich übers Knie, zog den Ledergürtel aus seiner Hose und versohlte mir unter der Anfeuerung der anderen den Po. Unter dem brüllenden Gelächter der anderen fragte er mich: „Willst du nun ganz lieb und brav sein?" und als ich nicht antwortete, schlug er weiter zu, bis ich versprach, lieb und artig zu sein, was weiteres, noch lauteres wieherndes Gelächter auslöste.
Während er mich schlug und ich mich vor Schmerzen wie ein Aal hin und her wand, machten sich besonders die Mädchen über meine kleinen Sexualorgane lustig. Lisbeth Fülle zog sich inzwischen einen Gummihandschuh an und nachdem die Jungs mich an den Händen und Füßen gefesselt und mich mitten im Partyraum auf den Fußboden gelegt hatten, rieb mich Lisbeth sorgfältig und mit Bedacht von oben bis unten und ganz besonders gründlich an den Geschlechtsorganen mit Juckpulver ein. Wer das nicht selbst erlebt hat, kann kaum nachvollziehen,

welch grausame Folter das ist. Es gab keinen Körperteil, der nicht auf das Heftigste juckte und ich konnte nichts dagegen tun. In meinem Kopf hämmerte nur noch ein Gedanke: „Das muss ein böser Albtraum sein, gleich wache ich schweißgebadet auf, gleich ist alles vorüber." Verzweiflung fraß sich in meine Seele und ich dachte, als ich da nackt und den Blicken aller preisgegeben lag: „Ja es stimmt, ich bin nichts anderes als ein elendes Stück Scheiße. Es muss stimmen, denn wenn es nicht so wäre, läge ich jetzt nicht hier, nur mit einem Stück Scheiße geht man so um wie mit mir." Während ich auf dem Fußboden lag, tanzten die Jungs und Mädchen ausgelassen, wild und aufgedreht um mich herum, machten ihre demütigenden und abwertenden Scherze über mich und gossen das eine oder andere Bier über mir aus. „Nun hast du dich aber genug ausgeruht", befand Andrea Dornier nach etwa einer Stunde unter dem hämischen Gegrinse der anderen Mitschüler und Mitschülerinnen. Sie hatte extra von Zuhause eine große Packung Wäscheklammern mitgebracht und klammerte mir die Wäscheklammern an meinen Hodensack und meinen Schwanz. Ich drehte und wendete mich verzweifelt hin und her, da schlug Andrea mir mehrfach mit der Faust in meinen Bauch und zischte mich mit böser Miene an: „Halt endlich still, du kleines mieses Arschloch!", und sie fügte diabolisch grinsend hinzu: „Wie alt bist du? 14 Jahre? Schämst Du Dich nicht, wie Du untenrum aussiehst? Mein kleiner Cousin ist erst 9 Jahre alt, aber der hat ja jetzt schon mehr als das Doppelte wie du kleiner Krüppel."

Das Anklammern der Wäscheklammern tat schon höllisch weh, aber Andrea drehte anschließend die einzelnen Wäscheklammern langsam und bedächtig hin und her, das tat so weh, ich glaubte, ohnmächtig zu werden. Dazu kam noch das entsetzliche Jucken durch das Juckpulver.

Ich schrie, brüllte, wimmerte und heulte wechselweise, aber es half mir nichts, kein Laut drang aus dem schalldichten Partyraum. Meine Mitschüler und Mitschülerinnen kriegten sich gar nicht wieder ein vor Lachen und Grölen, weil ich so zappelte und heulte. Jeremias Lutze verfeinerte die Wäscheklammeridee, indem er vorschlug, mir nicht nur Wäscheklammern an den Hodensack und den Schwanz zu klammern, sondern an viele weitere, möglichst empfindliche Stellen. Ludwig Heeren holte aus dem Haushaltsraum seiner Mutter eine weitere Portion Wäscheklammern, die mir Jeremias Lutze und Siegbert Jonas an die Brustwarzen, alle Zehen, meine Ohren und meine Nase anklammerten. „Jetzt siehst du noch viel bescheuerter aus als sonst", meinte Siegbert Jonasverächtlich zu mir, „obwohl das eigentlich nicht möglich ist!" Nach diesen intensiven Quälereien löste Matthias Ladenburg die Fesseln, beseitigte die Wäscheklammern, packte mich hinten am Nacken wie ein Karnickel, guckte mich geradezu diabolisch voller Verachtung und Ekel an und spuckte mir voll mitten ins Gesicht: „Für mich, Alexander", - und während er das sagte, dehnte er jedes Wort zu einer kleinen Ewigkeit und betonte langsam jeden einzelnen Buchstaben -, „Für mich, Alexander, bist du nur ein kleines, stinkendes Stück Scheiße." Anschließend schleifte er mich hinter sich her und brachte mich unter dem Gelächter aller ins Badezimmer des Hauses, nahm die Toilettenbrille hoch und drückte meinen Kopf tief hinein in die Toilettenschüssel. Vor lauter Ekel fing ich an zu würgen und Matthias Ladenburg zog die Wasserstrippe. Kurz riss er meinen Kopf wieder aus der Toilettenschüssel hoch: „Schade, schade, wirklich sehr schade, dass du nicht durch das Rohr der Toilettenschüssel passt", brüllte Matthias Ladenburg mir ins Ohr und er grinste dabei voller abgrundtiefer Verachtung, „sonst könnte man dich elendes Stück Scheiße gleich ganz durch das Klo wegspülen." Ich öffnete meinen Mund, um Luft zu holen, da drückte er meinen Kopf erneut tief in die Toilettenschüssel, und wie zur tatkräftigen Bestätigung dessen, was Mat-

thias gerade geäußert hatte, traten mir andere Schüler mit voller Wucht in den Po.
Die Mädchen standen daneben und sprangen von einem Bein auf das andere, so sehr erfreute sie das, was mit mir geschah. Sie bettelten darum, mich nun in der Wanne abduschen zu dürfen. Diese Idee würde mit neuen Lachsalven und mit neuem Biergegröle aufgenommen und alsbald in die Tat umgesetzt.
Als mich dann Henriette Geibel und einige andere Mädchen, die sich sonst in der Klasse, wenn es darum ging, mir etwas anzutun, mehr im Hintergrund hielten, in die Wanne verfrachteten und mich dort, fast möchte ich sagen, behutsam wuschen, verwirrte sich mein Geist fast völlig. Zu jeder anderen Stunde, zu jeder anderen Zeit, an jedem anderen Ort wäre es mir zutiefst peinlich gewesen, hätte ich es als zutiefst schamverletzend und erniedrigend empfunden, wenn mich mehrere Mädchen gegen meinen Willen gebadet und gewaschen hätten. Aber jetzt, nach den gerade erlebten Quälereien, nach den gerade durchlittenen Schmerzen empfand ich das Vorgehen der Mädchen geradezu als eine Wohltat, sodass ich fast in Gefahr geriet, das, was mir da gerade angetan wurde, zu genießen. Und in meinem Geist, der so verwirrt reagierte und dessen moralische Nadel aus der Fasson geraten zu sein schien, fragte ich mich allen Ernstes, ob ich nun verrückt oder pervers geworden sei. Was ich nicht wusste und zum Glück auch nicht ahnte, war, dass dieses sanfte Zwischenspiel nur die Vorbereitung auf den Höhepunkt der Klassenfete darstellte. Kaum hatten mich die Mädchen trocken gerubbelt, wurde ich von kräftigen Jungenarmen gepackt und mit dem Bauch brutal auf einen kleinen viereckigen Tisch verfrachtet, meine Hände wurden nach vorne gerissen und an die beiden vorderen Tischbeine gefesselt und die Füße an die beiden hinteren. Dann wurde mit eröffnet, dass ich jetzt eine ordentliche Tracht Prügel zu erwarten hätte auf Wunsch von Herrn Lange. Als ich ja so nackt, mit gespreizten Beinen auf dem Tisch lag,

herrschten nur noch abgrundtiefe Verzweiflung und Finsternis in mir. Kein Aufbäumen war mehr in mir, mein Widerstandswille, nur noch der sehnliche Wunsch, endlich tot zu sein, damit alles endlich ein Ende finde. Ehe ich einen weiteren klaren Gedanken fassen konnte, wurden mir mit einem schwarzen Tuch die Augen verbunden. Noch mehr rasende Angst, noch mehr namenloses Entsetzen durchflutete mich. Und plötzlich wurde ich von hinten von zwei Händen in den Hüften gepackt, ein auf- und abschwellendes Gestöhne durchdrang mein Gehirn und ich spürte etwas zwischen meinen Beinen, das sich weich anfühlte und langsam, aber ohne, dass ich dieses Mal etwas dagegen tun konnte, immer tiefer in mich eindrang, während das Gestöhne immer heftiger, immer hemmungsloser und die gleichzeitigen Anfeuerungsrufe „Fick die Sau" immer lauter wurden. Aufgrund meines bereits durch die erlittenen Quälereien und Schläge völlig verwirrten und überreizten Geist glaubte ich, gerade vergewaltigt zu werden.
Niemals in meinem Leben, niemals vorher und niemals nachher habe ich mich so beschmutzt, so grauenhaft erniedrigt, so gedemütigt, so unwert und dreckig gefühlt. Als mir dann das Tuch von den Augen gerissen wurde und mir eröffnet wurde, man habe mir zum Spaß und um eine Vergewaltigung zu simulieren, „nur" eine lange dünne Kerze, die man zuvor ein wenig weich gemacht hatte, in den Po gesteckt und das Stöhnen nur vorgetäuscht, fühlte ich mich keineswegs besser.
Nach endlos erscheinenden fünf langen Stunden, deren Minuten und Sekunden sich für mich zu Ewigkeiten dehnten, durfte ich mich anziehen und den Ort meiner Schmach verlassen. Den Rest des Wochenendes verlebte ich bei Hans-Christoph und er tröstete mich und wir hörten gemeinsam klassische Musik, damit ich ein wenig über den fürchterlichen Abend hinwegkam. Auf dieser Fete, die nach meinem Abgang fortgesetzt wurde, wurde anschließend von meiner Klasse beschlossen, auf der

kommenden Klassenfahrt nach Damme mir, wie sie das nannten, „den Rest zu geben", „die Sau richtig alle zu machen". Um Herrn Jensen, den Klassenlehrer für dieses Vorhaben zu gewinnen, suchten mehrere Schüler ihn in der darauf folgenden Woche auf und klärten ihn darüber auf, wer ihn seinerzeit im Zentralbad ins Becken gestoßen habe. Herr Jensen rastete völlig aus und verlangte in seiner ersten Wut, dass „dieser Wicht, diese Drecksau sofort von der Schule geworfen gehört". Die Schüler stimmten Herrn Jensen auch im Grundsatz zu, sie überzeugten ihn aber davon, dass es viel wirkungsvoller sei, auf der kommenden Klassenfahrt gemeinsam an mir Rache zu nehmen. Wie mir glaubhaft versichert wurde, stimmte Herr Jensen diesem Vorschlag geradezu euphorisch zu.

In der Rückschau auf die Ereignisse war es mir ausgesprochen wichtig, nach den tieferen Ursachen für solche Gewaltausbrüche, solche Gewaltübergriffe und herabwürdigenden Demütigungen zu forschen. Denn bei meinen Recherchen begriff ich sehr schnell, dass ich keineswegs einen bedauerlichen Einzelfall darstellte, sondern dass solche Fälle durchaus häufiger vorkamen.

Ebenso wichtig war es mir, zu begreifen und zu ergründen, wie es zu solchen unglaublichen Übergriffen einer Gruppe gegen Einzelne kommt. Aus meinen eigenen leidvollen Erfahrungen habe ich gelernt, dass in der Regel fünf vorrangige Punkte zusammentreffen, wenn solche schrecklichen Übergriffe geschehen. Diese Zusammenstellung erhebt keinen Anspruch auf Vollständigkeit, es handelt sich dabei nur um die leidvolle Erkenntnis eines einst gequälten und erniedrigten Opfers:

Ein Schüler entdeckt, dass es ihm Freude, ja fast Lust bereitet, einen anderen Schüler zu verprügeln oder zu erniedrigen.

Dieser Schüler findet nun andere Schüler, denen es ebenfalls Spaß macht, Anderen weh zu tun.

Die aufsichtführenden Personen sehen nichts bzw. wollen nichts sehen, oft aus Angst, gegebenenfalls selbst Opfer einer Schülerclique zu werden.
Die Eltern des Opfers haben kein gutes Vertrauensverhältnis zu ihrem Kind, das Opfer muss befürchten, dass seine Eltern ihm nicht helfen, nicht kompromisslos zu ihm stehen.
Das Opfer verhält sich falsch. Statt sich zu widersetzen, statt Hilfe bei Lehrern, Mitschülern, der Polizei oder dem Jugendamt und seinen Eltern zu suchen, winselt das Opfer gegenüber seinen Peinigern um Gnade und provoziert geradezu damit weitere Folter und Erniedrigung seiner Peiniger.

Zwischenbemerkung

Kapitel 11a

1998

Zwei erschütternde Interviews…
mit Andrea Dornier und Matthias Ladenburg

„Es ist durchaus nicht dasselbe, die Wahrheit über sich zu wissen oder sie von anderen hören zu müssen.“
Aldous Huxley

In den Jahren 1961 bis 1963 war ich, wie in den letzten Kapiteln geschildert, einer der Schüler einer Schulklasse des Neuen Gymnasiums in Bremen, also insgesamt drei Jahre lang. In dieser Zeit wurde ich in dieser Klasse bei diversen Gelegenheiten gedemütigt, geschlagen, gequält, gefoltert und sexuell missbraucht. Um die Hintergründe und Motive dieser Taten aufzuhellen, habe ich nach einer länger andauernden schriftlichen und telefonischen Kontaktaufnahme, in deren Rahmen ein erstes Vertrauensverhältnis aufgebaut werden konnte, im Jahr 1998 zwei längere intensive persönliche Gespräche, zum einen mit Matthias Ladenburg und zum anderen Andrea Dornier, den damaligen Haupttätern, von Angesicht zu Angesicht geführt. Am Ende der Gespräche, die in einer offenen und, ja, fast möchte ich sagen, herzlichen Atmosphäre stattfanden und mit einer tiefgreifenden und berührenden Versöhnung zwischen uns Erwachsenen endeten, habe ich mit beiden Personen anhand eines von mir formulierten Fragebogens mit der herzlichen und eindringlichen Bitte, dessen Fragen ausführlich, gewissenhaft und offen zu beantworten, ein Interview geführt. Bei den beiden Interviews ging es mir nicht um die Meinung der Täter als heutige Erwachsene , sondern darum, was die Täter damals als Kinder und Jugendliche tatsächlich gedacht und gefühlt hatten, als sie die Taten verübten. Deshalb bat ich sie auch, möglichst auch in den Worten zu antworten, die sie damals bezüglich meiner Person benutzten:

Interview mit Andrea Dornier

1. Was war bei dir das auslösende Erlebnis, dass dich dazu veranlasst hat, dir ein Opfer zu suchen, um dieses zu demütigen und zu quälen?

Ich stamme ursprünglich aus einer wohlhabenden Familie. Mein Vater war Unternehmer und wir bewohnten ein altes Haus mit einem herrlich großen Garten in einem der schönsten Wohnviertel Bremens. Ich hatte einen fast drei Jahre älteren Bruder, mit dem ich mich in der frühen Kindheit sehr gut verstand. Misstrauisch hätte ich eigentlich schon beim ersten Mal werden müssen, als er mit mir, ich war gerade 6 Jahre alt geworden und er war fast 9, Doktorspiele machen wollte. Ich habe das damals nicht durchschauen können und habe das für harmlose Spiele gehalten, wenn er mich „untersuchen" wollte und sich dabei besonders für meine untere Hälfte interessierte. Etwa eineinhalb Jahre, bevor du in unsere Klasse gekommen bist, - ich war inzwischen 10 Jahre alt geworden, fing mein Bruder an, zudringlicher zu werden. Er versuchte immer wieder, mich zu küssen. Tagsüber konnte ich das noch abwehren, aber oft wachte ich nachts auf, weil plötzlich mein Bruder sich über mich beugte und mich küsste oder weil er sich neben mich ins Bett gelegt hatte. Mit meinen Eltern konnte ich nicht darüber reden. Mein Bruder war ohnehin der Liebling meiner Eltern und sollte später einmal die Firma unseres Vaters übernehmen. Sie hätten mir niemals geglaubt und sicher behauptet, ich hätte mir das alles nur ausgedacht, um mich gegenüber meinem Bruder bei ihnen ins bessere Licht zu rücken. Und genau das wusste mein Bruder und weil er merkte, dass ich nichts gegen ihn unternehmen konnte, wurde er immer mutiger und zudringlicher. Zimmerschlüssel für unsere Kinderzimmer existierten wohl, die hatte meine Mutter aber in Verwahrung genommen, weil sie nicht wollte, dass wir uns einschlossen und damit sie tagsüber die Möglichkeit hatte, uns jederzeit zu kontrollieren. Wiederholt wachte ich nachts auf und spürte die Hände meines Bruders zwischen meinen Beinen, während er sich selbst befriedigte. Mir wurde dann regelmäßig schlecht und ich musste mich übergeben. Tagelang lag ich danach im Bett mit leichtem Fieber und Kopfschmerzen. Statt nach den wirklichen Ursachen zu forschen, schob meine Mutter den Grund für mein Unwohlsein auf das großmütterliche Erbe, da die Oma auch immer unter starker Migräne gelitten habe. Mit der Zeit entwickelte ich eine Strategie, um mit der sexuellen Zudringlichkeit meines Bruders fertig zu werden: Wenn er kam, um mich sexuell zu belästigen und zu missbrauchen, flüchtete ich mich innerlich in eine Traumwelt und dachte mir alle möglichen Gemeinheiten, Quälereien und Foltermethoden aus, mit denen ich, falls sich die Gelegenheit böte, meinen Bruder bestrafen wollte. Diese Phantasien halfen mir, die Zeit zu überbrücken, bis seine Zudringlichkeit ein Ende hatte, so ähnlich wie bei einer schmerzhaften Zahnbehandlung. Anschließend duschte ich mich regelmäßig ausgiebig und versuchte, das Erlebte zu verdrängen. Die Phantasien wurden mit der Zeit immer ausgefeilter. Ich legte mir sogar eine Kladde an, in die ich alle Methoden eintrug, mit denen ich mich an meinem Bruder rächen wollte. Etwa eineinhalb Jahre lang steigerten sich diese Phantasien in ihrer Intensität immer mehr und zwar bis zu dem Zeitpunkt, bis du neu in unsere Klasse kamst.

*2. **Was waren für dich der Anlass und die genauen Faktoren, aufgrund derer du festgestellt hast, dass ich das für dich geeignete Opfer war?***

Welches die genauen Faktoren waren, kann ich heute nicht mehr sagen. Das war wie Liebe auf den ersten Blick, als ich dich sah, nur im negativen Sinne. Als du damals im Jahr 1961 auf so eine ängstliche Weise unsere Klasse betreten hast, begleitet von unserem Klassenlehrer, wusste ich instinktiv sofort, das ist genau das männliche Wesen, an dem ich alle meine Wut, meinen Hass, meine Aggressionen auslassen und an dem ich alle meine Phantasien ausleben kann.

3. ***Was war deine persönliche Meinung damals zu meiner Person?***

Meine persönliche Meinung über dich war auch vor allem durch den ersten negativen Eindruck geprägt. Wie du da schon so ängstlich in unsere Klasse reinkamst, einfach lächerlich. Alle Jungs in unserer Klasse trugen bereits lange Hosen und wir Mädchen lange Röcke und dann kamst du da an mit deiner kurzen Lederhose, wie frisch aus Bayern eingeflogen. Klar trugen damals viele Jungs Lederhosen, aber in der Regel doch nur bis zum Ende der Grundschule. Außerdem war deine Lederhose viel zu groß, sodass man dir, wenn du dich hingesetzt hast, bis in die Unterhose oder noch weiter gucken konnte. Und im Winter hast du dann so eine völlig bescheuerte wollene Strumpfhose getragen, die mit Gummistrapsen unter deiner Lederhose befestigt war. Allein darüber haben wir uns immer einen weggelacht. Außerdem sahst du, als du in unsere Klasse kamst, nicht aus wie einer, der 13 Jahre alt ist, sondern eher aus wie einer, der gerade 9 Jahre alt geworden ist. Für mich wars du einfach eine Witzfigur.

4. Was war das Schlüsselerlebnis, dass es überhaupt zu der Eskalation der Gewalt und der Demütigungen gegen mich kam?

In der ersten Zeit, ja in dem ganzen ersten Jahr, in dem du in unserer Klasse warst, ist eigentlich nicht viel passiert außer vielen kleinen Gemeinheiten, die wir dir zugefügt haben. Eskaliert ist die Sache eigentlich erst, als wir mitbekamen, wie deine Mutter mit dir umging. Zwei Jungs aus unserer Klasse waren bei dir zu Besuch gewesen und dann kam wohl deine Mutter in dein

Zimmer und fragte nach dem Ergebnis einer geschriebenen Lateinarbeit. Du hattest deiner Mutter wohl erzählt, dass wir die noch nicht zurückbekommen hätten. Der eine der beiden Jungs hat sich dann wohl verplappert und deiner Mutter gesteckt, dass wir die Arbeit schon seit einer Woche zurückbekommen hätten und dass du eine Fünf geschrieben hättest. Daraufhin soll deine Mutter dich vor den beiden Jungs nackt ausgezogen und mit einem Kleiderbügel fürchterlich zugeschlagen haben. Deine Mutter hat die beiden Jungs sogar noch ausdrücklich aufgefordert, dabei zu bleiben, bis du deine Abreibung bekommen hast. Am nächsten Tag war das natürlich Gesprächsthema Nummer 1 in der Klasse und da war mir klar, dass du keine Unterstützung von deiner Mutter zu erwarten hattest.

5. Hattest du keine Angst vor möglichen Konsequenzen, wenn ihr mich gequält habt?

Ja, stimmt, die hatte ich schon, das stimmt, aber deshalb haben wir uns auch fast ein Jahr lang heran getastet. Mal haben wir dir mit mehreren auf dem Schulhof in einer Ecke die Unterhose unten aus der Leserhose rausgezogen oder wir haben dir mit der Hand in die Lederhose gefasst und dir in den Sack gekniffen oder dich geohrfeigt, bis du geheult hast und mit der Zeit merkten wir natürlich, dass da keine Mutter und kein Vater aufkreuzten, die dich verteidigten und je mehr wir das merkten, desto mutiger wurden wir dann.

6. Warum haben die verantwortlichen Lehrer nicht eingegriffen?

Da kann ich ja nur laut lachen! Die meisten Lehrer haben das zum einen gar nicht mitbekommen, denn du hast so viel Schiss gehabt, du hättest es nie gewagt, dich einem der Lehrer anzuvertrauen und uns zu verpfeifen, und die Lehrer, die es gewusst haben, die es gemerkt haben müssen, die haben uns sogar noch unterstützt oder sich rausgehalten. Ich erinnere mich da besonders an einen Vorfall: Einmal stand unser Lateinlehrer an der Tafel, der für seine Grobheit bekannt war und der gerne Ohrfeigen austeilte und mit Arreststunden bestrafte. Während dieser Lehrer, Herr Lange, etwas an die Tafel schrieb, rief er deinen Namen auf und fragte dich etwas. Du standest, wie das damals so Sitte war, auf, um zu antworten. Da hat eines der Mädchen, die hinter dir saß, deine Lederhose hinten auf der einen Seite leicht hochgezogen und dir mit einer dicken fetten Nadel voll in den Arsch gestochen. Du hast geschrien wie ein abgestochenes Ferkel. Der Lehrer hat nicht einmal die Ursache untersucht, sondern er hat dich geohrfeigt, dass du bald aus der Bank gefallen bist und hat dich mit zwei Arreststunden bestraft wegen deines Geschreis.

7. Warum *hat die ganze Klasse mitgemacht? Gab es deiner Meinung nach Abstufungen hinsichtlich der Beteiligung der einzelnen Schüler?*

Ich glaube, damals wollte sich keiner ausgrenzen aus der Klassengemeinschaft. Sicher gab es auch einige, die das nicht gut fanden, was wir mit dir gemacht haben, aber die haben nicht gewagt, aufzubegehren, vielleicht hatten sie auch Angst, dass es ihnen dann ähnlich ergehen könnte. Die haben sich aber ansonsten herausgehalten und meist nicht aktiv mitgemacht. Nur einer hat gar nicht mitgemacht, das war Hans-Christoph, der war schwer asthmakrank. Aber neben mir und Matthias gab es einige weitere Schülerinnen und Schüler, die sehr gerne mitgemacht haben. Denn brauchte man nur sagen: Los hau der dummen Sau (also dir) eine in die Fresse, dann haben die das sofort gemacht.

8. Warum haben andere Schülerinnen und Schüler dir aktiv dabei geholfen, mich zu demütigen und zu quälen?

Ich kann das in dem Fall nur für die Mädchen sagen, die vor allem mit mir zusammen dich oft gequält haben. Ich glaube, denen hat das vor allem deshalb Spaß gemacht, weil sie bei dir all das machen konnten, was sie sich bei keinem anderen Jungen, keinem Freund, keinem Bruder getraut hätten, und ich glaube, es war sicher auch eine große Portion Lust dabei und sei es so etwas Einfaches, dass sie bei dir die Gelegenheit hatten, dich ganz genau körperlich untersuchen zu können. Am eifrigsten waren die Mädchen aus unserer Klasse aber immer dann, wenn ich irgendeine widerliche gemeine Idee hatte, was man dir antun könne und es darum ging, die dann in die Tat umzusetzen. Vor allem kleine Gemeinheiten, wie Stechen oder mit Juckpulver einreiben, standen besonders hoch im Kurs.

9. Sind die Quälereien und Folterungen spontan vorgenommen worden oder wurden die vorher geplant?

Teils, teils, in der Schule geschahen die meist spontan. Ich erinnere mich z.B. daran, dass wir dich z.B. in der Klasse spontan mal unter allgemeinem Gegröle und zotigen Bemerkungen, bevor wir bei Herrn Lange Unterricht hatten, nackt ausgezogen und dich in den Klassenschrank gesperrt haben. Als der dann fragte, wo du wärst, haben wir mit Unschuldsmienen gesagt, der steckt im Schrank. Er hat dann den Schrank geöffnet und laut gelacht. Er hat dann zwar nicht geglaubt, dass du dich da selber nackt reingesetzt hast, aber zwei heftige Ohrfeigen hast du im nackten Zustand zum Gaudi der Klasse trotzdem kassiert. Aber es kam auch häufiger vor, dass wir unsere Quälereien vorher im Detail geplant haben. Du warst auch so bescheuert doof, dass du jedes Mal, wenn wir ein bisschen freundlich zu dir gewesen sind, gedacht hast, jetzt wird alles besser und deshalb bist du auch jeder Einladung gefolgt, wenn ich dich z.B. zu mir nach Hause einlud und sturmfreie Bude hatte. Vielleicht bist du aber auch nur aus Schiss gekommen, weil du genau wusstest, was dir bevorstehen würde, wenn du nicht kommen würdest. Ich hab dann immer ein paar Klassenkameradinnen eingeladen und wir haben uns dann einen geilen Nachmittag mit dir gemacht. Die eine stand zum Beispiel da drauf, dich in der Wanne zu baden, während eine andere dir gerne Stecknadeln unter die Fußnägel stach. Du hattest keine Chance, denn egal, wer was mit dir machte, wir anderen haben dich dann festgehalten oder dich gefesselt.

10. Was hat dir so Freude daran bereitet, mich zu demütigen und zu quälen?

Es war, wie ich schon zu Anfang erklärt habe, eine indirekte bittersüße Rache an meinem Bruder. Oft wenn ich dich gequält habe, habe ich gar nicht dich vor mir gesehen, sondern die Fresse von meinem Bruder und dann habe ich oft so hart bei dir zugeschlagen oder dich derartig gemein gequält, dass mich einige Male z.B. Matthias zurückhalten musste und zu mir sagte: Mach den Pisser nicht ganz kaputt, wir wollen an der blöden Sau doch noch länger Spaß haben.

11. Gab es eine Demütigung, die dir besonders gut gefallen hat?

Ja, die gab es, ich habe es geliebt, dich in aller Öffentlichkeit mithilfe Anderer nackt auszuziehen. Da kriegte ich fast einen Orgasmus, so geil war das. Am geilsten war es ein paar Mal, wenn wir dich unter einem Vorwand bei dir zuhause abgeholt und dich dann mit zu einem Badesee an eine abgelegene Stelle geschleppt haben. Wir haben dich dann nackt ausgezogen oder haben unsere kleinen Geschwister oder andere jüngere Kinder mit einem Eis bestochen, dich nackt auszuziehen, was dir besonders peinlich war, und wenn du dann nackt warst, fand ich es total geil, dir so weit wie möglich die Beine auseinanderzuziehen, damit jeder dein winziges Arschloch sehen konnte und deinen fürchterlich lächerlichen Pimmel. Du hast immer verzweifelt versucht, dich zu wehren, deine Scham zu schützen, aber das hat dir wenig genutzt. Wenn du nicht gespurt hast, habe ich dir entweder den Schwanz langgezogen, bis du gequickt hast wie ein Schwein oder ich hab dir den Arsch versohlt, bis der so rot war wie neh Tomate und fast die ganze Klasse hat zugesehen und sich köstlich amüsiert. Manchmal haben wir dich dann auch für ein oder zwei Stunden unseren jüngeren Geschwistern und deren Freunden und Freundinnen überlassen, das war dir dann ganz besonders peinlich.

12. Gab es eine Quälerei oder Folter, die dir besonders gut gefallen hat?

Mir haben vor allem die sexuellen Quälereien und Demütigungen gefallen. Davon konnte ich gar nicht genug bekommen. Zuerst habe ich es gemacht, um an dir meine Wut gegen meinen übergriffigen Bruder abzureagieren, aber dann hat sich das verselbstständigt, ich hatte dann einfach nur geile Lust, dich sexuell zu demütigen und zu quälen. Am meisten hat das Spaß gemacht, wenn wir Mädchen unter uns waren und dich dann gequält haben. Am geilsten fand ich die Folter, wenn ich dir an deinen Hosensack eine Wäscheklammer angeklammert habe und diese dann ganz langsam gedreht habe, da hast du dann regelmäßig wie am Spieß geschrien und wir haben dir das Maul dann mit Socken oder Ähnlichem gestopft und du hast dich eingepisst oder unter dich gemacht hast. Mich hat das dann besonders angemacht, wenn Andere dabei zugesehen haben und mich dabei noch angefeuert haben. Diese totale Demütigung, die ich dir in dem Moment zufügte, das hat mich richtig berauscht.

13. Was hast du empfunden, wenn ich bei den Quälereien, Schlägen oder Folterungen vor Schmerzen geschrien habe?

Geile Lust, das war für mich das Zeichen, die Sau spürt was, die merkt was, ich kann meine ganze Wut rauslassen. Meist haben wir aber dein Geschrei gar nicht lange angehört, sondern dir den Mund zugebunden, damit du nicht die ganze Gegend zusammengeschrien hast.

14. Warum hattest du kein Mitleid, wenn ich um Gnade gewinselt habe, wenn ich unter Tränen flehte, endlich aufzuhören?

Nein, dein Geschrei, dein Gewinsel war für mich eher ein Ansporn, weiterzumachen. Wir haben es ja richtig drauf angelegt, dich zum Heulen und Flennen zu bringen. Meist haben wir

erst aufgehört, wenn du dich nicht mehr gerührt hast oder mal wieder nasse oder volle Hosen hattest.
Eines fällt mir dabei in der Erinnerung auch noch ein, das ich erwähnen möchte: In dem ersten Jahr, in dem du in unserer Klasse warst, haben wir dich noch mit deinem Namen angeredet, also mit „Alexander". Später wurde das immer weniger, und dann sagten alle nur noch „Sau, Pisser, Hosenscheißer" und Ähnliches zu dir. Und ich glaube, je weniger wir dich bei deinem Namen nannten, desto mehr Verachtung empfanden wir für dich und desto rücksichtsloser gingen wir gegen dich vor, weil wir dich nicht mehr als einen von uns, sondern eben nur noch als eine Sau, einen Hosenpisser oder Ähnliches wahrnahmen.

15. Gab es Gewaltphantasien, die du gerne an mir ausgeübt hättest, die du dich aber nicht getraut hast, auszuführen?

Ja, solche Phantasien hatte ich. Da mich mein älterer Bruder immer wieder sexuell belästigte, habe ich irgendwie eine besondere Wut auf seine Geschlechtsteile entwickelt. Ich wäre nachts oft am liebsten aufgestanden und hätte ihm mit einem scharfen Messer die Eier abgeschnitten. Aus dieser Wut heraus habe ich mir immer wieder überlegt, dir mal mit einer richtig fetten Nähnadel in deine beiden Eier zu stechen. Richtig mitten rein und am besten ganz durch. Das Einzige, was mich zurückgehalten hat, war die Tatsache, dass ich nicht genau wusste, was dann passieren würde, ob die Eier platzen würden oder ob die auslaufen würden. Ich wusste ja nicht einmal genau, was da genau drin war. Nur das hat mich zurückgehalten, sonst hätte ich mir irgendwann deine Eier gekrallt und hätte die durchlöchert wie einen Schweizer Käse.

16. Nachdem ich Ende November 1963 nach einem völligen Zusammenbruch aus deiner Klasse verschwand, wie hat sich deine Gewaltbereitschaft dann weiter entwickelt?

Die hat sich eigentlich zum Positiven entwickelt. Das ist ganz merkwürdig. Durch die Aggressionen, die ich gegen dich entwickelte, war ich nach deiner Zeit in unserer Klasse so stark in meinem aggressiven Verhalten, dass ich plötzlich anfing, mich gegen meinen Bruder zu wehren. Und nachdem ich ihm einmal nachts mit dem harten Rand eines Tennisschlägers mehrfach welche zwischen die Beine gehauen hatte, während er noch schlief, hat er mich in der Folgezeit in Ruhe gelassen.

17. Wie beurteilst du deine damaligen Taten aus deiner heutigen Sicht als Erwachsener?

Sehr negativ, es tut mir aus heutiger Sicht unendlich leid, was damals vorgefallen ist. Ich will mich auch nicht damit herausreden, dass wir da so hineingeraten sind, es ist mir einfach heute unverständlich, wie wir damals über Jahre so handeln konnten. Es ist, als wären die Andrea von damals und ich heute zwei grundverschiedene Personen. Es tut mir wirklich von Herzen leid.

Interview mit Matthias Ladenburg

1. Was war bei dir das auslösende Erlebnis, das dich veranlasst hat, dir ein Opfer zu suchen, um dieses zu demütigen und zu quälen?

Ein halbes Jahr, bevor du in unserer Klasse auftauchtest, bekamen wir zu Hause Besuch von einem Onkel und einer Tante und ihrem 14-jährigen Sohn. Meine Eltern machten dann mit meinem Onkel und der Tante einen Tagesausflug nach Helgoland, während wir Jungs allein zu Hause blieben. Aus einem nichtigen Grund, der mir heute gar nicht mehr in Erinnerung ist, gerieten wir in Streit und kloppten uns, wie man das damals nannte. Eigentlich war der Cousin größer und sogar stärker als ich, aber er war ein bisschen ängstlich und ich der Gemeinere. Jedenfalls hab ich den richtig verdroschen. Als der sich aber, wie das damals unter Jungs üblich war (nämlich „sich zu ergeben"), nicht ergeben wollte, habe ich ihm noch mehr reingehaun und ihn dann die Hosen runtergezogen. Ich gebe zu, das hat mich richtig erregt. Weniger sexuell, sondern dieses Machtgefühl hat mich angemacht. Ich habe den dann total verprügelt. Die Konsequenz war, als die Eltern meines Cousins wiederkamen, dass die sofort abreisten und ich die Tracht Prügel meines Lebens von meinem Vater bekam. Aber irgendetwas war da in mir erwacht und in der Folgezeit habe ich überlegt, wie ich an ein Opfer herankommen könnte, das ich fertig machen könnte. Ich habe in der Folgezeit nachts im Bett solche Gewaltphantasien entwickelt, dass ich davon regelmäßig einen Samenerguss bekam.

2. Was waren für dich der Anlass und die Faktoren, aufgrund derer du festgestellt hast, dass ich das für dich geeignete Opfer war?

Als du in unsere Klasse kamst, ist mir zunächst nichts aufgefallen. Allerdings stellte ich schnell fest, dass du nicht lange mit mir diskutiert hast, wenn ich was von dir wollte, sondern das auch gemacht hast, was ich wollte. Hattest du z.B. irgendwelche Süßigkeiten mit, dann habe ich dir die regelmäßig abgenommen bzw. du hast sie mir freiwillig gegeben. Dann hab ich dir ab und zu mal, wenn ich schlechte Laune hatte und du mir im Wege standest, ein paar aufs Maul gehaun oder dir in die Eier getreten. Und irgendwann kam mir die Erkenntnis, dass du genau das Opfer warst, nachdem ich gesucht hatte: Die Lehrer halfen dir nicht, wenn wir dich schikanierten oder schlugen und von Zuhause hattest du, wie wir schnell merkten, auch keine Hilfe zu erwarten.

3. Was war deine persönliche Meinung damals zu meiner Person?

Sei mir jetzt bitte nicht böse, dass ich das so offen schreibe: ich fand, du sahst aus wie ein kleiner Grundschüler und als ich dich dann zum ersten Mal nackt gesehen habe, hab ich mich fast totgelacht, so lächerlich, wie du ausgesehen hast. Irgendwie hab ich dich fast schon wieder bewundert, denn rückblickend war es sicher nicht leicht, mit 13/14/15 Jahren mit dem Körper eines 9-/10-/11-Jährigen herumzulaufen. Ich glaube, ich wäre gar nicht mehr in die Schule gegangen. Bei allem, wie lächerlich du ausgesehen hast und wie körperlich unterentwickelt zu warst und wie ängstlich du warst, irgendwie hat mir das dennoch imponiert, dass du immer erschienen bist, nie gekniffen hast und irgendwie wohl an eine bessere Zukunft geglaubt hast.

4. Was war das Schlüsselerlebnis, dass es überhaupt zu der Eskalation der Gewalt und der Demütigungen gegen mich kam?

Das Schlüsselerlebnis war eindeutig ein Schwimmbadbesuch. Wir hatten regelmäßig im Zentralbad in Bremen Schwimmunterricht bei Herrn Jensen. Einmal musste er gleich nach dem Schwimmunterricht weg und beauftragte uns, dafür zu sorgen, dass du dich duschen würdest. Du hast nämlich im ersten Jahr immer auf das Duschen verzichtet und hast deine nasse Badehose auf der Toilette umgezogen unter dem Vorwand, du müsstest mal aufs Klo. Wir haben dir dann in der Umkleide die Badehose runtergerissen und dann die Mädchen rübergeholt und dann haben wir alle gemeinsam gegrölt, weil Du kaum was in der Hose hattest. Danach hast du dann von mir und Andrea die erste richtige Tracht Prügel bezogen.

5. Hattest du keine Angst vor möglichen Konsequenzen?

Nein, denn mir war ganz schnell klar, dass du keinen Menschen hattest, der sich für dich einsetzte. Wir haben das ja auch langsam gesteigert. Wirklich Angst habe ich eigentlich nur einmal gehabt. Da hatten wir mit dir eine kleine Radtour unternommen und hatten dann beschlossen, dich zu zwingen, in einem Waldstück nackt zu radeln. Aber du hast dich mit Händen und Füßen gewehrt und mich dabei aus Versehen vors Schienbein betreten. Da hab ich, in dem Fall unabsichtlich, dir mit voller Wucht die Faust in die Zähne gehaun und dir dabei sechs vordere Zähne ausgeschlagen, die alle abbrachen. Aber auch da passierte nicht, von da an brachen alle Dämme, die uns bis dahin noch hinderten, die letzten Gemeinheiten an dir auszuprobieren.

6. Warum haben die verantwortlichen Lehrer nicht eingegriffen?

Ich kann nicht in deren Kopf hineinschauen, ich weiß es nicht, aus heutiger Sicht ist mir das völlig unverständlich. Allerdings haben sich schon einige Lehrer sehr merkwürdig verhalten. Einmal hatte ich dich auf dem Schulhof in einer Pause gepackt und deinen Kopf zwischen meine Beine gesteckt, dann hab ich mit beiden Händen deine Lederhose auf Rille gezogen, wie wir das damals nannten, sodass dein blanker Arsch zu sehen waren. Dann hat sich die ganze Klasse wie in einer Reihe angestellt wie beim Tischtennisrundlauf und jeder hat dann, so doll er konnte, mit der flachen Hand auf deinen Hintern gehauen. Der Lehrer, der Pausenaufsicht hatte, stand nur dabei und schaute wie etliche Schüler nur zu und als du dich hinterher bei ihm beschwert hast, hat er nur gemeint: Stell dich nicht so an, sah doch ganz lustig aus. Für Dein Beschweren hab ich dir anschließend gleich noch welche aufs Maul gehauen.

7. Warum hat die ganze Klasse mitgemacht?

Gab es deiner Meinung nach Abstufungen hinsichtlich der Beteiligung der einzelnen Schüler?

Meiner Meinung nach haben alle mitgemacht. Neh, genau genommen, einer nicht. Der war sehr krank, ich weiß nicht mehr, wie der hieß, „Krüppel" und „Husti" haben wir immer zu dem gesagt, der hat so komisch immer geatmet. Aber wenn heute einer von den Anderen aus der Klasse sagt, er habe das damals nicht gewollt, dann lügt er. Ich weiß nur, dass das allen gefallen hat, wenn wir dich fertig gemacht, geschlagen und gedemütigt haben. Vielleicht haben manche von den Jungs auch nur mitgemacht, weil sie dachten: Besser der kriegt Schläge als ich, das weiß ich nicht, Tatsache ist aber, sie haben freiwillig mitgemacht und keiner hat sich ausgeschlossen. Sie hätten ja bei manchen Gelegenheiten einfach weggehen können.

8. Warum haben andere Schülerinnen und Schüler dir aktiv dabei geholfen, mich zu demütigen und zu quälen?

Einer der Gründe dafür ist sicher in der damaligen Zeit verankert: Heute ist es normal, dass ein Kind nicht geschlagen wird, ja, die Eltern, die es trotzdem tun, können bestraft werden. Damals war das etwas völlig Normales, dass man zu Hause eine Tracht Prügel bekam, wenn man etwas angestellt hatte oder eine Arbeit in den Sand gesetzt hatte. Nicht alle, aber die meisten Jungs aus meiner Klasse kriegten gelegentlich oder regelmäßig zu Hause Schläge. Da gab es dann manchen, der, wenn wir mit dir unterwegs waren oder dich zu einem von uns eingeladen hatten, der allein zuhause war, dann sagte: Ich hab gerade wieder neh Tracht von meinem Alten bekommen, ich hätte Lust, der blöden Sau mal den Arsch zu versohlen und dann hat er sich einen Stock besorgt, während wir dich festgehalten haben und hat dir den Arsch versohlt, bis seine Wut verraucht war.

9. Sind die Quälereien und Folterungen spontan vorgenommen worden oder wurden die vorher geplant?

Ich habe dich besonders gerne in der Schule gequält. Einmal haben wir dich z.B. mit ein paar Jungs aufs Schulklo geschleppt und dich solange mit deinem Arsch in die Kloschüssel gedrückt, bis du da nicht mehr allein herauskamst. Dann haben wir an der Strippe gezogen, während ein paar andere Jungs unseren Klassenlehrer, Herrn Jensen, holten, der dann nur lachte und meinte: „Selbst zum Scheißen bist du zu dumm!" Manchmal haben wir uns aber auch verabredet und dann haben wir Wunschkonzert gespielt, das fanden die meisten total geil: Jeder durfte sich vorher überlegen, was er an dem Tag mit dir machen wollte. Da konnten wir dann unsere Phantasien so richtig an dir ausleben.

10. Was hat Dir so Freude daran bereitet, mich zu demütigen und zu quälen?

Es war dieses totale Machtgefühl, das ich spürte, wenn ich dich verprügelte, demütigte oder quälte. Da warst du mir völlig ausgeliefert. „Ich mach dich kaputt", den Satz habe ich dir immer wieder ins Gesicht geschleudert und dann stand die blanke Angst in deinen Augen. In meinen Phantasien zu Hause abends im Bett träumte ich sogar davon, dich nackt in einen Käfig zu sperren und dich wie einen Hund zu halten, damit ich dich jederzeit fertig machen könnte.

11. Gab es eine Demütigung, die dir besonders gut gefallen hat?

Am geilsten fand ich das, wenn dir unser Klassen- und Sportlehrer, Herr Jensen, den Arsch versohlt hat und das ist mehrfach vorgekommen. Wir wussten alle, dass der irgendwie auf kleine Jungs stand, obwohl wir den Ausdruck „pädophil" noch gar nicht kannten. Auf einem Wandertag, den wir auf dem Deich durch das Blockland machten, haben wir dich z.B. bei einer Gelegenheit so geschubst, dass du ins Stolpern kamst und von hinten gegen Herrn Jensen im Stolpern gefallen bist. Der jedenfalls war richtig sauer und da haben wir ihn dazu überredet, dir mal so richtig den Arsch zu versohlen, er hätte sich doch schon oft über dich geärgert und da hättest du eine Tracht Prügel von ihm verdient. Und es war, als hätte er nur auf eine solche Aufforderung gewartet. Das fand ich total geil, wie du gestrampelt hast vor Schmerzen und wie brutal der mit der bloßen Hand zuschlug. Der hat dich richtig übers Knie gelegt. Am meisten Spaß aber hatten wir auf der Klassenfahrt nach Damme an den Dümmer See, da haben wir dich eine ganze Woche lang jeden Tag gedemütigt und völlig fertig gemacht, da sind so schlimme Dinge vorgekommen, dass ich mich heute zu sehr schäme, darüber zu berichten.

12. Gab es eine Quälerei oder Folter, die dir besonders gut gefallen hat?

Ja, bei uns Jungs war eine Quälerei, eine Folter besonders beliebt. Wir haben dich dann nackt ausgezogen und zwei Jungs haben dir dann die Beine auseinandergezogen und während ich dann deinen Oberkörper festhielt, hat ein weiterer Schüler dir mehrere Streichhölzer in dein Arschloch gesteckt und angezündet. Man war das geil, wenn die runterbrannten und du dann am Schreien warst.

13. Was hast du empfunden, wenn ich bei den Quälereien, Schlägen oder Folterungen vor Schmerzen geschrien habe?

Ich war dann total erregt, ich muss zugeben, auch sexuell. Aber mich hat das eher noch aufgeputscht, wenn du geschrien hast. Um das Beispiel von eben zu nehmen, wenn du geschrien hast, wenn die Streichhölzer dein Loch verletzten, dann habe ich mir den Spaß gemacht und selbst noch brennende Streichhölzer an deinen Sack oder deine Vorhaut gehalten.

14. ***Warum hattest du kein Mitleid, wenn ich um Gnade gewinselt habe, wenn ich unter Tränen flehte, endlich aufzuhören?***

Mitleid kannte ich damals, ehrlich gesagt, gar nicht. Ich fand dein Verhalten einfach nur unmännlich. Allein schon dein Gewinsel, wenn wir dir noch gar nichts getan hatten und du schon anfingst, zu plärren: „Bitte, bitte tut mir nichts!" Das wurde später schon richtig nachgeäfft. Wenn sich einer dir näherte, äffte gleich einer nach und schrie in weinerlichem Ton: „Bitte, bitte tut mir nichts." Mitleid kannte ich nicht, wie gesagt, aber ich war vorausschauend. Während Andrea dich gerne ohne Rücksicht auf Verluste verprügelte und demütigte, wollte ich, um meine Phantasien alle an die ausleben zu können, möglichst lange die Gelegenheit dazu haben. Deshalb habe ich auch in unserer Klasse immer wieder dafür gesorgt, dass du Zeiten hattest, in denen du dich erholen konntest. In diesen Schonzeiten wie bei einem Tier wagte dann niemand, dich anzurühren. Du allerdings warst so bescheuert, dass du tatsächlich in solchen Wochen geglaubt hast, dass sich die Dinge für dich zum Besseren wenden würden.

15. Gab es Gewaltphantasien, die Du gerne an mir ausgeübt hättest, die du dich aber nicht getraut hast, auszuführen?

Wenn ich damals als Junge nicht sexuell noch so unerfahren gewesen wäre und wenn ich nicht solche Angst gehabt hätte, von den anderen Jungs eventuell als homosexuell abgestempelt zu werden, hätte ich dich sicher zusammen mit ein paar anderen Jungs auch gerne mal richtig vergewaltigt. In der Phantasie stellte ich mir abends im Bett immer wieder vor, wie wir mit mehreren Jungs über dich herfallen und dich so lange über dich hermachen, bis du kein Lebenszeichen mehr von dir gibst. Dies aber in die Tat umzusetzen, hat mir der letzte Mut gefehlt, waren noch letzte Skrupel vorhanden. Aber in der Phantasie haben wir mit mehreren Jungs das immer wieder in Gedanken durchgespielt, wie wir uns über dich hermachen wollten, um dich brutal zu vergewaltigen.

16. Nachdem ich Ende November 1963 nach einem völligen Zusammenbruch aus deiner Klasse verschwand, wie hat sich deine Gewaltbereitschaft dann weiter entwickelt?

Ich war in der Folgezeit mehrfach in Schlägereien innerhalb und außerhalb der Schule verwickelt und das hat mir richtig Spaß gemacht. Dabei habe ich auch das Eine oder Andere einstecken müssen, denn bei denjenigen, mit denen ich in Streit geriet, handelte es sich zumeist nicht um solche Schwächlinge wie dich. Als aber in meiner Studentenzeit meine Lust an der Gewalt nicht nachließ und ich einen Studenten grundlos zusammenschlug, landete ich vor Gericht und der Richter verdonnerte mich neben einer saftigen Geldstrafe zu einer, heute würde man sagen, Antiaggressionstherapie. Das war mein großes Glück, denn ich habe diese Therapie über mehrere Jahre besucht, weil mir der Therapeut schon in der ersten Sitzung brutal ehrlich klar machte, dass weitere Straftaten in diesem Bereich meine zukünftige Karriere als Banker, der ich werden wollte, gefährden und zunichte machen würden.

17. Wie beurteilst du deine damaligen Taten aus deiner heutigen Sicht als Erwachsener?

Ich bin einfach nur entsetzt, was ich dir damals angetan habe. Denn ich war eindeutig der Rädelsführer. Als Klassensprecher und als der Stärkste und Größte aus der Klasse hätten alle auf mich gehört, wenn ich gesagt hätte: „Lasst den Kleinen in Ruhe." Stattdessen hab ich die Anderen sogar noch dazu angetrieben, dich zu demütigen und zu quälen. Ich bin – und das kommt aus tiefstem Herzen -, dankbar, dass damals nichts Schlimmeres geschehen ist. Ich weiß, das klingt blöd, aber ich meine, du hättest dabei ja auch bei irgendeiner Gelegenheit draufgehen können. Leider kann ich das nicht wieder gutmachen, was, besonders ich, dir angetan habe.

Zeit der Krise

Kapitel 12

1963 - 1965

Zwischenstation: Zusammenbruch – Krise - Neubeginn

„In dem Augenblick aber, wo uns alles verloren scheint, erreicht uns zuweilen die Stimme, die uns retten kann; man hat an alle Pforten geklopft, die auf gar nichts führen, vor der einzigen aber, durch die man eintreten kann, und die man vergeblich hundert Jahre lang hätte suchen können, steht man, ohne es zu wissen, und sie tut sich auf."
Marcel Proust

Der Zusammenbruch

Als ich in den 1970er Jahren in Göttingen Theologie studierte, hat mich eine Gestalt der Kirchengeschichte besonders beindruckt, das war Martin Luther. Da waren zum einen seine in sein innerstes Wesen eingreifenden Auseinandersetzungen mit der Bibel, da war zum anderen sein monumentales Werk, die Bibel in die deutsche Sprache zu übersetzen und dabei kein Gelehrtendeutsch zu benutzen, sondern dem Volk, wie er das formulierte, aufs Maul zu schauen, und da war zum Dritten die sprachliche Wucht der vom ihm gewählten Worte. Diese sprachliche Wucht seiner Worte äußerten sich in den von ihm verfassten Thesen, die er 1517 an die Wittenberger Schlosskirche nagelte, löste damals die Reformation aus und fand ihren exemplarischen Höhepunkt auf dem Reichstag in Worms, als er sich weigerte, die von ihm verfassten Thesen zu widerrufen. Von Luther sind aber nicht nur bedeutungsschwere theologische Worte

überliefert, sondern auch viele Aussagen, die er im Alltag äußerte *„Er war nur noch ein Klumpen Fleisch, der fraß und schiss."*
Dieses Zitat von ihm war die Reaktion auf die Erkrankung eines jungen Verwandten, der nach heutigem medizinischem Stand wohl an einer Hirnhautentzündung erkrankt und anschließend geistig umnachtet war.
Was meinen Geisteszustand nach dem Tode meines Freundes Hans-Christoph im Sommer 1963 und nach der Ermordung des amerikanischen Präsidenten John F. Kennedy im November 1963 betraf, so können gewisse Parallelen zu Luthers Diagnose nicht geleugnet werden. Ich erinnere mich noch genau an den 22. November 1963, als Präsident Kennedy in Dallas in den USA erschossen wurde. Die darauf folgenden Tage lebte ich wie in Trance. Etwa eine Woche später setzten schwere Fieberschübe ein, für welche die Ärzte im Krankenhaus aber keine körperlichen Ursachen feststellen konnten. Aber kein Arzt nahm sich die notwendige Zeit, kein Arzt machte sich die Mühe, die tieferen, wahren Hintergründe meiner Erkrankung zu ergründen. Mich selbst konnten sie nicht befragen, ich verstummte fast völlig für 13 Monate.
Meine lähmende Angst und meine ebenso düstere Hoffnungslosigkeit wurden mit starken Beruhigungsmitteln lediglich betäubt, nicht behandelt und geheilt.
Und je länger die Zeit voranschritt, desto weniger nahm ich von dem, was um mich herum geschah, wahr und desto mehr war ich meiner Umgebung in Person meiner Mutter ausgeliefert. Nach wenigen Wochen der Behandlung im Krankenhaus, in denen keinerlei Besserung erzielt werden konnte, wurde gegen Jahresende 1963 die Behandlung abrupt abgebrochen und meine Mutter ließ mich mit einem Krankenwagen nach Hause bringen. Von da an übernahm sie die Pflege. Ich habe an die folgenden fast neun Monate nur schemenhafte Erinnerungen. Ich registrierte nur, dass ich wieder völlig auf den Stand eines Kindes, ja

eigentlich sogar auf den Stand eines Babys zurückfiel. Und in den wenigen lichten Momenten, die ich in diesen sechs Monaten hatte, also in den wenigen Momenten, wo mein Geist einwandfrei arbeitete, stellte ich fest, dass meiner Mutter die Pflege keine Mühe zu machen schien, sondern dass sie es geradezu genoss, mich zu pflegen, dass sie sich richtig in ihrem Element fühlte, weil nun genau der Zustand erreicht war, den sie sich immer ersehnt, aber durch all ihre Demütigungen und Schläge vorher niemals erreicht hatte: Mein völliges Ausgeliefertsein an sie. Die wenigen Andeutungen meinerseits, mit denen ich meinen Willen gelegentlich bekundete, wurden unter Hinweis auf meine schwere Erkrankung nicht weiter beachtet oder durch entsprechend hohe Gaben an Beruhigungsmitteln oder entsprechenden Zäpfchen brutal unterdrückt. Nichts war ihr zu viel, sie verausgabte sich wie ein Engel der Barmherzigkeit und der Krankenpflege und entmündigte mich in einer Vollständigkeit wie nie zuvor. Sie wusch, badete, cremte, puderte und windelte mich, sie fütterte mich und sorgte dafür, dass ich genug trank. Sehr oft hörte ich von ihr in dieser Zeit, wenn ich lichte Momente hatte, einen Satz, wie ich ihn niemals vorher von ihr gehört hatte: „Du bist doch mein lieber Junge!" Ich habe diesen Satz aber damals (und tue es auch heute) nicht als eine Liebesbezeugung gewertet, sondern als das, was es wirklich war: Als eine andere Art der Formulierung meiner völligen Kapitulation vor ihr.

Die Krise

„Das Wort Krise setzt sich im Chinesischen aus 2 Schriftzeichen zusammen. Das eine bedeutet Gefahr und das andere Gelegenheit."

John F. Kennedy

Es war Anfang September 1964 und langsam näherte sich mein Geburtstag. Und in dieser Phase begann meine Mutter einen entscheidenden „Fehler", der mir im übertragenen Sinne das Leben rettete. Da sich zu meinem 16. Geburtstag Verwandte zu Besuch angekündigt hatten, setzte meine Mutter wenige Tage vor meinem Geburtstag die Beruhigungsmittel in ihrer Dosierung herunter, sodass ich wieder mehr von meiner Umgebung mitbekam. Körperlich hatte ich mich in den vergangenen Monaten erholt, auch wenn ich durch das viele Liegen ein wenig schwach auf den Beinen war. Auch mein Geist und meine Seele waren ein wenig zur Ruhe gekommen. Aber wie in einem Schneisen-erlebnis, wenn sich vor einem der Wald auftut und man die vor Augen liegende Lösung im grellen Schein eines Blitzes erkennt, so erkannte ich, dass ich nur dann eine Chance hatte zu überleben, wenn es mir gelang, zum ersten Mal in meinem Leben die Oberhoheit über mich zu gewinnen. In der Folgezeit nahm ich zwar bereitwillig die Beruhigungsmittel in den Mund, die meine Mutter mir reichte, aber kaum hatte meine Mutter mein Zimmer verlassen, spuckte ich sie wieder aus und warf sie aus meinem Dachfenster in die Dachrinne. Langsam, aber stetig erwachten meine Lebenskräfte neu, bis das vor meiner Mutter nicht mehr zu verbergen war. Zwar hatte sich mein Körper inzwischen dermaßen an die Beruhigungs- und Schlafmittel gewöhnt, dass ich völlig ohne sie nicht mehr auskommen konnte, aber mein Geist fing an, immer klarer, wacher und zielstrebiger zu arbeiten. Ich dachte oft an Hans-Christoph zurück und beschloss, seinem Rat zu folgen und niemals aufzugeben. Und etwas sehr Merkwürdiges, etwas Seltsames geschah: Je selbstständiger ich wurde, je mehr ich meine Eigenständigkeit betonte, desto mehr wich meine Mutter zurück, desto weniger wagte sie, sich mir in den Weg zu stellen und schon nach kurzer Zeit gewann ich ein Stück Eigenständigkeit und dies akzeptierte meine Mutter ohne jede Gegenwehr. Ich glaube, dass sie meine Entschlossenheit spürte, die sie von früher her gar nicht kannte und dass sie von daher ahnte, dass die alten Disziplinierungsmaßnahmen nun nichts mehr fruchten würden. In den folgenden Monaten war ich jeden Tag unterwegs, zunächst waren es nur kleine kurze Wege, dann wurden sie, je mehr ich wieder zu Kräften kam, länger und länger. Ganze Wälder in der Umgebung von Bremen durchwanderte ich. Ich dachte viel über mein bisheriges Leben nach und wenn mich der Schmutz und der Dreck meines Lebens übermannten, schrie ich meine Wut, meinen Zorn, meine Empörung über das mir Geschehene hinaus. Während meiner Märsche und Wanderungen stellte ich mich auch der Frage, die schmerzhaft, aber notwendig war: Was hatte ich dazu beigetragen, dass mir so viel Böses geschah? Welche Schuld (nicht moralisch oder strafrechtlich) hatte ich daran, dass jeder gemeint hatte, sich an mir vergreifen zu dürfen?

Und als ich mich dieser Frage in aller brutalen Offenheit und bedingungslosen Ehrlichkeit stellte, erkannte ich:

Erstens: Ja, ich trug eine große Mitschuld: Meine Ängstlichkeit, mein weinerliches Auftreten, mein Wimmern und Heulen, schon bevor mir überhaupt einer etwas getan hatte, mein Spruch, den ich immer äußerte, wenn mir einer zu nahe kam: „Bitte, bitte tu mir nichts!“ musste ja geradezu wie eine Einladung auf die anderen Menschen gewirkt haben.

Zweitens: Ich erkannte aber auch, dass ich nicht anders in meiner Situation hatte handeln können. Lieber Leser, ich bitte, mir den folgenden Vergleich zu verzeihen, aber manchmal sind offene Worte das Einzige, um die Wahrheit verdeutlichen zu können:

Wenn man sich wie ich von klein auf wie ein Stück Dreck, wie ein Stück Scheiße fühlt und der Umgebung auch den Eindruck vermittelt, dass man nur ein Stück Scheiße ist, dann darf man sich wundern, wenn man auch jede Menge Schmeißfliegen anzieht.

Ein guter Freund von mir, seines Zeichens Professor für Forensische Psychiatrie und Psychologie, den ich auch einmal danach fragte, warum gerade mir eine solch unglaublich Menge am Bösem widerfahren sei, hatte eine andere, einfache, aber durchaus einleuchtende Erklärung für dieses Phänomen: „So hart das auch klingen mag, lieber Alexander, so hart Du das als Ungerechtigkeit des Schicksals auch empfinden magst und so sehr Du deswegen mit Gott hadern magst, die Erklärung für all das Böse, dass Du erlitten hast, ist eigentlich ganz simpel: So wie es einige Menschen auf diesem Planeten gibt, die in ihrem Leben niemals Gewalt, Missbrauch und Demütigung erfahren und deren Leben eher dem Wandeln auf einer Bahn der Freude gleicht, so gibt es eben auch einige Menschen auf dieser Welt, - und das gebietet schon die wissenschaftliche Logik -, deren Leben eine einzige Anhäufung von Demütigungen, Erniedrigungen, Gewalt und Missbrauch ist. Du bist – streng wissenschaftlich gesehen - nichts Besonderes, Du bist eben nur der Ausreißer nach unten auf der breiten Skala von Plus und Minus."

Das Dritte, was ich erkannte, war, dass die einzige Möglichkeit, die es gab, mit der Vergangenheit positiv umzugehen, die war, aus den eigenen Erfahrungen zu lernen und jungen Menschen zu helfen, stark und selbstständig zu werden, damit sie nicht das Opfer von sexuellem Missbrauch und demütigender und quälender Gewalt werden.

Auch zu diesem Punkt äußerte mein Freund, der Professor seine interessante Meinung: „Lieber Alexander", so sagte er eines Tages zu mir, „du darfst als ein Zeichen der Hoffnung gelten. Als ein Zeichen der Hoffnung deswegen, weil Du der lebende Beweis dafür bist, dass Gewalt nicht neue Gewalt, Demütigung nicht neue Demütigung und Missbrauch nicht neuen Missbrauch bedeuten muss. Du widersprichst eigentlich allen unseren wissenschaftlichen Thesen. Aus Dir hätte nach dem, was Du alles erlebt und erlitten hast, entweder ein Serienkiller oder ein

Amokläufer werden müssen, stattdessen sind Dein ganzes Streben und Bemühen darauf ausgerichtet, Deine beschissene Kindheit und Jugend hinter Dir zu lassen und jungen Menschen dabei zu helfen, dass sie niemals ein ähnliches Schicksal erleiden müssen wie Du."

Der Neuanfang

„Ein Neuanfang ist ein unbekannter Weg, der manchmal ein wenig Angst einflößt. Wie der Weg aber endet, ob in der Verzweiflung oder im Glück, können wir nur herausfinden, indem wir den Weg gehen."
Alexander Rykow

Ende Dezember 1964 suchte ich aus eigenen Stücken in Begleitung meiner Mutter meine alte Schule auf und bat den Schulleiter darum, wieder zur Schule gehen zu dürfen.
Mein langes Kranksein hatte den unschätzbaren Vorteil, dass ich nun in der Schule eine Klasse zurückgestuft wurde und mich so aus der bisherigen Klasse lösen konnte, die mich rund vier Jahre regelmäßig geschlagen, gedemütigt und erniedrigt hatte.
Ich gebe zu, ich zitterte innerlich mit jeder Faser meines Körpers, als ich meine neue Klasse zum ersten Mal betrat. Ich befürchtete tief in meinem Inneren, erneut in einen Treufelskreis der Gewalt und der Erniedrigung zu geraten. Obwohl ich in meiner neuen Klasse der Älteste war, sah ich aufgrund meiner körperlichen Entwicklung aus wie der Jüngste in dieser Klasse aus. Vielleicht habe ich in den Schülern und Schülerinnen dieser Klasse so etwas wie einen bergenden Beschützerinstinkt geweckt, vielleicht war es auch das Gute im Herzen dieser Schüler und Schülerinnen, das durch meine Person angesprochen wurde. Jedenfalls waren sie alle ohne Ausnahme von Anfang an sehr freundlich, hilfsbereit, kooperativ und beschützend zu mir und etwaige Übergriffe aus meiner alten Klasse musste ich nicht be-

fürchten. Dabei hatte es die neue Klasse im ersten Vierteljahr nicht leicht mit mir, konnte ich doch meine alten Verhaltensweisen der Ängstlichkeit nicht sofort ablegen und so dauerte es eine ganze Weile, bis ich begriff, dass sich hinter der mir gegenüber gezeigten Freundlichkeit echte Menschlichkeit verbarg, und bis ich verstanden hatte, dass hinter den mir gegenüber geäußerten Einladungen, die verschiedenen Klassenkameraden und Klassenkameradinnen zu Hause zu besuchen, echtes menschliches Interesse an mir steckte und keineswegs, wie zunächst von mir in Erinnerung an meine alte Klasse vermutet, der Wunsch, eine ausgeklügelte, vorbereitete Gewalttat an mir zu verüben. Endlich fand ich auch in der Schule vermehrt Freunde und endlich, welch herrliches, zu umarmendes Glück: Ich konnte jeden Tag ohne lähmende Angst, ohne tiefe Furcht, mit einem strahlenden Lächeln auf den Lippen und mit leuchtender Freude im Herzen zur Schule gehen. Manchmal erfüllte mich deswegen eine Freude, dass ich das Gefühl hatte, es könne mir die Brust zerreißen und ich hätte in solchen Augenblicken am liebsten meine ganze neue Klasse umarmt. Sogar eine Freundin lernte ich in dieser neuen Klasse kennen und lieben.

Nur bisweilen beschlich mich ein wenig Wehmut, wenn ich an Hans-Christoph dachte, aber ich war mir sicher, er würde sich mit mir freuen über mein neues unerwartetes Glück. Erst viele Jahre später erfuhr ich auf einem Klassentreffen dieser menschlich so wunderbaren Klasse die ganze Wahrheit…

Auf diesem Klassentreffen lobte ich die damalige vorbildliche Haltung der Klasse und bedankte mich im Nachhinein noch einmal auf das Herzlichste dafür, dass sie mich so freundlich und hilfsbereit aufgenommen hatten. Da schaltete sich Georg Hausner ein und sagte zu mir: „Das ist zu viel der Ehre, wir waren damals nicht so vorbildlich, wie Du uns jetzt hinstellst. Sehr negativ beeinflusst durch die Klasse, in der du zuvor gewesen warst und die Dich über Jahre gequält, gefoltert, misshandelt

und gedemütigt hatte, hatten wir uns, nachdem wir gehört hatten, dass Du nach Deiner schweren Erkrankung in unsere Klasse kommen solltest, alle zusammengesetzt und gemeinsam beschlossen, dass wir Dich nicht in unserer Klasse haben wollten. Diesen Klassenbeschluss teilte ich als Klassensprecher unserem Klassenlehrer Herrn Bohn mit. Zu unser aller Erstaunen widersprach er uns nicht, ja, er meinte sogar, er werde unsere Entscheidung vollkommen akzeptieren, allerdings nur unter einer Bedingung: Er habe unsere Klasse als Ganzes und jede einzelne Schülerin und jenen einzelnen Schüler dieser Klasse als einen feinen, nachdenklichen, moralisch hochwertigen und sozial engagierten Menschen kennengelernt. Er selbst werde persönlich dafür sorgen, dass unserer Entscheidung, den Alexander nicht in die Klasse aufnehmen zu wollen, Geltung verschafft werde. Allerdings erwarte er, dass die ganze Klasse und jeder Einzelne in ihr zuvor dem Alexander erst einmal ein Vierteljahr eine echte faire Chance einräume. „Ich verlange nicht mehr und nicht weniger von euch", fuhr Herr Bohn fort, „als dass ihr euch selber ein Bild von dem Alexander macht. Wenn ihr dann nach dem Vierteljahr tatsächlich immer noch der Meinung seid, der Alexander gehört nicht in unsere Klasse, werde ich persönlich dafür sorgen, dass er umgehend die Klasse wieder verlassen muss."
Ich war tief berührt über diese Ehrlichkeit, aber sie warf keinen Schatten auf das Bild dieser wunderbaren Klasse, in der ich damals in meiner Schulzeit in den folgenden Monaten und Jahren viele glückliche Stunde, Tage, Wochen, Monate und Jahre erleben durfte, aber darüber zu berichten, ist den folgenden Kapiteln vorbehalten.

Zeit des Aufbruchs

Kapitel 13

1965

Gott Bacchus und die Dichterhöhle

„Ich ging in die Wälder, denn ich wollte wohlüberlegt leben, intensiv leben wollte ich, das Mark des Lebens in mich aufsaugen, um alles auszurotten, was nicht Leben war, damit ich nicht in der Todesstunde innewürde, dass ich gar nicht gelebt hatte."
Henry David Thoreau

In meiner Studienzeit in Göttingen wurde eine besonders schöne Tradition begründet, die auch heute noch dort gepflegt wird. Immer pünktlich zur Nikolauszeit wurde in etlichen Hörsälen der Universität der Film „Die Feuerzangenbowle" mit Heinz Rühmann gezeigt. Diese Filmabende gehören zu meinen schönsten Erinnerungen an meine Studienzeit. Die Erlebnisse des Dr. Pfeiffer, der, als Schüler verkleidet, noch einmal eine Schule besucht, haben uns Studenten damals zu Lachstürmen hingerissen. Besonders von der „alkoholischen Gärung" zeigten wir uns sehr angetan.
Auch in der Gegenwart haben sich zahlreiche Kino- und Fernsehfilme in humorvoller und auch in ernster Auseinandersetzung mit dem Thema Schule beschäftigt.
Ein Film hat in diesem Zusammenhang ganz besonderes Aufsehen erregt und zwar der Film „Der Club der toten Dichter". Der Film handelt von dem Lehrer Keating und seinen Schülern an einer sehr traditionsbewussten Schule. Lehrer Keating handelt anders als seine Kollegen. Er lässt sich von seinen Schülern mit „O Käpten, mein Käpten!" anreden, er zelebriert Gedichte auf eine wundervolle künstlerische Art und Weise, er fordert seine

Schüler nachdrücklich dazu auf, ein seiner Meinung nach unbrauchbares Kapitel zur Lyrik, nach dem sich der Wert von Gedichten mittels eines Koordinatensystems ermitteln lässt, aus ihren Büchern herauszureißen, er ermutigt sie zu selbstständigem Denken und er versucht, ihnen in der Eingangshalle vor den Bildern ehemaliger Absolventen eine neue, eine zukunftsgerichtete eigenständige Lebensphilosophie zu vermitteln: „Carpe Diem! Nutze den Tag! Macht etwas Außergewöhnliches aus Eurem Leben!“. Um den Schülern die Vorteile des möglichen Perspektivenwechsels zu verdeutlichen, fordert er sie auf, einzeln auf das Pult des Lehrers zu steigen und somit den Klassenraum aus einem anderen, einem neuen Blickwinkel zu betrachten. Der Schüler Neil begreift den Wert dieser Prinzipien für die Schüler in besonderer Tiefe und verinnerlicht sie besonders stark und er entdeckt in einem alten Jahrbuch der Schule, dass der Lehrer Keating in seiner Schulzeit Mitglied im ‚Club der toten Dichter‘ gewesen ist, einem „Geheimbund“, dessen Mitglieder sich in nächtlichen Sitzungen in einer Höhle fremde oder selbst geschriebene Gedichte vorlasen. Sie verstanden sich als glühende Romantiker mit dem erklärten Ziel, „das Mark des Lebens in sich aufzusaugen“.

Ich hatte das große Glück, ja fast möchte ich sagen, mir widerfuhr die große Gnade, dass wir in unserer Abitur-Abschlussklasse einen ähnlich engagierten Lehrer hatten wie Mister Keating, unseren engagierten Klassenlehrer, Herrn Bohn. Wir trafen uns allerdings nicht in schummrigen Höhlen und auch nicht verbotenerweise, sondern unsere Dichterhöhle war der Bremer Ratskeller und hier insbesondere der dortige „Bacchuskeller“. Dieser Keller war unser bevorzugter wöchentlicher Treffpunkt und für uns ein Ort der geistigen Inspiration und des weinseligen Glücks. Dort verbanden wir das Nützliche und Ernsthafte, die Beschäftigung mit der Literatur, mit dem Angenehmen und Betörenden, der „alkoholischen Gärung“. Jede Woche trafen wir uns dort regelmäßig am späten Nachmittag zu unserer kreativen Literaturarbeitsgemeinschaft. Dazu waren alle Schüler und Schülerinnen unserer Klasse, aber auch deren Freunde und Freundinnen herzlich eingeladen. In einer Ecke des großen Kellers, der sogenannten Schatzkammer, richteten wir mit emsiger Sorgfalt und steter Liebe zum Detail eine kleine provisorische Bühne ein, auf der wechselweise Gedichte, - eigene und klassische -, vorgetragen und kleine Theaterstücke aufgeführt wurden. Wichtig war bei den Aufführungen auf dieser kleinen improvisierten Bühne, dass jeder aus unserer Klasse seinen ureigensten Gefühlen freien Lauf lassen konnte, seinen eigenen inneren Intentionen nachgeben konnte und sich in den kleinen Theaterstücken oder beim Vortragen der Gedichte selbst verwirklichen konnte. Und während wir den Gedichten lauschten und uns den Theaterstücken hingaben, genossen wir das ritterliche, deftige Essen und durch unsere Kehlen rann aus schweren Pokalen mancher Liter süßen Rotweins, der uns zu Kopf stieg, aber auch die Zunge löste und so manche innere Hemmungen beseitigte, was unserem Theaterspielen und den Gedichtakklamationen sehr zugute kam. Je weiter die Stunde des Tages fortschritt, desto mehr wechselten wir von klassischen Gedichten zu Liebesoden und von klassischen Theaterstücken zu eigenen Improvisationen, indem wir freudetrunken und weinselig vor allem unsere eigenen Freundinnen anbeteten. Bunte Kleider unserer Schwestern, die nicht mehr gebraucht wurden, dienten uns als Theaterstaffage, als Verkleidung für unsere kleinen Aufführungen. Andere Schüler brachten weiße Bettlaken von Zuhause mit, die uns, kühn um die männlichen Schultern geworfen, als römische Toga dienten, um alsbald klassische Gedichte zu deklamieren: ***„Zu Dionys, dem Tyrannen, schlich Damon, den Dolch im Gewande, ihn schlugen die Häscher in Bande. Was willst du mit dem Dolche, sprich, entgegnet ihm finster der Wüterich. Die Stadt vom Tyrannen befreien, das***

sollst du am Kreuze bereuen. Ich bin, spricht jener, zu sterben bereit..." Friedrich Schillers Bürgschaft war eines, ja vielleicht sogar das Lieblingsgedicht in unserer Abiturklasse.

Unsere damaliger Deutschlehrer, Herr Udo Bohn, unterstützte unsere tiefe Leidenschaft für die Lyrik und das Theater, wo immer er konnte. Herr Bohn war ein sehr guter Deutschlehrer, der uns ungewöhnlich viel beigebracht hat und auch immer ein offenes Ohr für unsere eigenen, oft wirren Gedanken und widerstrebenden Vorstellungen besaß. Er öffnete uns helle Türen zum Verständnis der Lyrik und offenbarte uns die zeitlose Schönheit, die tiefen Gefühle und feine Erotik der Liebesgedichte. Eines Tages, ganz unerwartet, brachte er uns ein längeres Gedicht des noch lebenden Dichters Markus Anzensberger mit. Wir Schüler bekamen nun von ihm die knifflige und unser ganzes erworbenes Wissen fordernde Aufgabe, über dieses Gedicht eine gründliche Analyse und inhaltliche Interpretation zu schreiben und dabei all das anzuwenden, was wir in den letzten Jahren im Deutsch-Unterricht dazu gelernt hatten. Jeder von uns Schülern und Schülerinnen nahm zu Hause das Gedicht „auseinander". Wir analysierten allein und in Gruppenarbeit sehr gründlich, was der Dichter mit diesem und jenem Worte habe aussagen und vor allem als Botschaft habe verkündigen wollen. Wir untersuchten ebenso genau, warum dieses oder jenes Wort an welcher Stelle mit welcher Absicht stand und jeder von uns brachte zum Schluss zu Papier, was der hehre Dichter seiner Meinung nach mit dem Gedicht habe aussagen wollen. Nach 14 Tagen intensiver Beschäftigung mit dem Gedicht trugen wir unsere Ergebnisse zusammen und in einem besonderen Workshop an einem Samstagabend in dem Bacchuskeller tauschten wir uns über unsere Ergebnisse gegenseitig aus. Als Krönung des Workshops trug anschließend unser Deutschlehrer seine Ergebnisse über das auch von ihm analysierte Gedicht vor. Das Besondere war nun dies: Der noch lebende Dichter Markus

Enzensberger war wenige Wochen später in Bremen zu Besuch, weshalb unser Lehrer vorausschauend gerade ihn für diese unsere Interpretation ausgewählt hatte und es gelang unserem Deutschlehrer dank seines freundlichen Wesens und seiner Überzeugungskraft, Herrn Enzensberger in den Bacchuskeller einzuladen und unser Gast zu sein. Wir waren auf seinen Besuch so gespannt wie ein Flitzebogen und warteten nun ungeduldig darauf, was er zu unseren, sorgsam und mit viel Mühe und in mancher Nacht ausgearbeiteten Interpretationen sagen würde. Wir trugen ihm, um ihn nicht über Gebühr zu langweilen und seine Geduld zu strapazieren, sehr gerafft all unsere Ergebnisse und Interpretationen vor, - zuerst wir Schüler, zuletzt unser Deutschlehrer -, und wir harrten nun voll Spannung, die wie Elektrizität in der Luft knisterte, darauf, was Herr Enzensberger nun äußern würde, vor allem hofften wir, nun zu hören, was er sich denn nun bei seinem Gedicht gedacht hatte. Und so hingen wir wie gebannt an seinen Lippen und lauschten jedem Worte, das sich aus seinem Munde stahl. Man hätte eine Stecknadel fallen hören können, so still, so fast andächtig waren alle Schüler in Erwartung dessen, was uns der Dichter Enzensberger zu sagen hatte. Herr Enzensberger hatte ein sehr freundliches, gütig wirkendes Gesicht und er blickte hin und her in die Runde und sein milder, leicht lächelnder Blick wanderte mehrere Sekunden, die sich für mich fast zu halben Ewigkeiten dehnten, über die Köpfe von uns Schülern und Schülerinnen hin.
Endlich entspannte sich sein nachdenkliches Gesicht und es huschte ein feines Lächeln über sein Gesicht und voll innerer Spannung hörten wir ihn sagen:
„Liebe junge Freunde, es tut mir unendlich leid, ich habe mir bei dem Gedicht gar nichts gedacht, es ist mir an einem wunderschönen stillen Sommerabend einfach nur so aus der Feder geflossen.“
Ich sehe es noch, als wäre es gerade erst gestern gewesen, wie im

Kopf eines jeden Schülers, einer jeden Schülerin und auch unseres Lehrers die hehren Gedankengebäude unserer „klugen" Interpretationen zusammenstürzten und auf dem harten Boden der Wirklichkeit zerschellten.

Erst begann ein Schüler leise zu lachen, dann ein zweiter etwas lauter, dann eine Schülerin, dann eine zweite...,- das Lachen breitete sich immer weiter aus wie eine mächtige Woge und erfasste die ganze Klasse, den Dichter und unseren Lehrer, wälzte sich aus der Schatzkammer durch den Bacchuskeller und entlud sich in einem gewaltigen Lachdonner auf dem angrenzenden Marktplatz und zum ersten Mal in meinem Leben erfuhr ich, was man unter einem „Homerischen Gelächter" verstand. Wir lachten und es grenzte fast an ein Wunder, dass der Ratskeller und mit ihm das altehrwürdige Rathaus nicht einstürzten wie die Mauern von Jericho.

Es war ein herrlich befreiendes Lachen.

Kapitel 14

1965

We are the champions - Werder Bremen und mein erstes Mal

„Glaube an das Unmögliche und das Unmögliche wird wahr!" Ralph Krüger

Es war im Wonnemonat Mai des Jahres 1965, genau genommen am 16. Mai 1965, einem Sonntag.
Ein warmes, zartes Lüftchen, getränkt mit frischen, wohlriechenden Blütendüften, durchzog wie ein feiner Nebel die fast menschenleeren Bremer Straßen. Ruhig, beschaulich und hanseatisch vornehm vollzog das Leben in Bremen seinen gewohnten Gang.
Doch nein, so ganz stimmte das nicht, mitten in Bremen, dort wo der historische Marktplatz, das altehrwürdige Rathaus und der wuchtige Dom eine Tangente der hanseatischen Zuverlässigkeit und bremischen Gelassenheit bilden, dort brodelte es gewaltig, dort tobte der Bär, dort schwappte das pulsierende Leben aus der vornehmen hanseatischen Fassung.
Was war so Unglaubliches geschehen?
Werder Bremen war zum ersten Mal in seiner Vereinsgeschichte Deutscher Fußballmeister geworden und aus ganz Bremen und um zu, wie der Bremer sagt, strömten die begeisterten Fans mit Bus und Bahn, mit Fahrrad und zu Fuß auf den Bremer Marktplatz zu Tausenden und Abertausenden, um dieses historische Ereignis ausgiebig gemeinsam zu feiern. Die abgekämpften, aber überglücklichen Spieler des neuen Deutschen Meisters standen hoch oben auf dem altehrwürdigen Rathausbalkon, reckten vol-

ler Stolz die große schwere Meisterschale wieder und wieder in die Höhe und ließen sich immer aufs Neue von ihren begeisterten Fans feiern, deren Jubelstürme wie Wellen immer wieder neu aufbrandeten und überhaupt kein Ende finden wollten. Und während auf dem Marktplatz sogenannte fliegende Händler mit ihren Bauchläden herumliefen und mit ihren lauten und weithin vernehmbaren Rufen „Heiße Würstchen, heiße Würstchen" ihre Würstchen, Getränke und manches Knabbergebäck an die Frau und den Mann brachten und mancher Fan schon bierselig zu grölen anfing, feierten die müden, aber glücklichen Spieler auf dem Rathausballon ihren verdienten Erfolg mit mancher Flasche Sekt, den sie teils tranken, teils sich aber auch siegestrunken gegenseitig über die Köpfe gossen.
Die gesamte Saison der Fußballbundeliga 1964/1965 pilgerte ich zusammen mit einigen befreundeten Klassenkameraden und meiner Freundin Petra, die ich in meiner neuen Klasse kennengelernt, schätzen und lieben gelernt hatte, bei jedem Wind und Wetter, bei stechender Sonne, peitschendem Regen, klirrender Kälte und rutschigem Schnee zu jedem Heimspiel ins Weserstadion und wir jubelten gemeinsam unseren damaligen Idolen zu. Wir feuerten sie an, bis wir heiser waren und unsere Stimmen versagten, wir peitschten sie mit unseren Anfeuerungsrufen nach vorne und versuchten, ihnen auch in schwierigen Situationen als Fans Mut zu machen.
In einem Fahrradladen hatte ich mir eine Fahrradhupe erstanden. Diese Fahrradhupe sah vorne aus wie ein Signalhorn und hinten war ein großer Ball befestigt. Wenn man diesen kräftig zusammendrückte, gab die Hupe ein sehr lautes, trötendes Geräusch von sich. Bei der letzten Fußballweltmeisterschaft in Juni 2010 in Südafrika erinnerten mich die dort benutzten und im Fernsehen nicht zu überhörenden Vuvuzelas ein wenig an das damalige Geräusch der Fahrradhupe. Eigentlich war es streng verboten, diese Hupen mit ins Stadion zu nehmen, aber meine

Freundin schmuggelte die Hupe jedes Mal mit einem charmanten Lächeln an den Kontrolleuren vorbei.

Sitzplätze konnten wir uns damals nicht leisten und überdacht waren die Stehplätze damals auch noch nicht. Wenn es regnete, habe ich das sogar ganz besonders genossen. Bei Regenwetter brachte ich den alten langen Regenmantel meines verstorbenen Stiefvaters mit ins Stadion, meine Freundin und ich stellten uns dann ganz eng nebeneinander und zogen den Mantel an, indem sie mit ihrem linken Arm in den linken Ärmel und ich mit meinem rechten Arm in den rechten Ärmel schlüpfte. Unsere Klassenkameraden, die außerordentlich verständnisvoll waren, knöpften dann den Mantel vorne zu. So konnten wir gemeinsam die Mannschaft des SV Werder Bremen anfeuern und uns gleichzeitig gegenseitig wärmen und miteinander kuscheln.

Entscheidend war für uns vor allem das gemeinsame Erlebnis in der Gruppe.

In der damaligen Saison spielte der SV Werder Bremen neben etlichen Siegen auch einige Male zu Hause unentschieden, aber eine Niederlage haben wir in der Saison nicht erlebt.

Ich denke gerne zurück an die großartige Mannschaft mit Günter Bernard im Tor, mit Horst-Dieter Höttges, genannt der Mann mit dem Eisenfuß, wegen seiner kompromisslosen Art zu verteidigen, mit Max Lozenz und Seppl Piontek in der Verteidigung und vor allem Klaus „Zick-Zack" Matischak im Angriff, um nur einige wenige zu nennen. Erwähnen muss ich aber auch noch den legendären Werder-Trainer der damaligen Meistermannschaft, Willi „Fischken" Multhaupt.

Nach diesem kleinen Ausflug in die Annalen von Werder Bremen kehre ich wieder zurück auf den Bremer Marktplatz.

Angrenzend an den historischen Marktplatz ragte der damals noch unfertige Neubau des Bremer Bürgerschaftshauses in den azurblauen und von der Sonne durchfluteten Himmel. Um einen besseren Überblick über das Geschehen auf dem Marktplatz und dem Rathausbalkon gewinnen zu können, zwängte ich mich zusammen mit meiner Freundin Petra durch ein kleines schmales Loch im Bauzaun, wobei uns beiden endlich einmal die geringen Ausmaße und der schlanke Umfang unserer Körper zugutekamen. Wir waren zwar beide schon 16 Jahre alt, sahen aber erheblich jünger aus. Auf dem Rücken trugen wir zwei Rucksäcke, denn wir hatten uns zwei große Wolldecken als Unterlage zum gemütlichen Sitzen mitgenommen und ausreichend Verpflegung in Form von Frikadellen, belegten Broten und Apfelsaft organisiert, um auf dem noch unfertigen Dach des Bremer Bürgerschaftshauses ein Picknick veranstalten und gleichzeitig die jubelnden Spieler und die feiernden Fans mithilfe eines mitgebrachten Fernrohrs aus der Vogelperspektive beobachten zu können. Wir schlichen vorsichtig und ohne dass uns jemand bemerkte, zu dem etwas wackligen und wenig vertrauenswürdigen Baugerüst, hangelten uns halsbrecherisch von Leiter zu Leiter, von Stockwerk zu Stockwerk, bis wir endlich, ein wenig aus der Puste, das Dach des neu erbauten Hauses erklommen hatten. Für unsere Mühen wurden wir dort oben mit einem prächtigen, unversperrten Überblick über das brodelnde, jubelnde Geschehen tief unter uns belohnt. In dieser Stunde der Freude und der überschäumenden Begeisterung saßen wir da oben auf dem Dach, eng umschlungen, Körper an Körper, Schulter an Schulter, Kopf an Kopf, fest aneinandergeschmiegt, nur misstrauisch beäugt von einigen frechen Spatzen, und wir genossen unseren Logenplatz in vollen Zügen, während wir tief unter uns die anderen Werderfans, darunter etliche Klassenkameradinnen und Klassenkameraden, auf dem Marktplatz erblickten. In der folgenden Stunde war ich innerlich immer wieder hin und her gerissen zwischen dem Anblick der begeisterten Fans und der überglücklichen Werder-Spieler und dem wunderschönen Aussehen meiner Freundin.

Ihre zarte blassrosa Gesichtshaut, ihre schmalen roten Lippen, ihre leuchtenden blauen Augen, ihr feines spitzbübisches Lächeln und ihr ansteckendes fröhliches Lachen ließen mich immer mehr alles um mich herum vergessen.

Liebe war für mich etwas völlig Neues, etwas Überwältigendes, noch nie Dagewesenes. Ich hatte vorher in meinem Leben nur wenige Male erlebt, was Zärtlichkeit bedeuten kann. Ich erinnerte mich noch das wunderbare Gefühl, das meinen Körper durchpulste, wenn Franziska, meine erste Freundin, und ich kuschelten, wenn wir in dem Verschlag unter der Treppe des Hauses, in dem unsere Familien wohnten, wie Klammeräffchen aneinanderhingen und uns gegenseitig streichelten und so uns das an Liebe gegenseitig verschafften, was wir zuhause nicht bekamen.

Mit Petra war das ganz anders, das war eine neue, mir völlig unbekannte Dimension.

Wenn ich sie im Unterricht ansah (wir saßen nebeneinander), konnte es geschehen, dass mich der jeweilige Lehrer durch seine Fragen mit einem Schmunzeln in die Wirklichkeit zurückholen musste. Ich war dann in mich völlig versunken, es war, als wenn die Welt um mich herum nicht mehr existierte und ich nur noch auf meine Freundin fokussiert war. Wenn wir im Ratskeller unsere Gedichte aufsagten oder unsere kleinen Theaterstücke spielten, waren oft 30 oder 40 Zuschauer anwesend, ich aber sah nur ein wunderschönes Gesicht in der Menge und vergaß so manches Mal fast meinen Text.

Kaum war ich aufgestanden und kaum hatte ich gefrühstückt, erfasste mich eine tiefe unstillbare Sehnsucht nach meiner Freundin und kaum wurde ich ihrer ansichtig, schwirrten die bunten Schmetterlinge wie wild in meinem Bauch und in meinem Kopf brach ein regelrechtes Chaos aus, denn einerseits sollte ich vernünftig denken und mich am Unterricht beteiligen und andererseits konnte ich doch meinen Blick kaum von ihr wenden. Es konnte geschehen, dass ich z.B. ein Referat halten sollte, aber schon beim ersten Blick auf meine Freundin alles vergessen hatte, was ich eigentlich zu sagen hatte und so musste ich mich krampfhaft an meinen schriftlichen Ausführungen festhalten und diese vorlesen, obwohl die Hauptaufgabe des Referats eigentlich darin bestand, das Sprechen in freier Rede zu üben. Zum Glück hatte ich in dieser Klasse außerordentlich verständnisvolle Lehrer, die mit einem Lächeln und Schmunzeln darüber hinwegsahen, dass ich so verliebt war.

Petra war ein wundervoller Mensch. Sie vermittelte mir vom ersten Tag an, als wir uns kennenlernten, das Gefühl, gemocht zu werden, etwas wert zu sein. Ihr war wichtig, was ich dachte, fühlte, wollte, mochte und niemals habe ich erlebt, dass sie eine abfällige Bemerkung gemacht hätte. Zum ersten Mal in meinem Leben fragte mich ein Mensch um Rat und war es einem Menschen wichtig, dass ich bei ihm war.

Eine neue, eine wundervolle, eine unbekannte Welt tat sich mir auf.

Was allerdings die körperliche Liebe betraf, also die Sexualität, davon hatte ich überhaupt noch keine Ahnung und Petra erging es ebenso.

Als ich etliche Jahre später als junger Dozent an der Universität Göttingen eine männliche Handball-A-Jugend trainierte und mit dieser zwischen Weihnachten und Neujahr zu einem großen internationalen Turnier nach Göteborg reiste, - es muss zur Jahreswende von 1979 auf 1980 gewesen sein -, saßen wir abends oft noch gemütlich zusammen und unterhielten uns. Dabei kam es zu einem sehr ehrlichen und offenen Austausch unter uns und wir sprachen in dem Zusammenhang, - es handelte sich bei den Handballjugendlichen um 16- und 17-jährige Jungs -, auch über Sexualität. Diese Jugendlichen hatten, anders als wir früher, in der Schule Sexualkundeunterricht. Anhand eines Lehrbuchs lernten sie alle Vorgänge und Techniken der Sexualität kennen,

sie sprachen vom Vorspiel, vom Nachspiel, von Verhütung und berichteten mir von den unterschiedlichsten sexuellen Stellungen und Praktiken, von denen ich noch nie etwas gehört hatte. Als ich sie dann aber offen darauf ansprach, ob sie denn, einmal abgesehen von diesen theoretischen Ausführungen, tatsächlich schon einmal mit einem Mädchen geschlafen hätten, verneinten dies von den 18 Jungs alle, bis auf zwei. Ich war zutiefst erstaunt und ein wenig verwirrt, hatte ich doch genau das gegenteilige Ergebnis erwartet, denn ich war in meinem einfältigen Denken davon ausgegangen, dass das reichhaltige Wissen den jungen Leuten ihnen die erste sexuelle Begegnung mit einem Mädchen erleichtern würde. Aber in dem weiteren Gespräch wurde mir der Grund sofort deutlich: Sie wussten so viel über die Sexualität und über den Sexualakt, dass sie große Angst entwickelten, beim ersten Mal irgendetwas falsch zu machen und sich vor ihrer Freundin unsterblich zu blamieren und deshalb schoben viele von ihnen das erste Mal immer weiter vor sich her.
Petra und ich kannten diese Probleme nicht, wir waren zwar so weit aufgeklärt, dass wir wussten, wie Kinder gezeugt wurden, aber von Verhütung, Stellungen, Vor- und Nachspiel hatten wir keinerlei Ahnung. Auch hatten wir keine Angst, das voreinander zuzugeben. Das Einzige, was uns an der Sexualität nicht gefiel, waren die Ausdrücke, die teilweise für das Miteinander-Schlafen benutzt wurden. Wir hatten in unseren Gesprächen eine meiner Meinung nach liebevolle Bezeichnung gefunden, indem wir davon sprachen, man müsse beim Sexualakt den Stecker in die Dose stecken und das auf eine ganz liebevolle Weise, sodass beide dabei Spaß haben.
Als wir nun dort oben am Tag der Meisterfeier des SV Werder 1965 auf dem Dach des Bürgerschaftsgebäudes eng umschlungen auf unseren Decken hockten, hatten wir nicht vor, miteinander zu schlafen, aber je länger die Zeit voranschritt, desto weniger interessierten wir uns für das Geschehen auf dem Marktplatz

und desto mehr gaben sich meine Freundin und ich unserer innigen Liebe hin.
Ich werde diese wunderschönen Augenblicke niemals vergessen. Während Petra die Aktive war, welche die Initiative ergriff, ließ ich mich von ihr führen. Eine unserer Decken nutzten wir als Liegefläche, die zweite Decke breiteten wir über uns aus, sie verbarg uns völlig und schenkte uns die gewünschte Intimität. Ich ließ mich völlig führen. Ich weiß nur noch, dass mich ein wundervolles unbeschreibliches Gefühl erfüllte, als wir uns langsam und wie in Zeitlupe gegenseitig entkleideten. Wir nahmen uns sehr viel Zeit, um uns in aller Ausgiebigkeit zu streicheln und zu küssen, bis wir dann zueinander fanden. Diese Vereinigung, dieses Einssein mit dem geliebten Menschen, dieses eng Umschlungensein, diese gegenseitigen Umarmungen, diese zarten Liebkosungen und die gegenseitigen liebevollen Küsse ließen mich die ganze Welt um mich herum vergessen und ich blendete völlig aus, wo wir eigentlich waren und warum wir hier eigentlich hergekommen waren. Das beschriebene Geschehen wiederholte sich mehrfach. Und wenn wir dann vereint waren, war das, als wenn eine dritte Kraft spürbar sei, die ich als die Macht der Liebe bezeichnen möchte, so wunderschön, so gewaltig, so hinweg reißend empfand ich sie.
Erst Stunden später tauchten wir wieder aus unserem Rausch auf.
Beide waren wir schweißnass, beide waren wir glücklich, beide mit ganz vielen bunten Schmetterlingen im Bauch.
Keiner aber kann unsere Überraschung ermessen, als wir entdeckten, dass sich inzwischen der Marktplatz geleert und die Spieler des SV Werder vom Rathausbalkon verschwunden waren. Davon hatten wir nichts mitbekommen…

Kapitel 15

1966

Flucht in die DDR - Dennis Lobenicht

„Es ist unmöglich, die Fackel der Wahrheit durch ein Gedränge zu tragen, ohne jemandem den Bart zu versengen." Georg Christoph Lichtenberg

Dennis, einer der Schüler aus meiner neuen Klasse, war zu dem damaligen Zeitpunkt 16 Jahre alt und ein außergewöhnlich nachdenklicher und engagierter Mensch. Mit seiner kleinen Nickellesebrille, über deren Rand er bisweilen gedankenversunken und nachdenklich schaute, sah er aus wie ein kluger, weiser Professor und „Professor" war auch sein Spitzname.
Zu seinen Eltern hatte er ein durchaus schwieriges Verhältnis. Wenn er auch, anders als ich, zuhause niemals von seinen Eltern geschlagen und gedemütigt wurde, so galt doch auch bei ihm zuhause die damals nicht unübliche Erziehungsmaxime: "Solange du deine Füße unter unseren Tisch stellst, tust du das, was wir dir sagen!"
Immer dann, wenn er den Versuch unternahm, abends nach dem Abendessen mit seinem Vater eine politische Diskussion zu beginnen, kam es häufig zu wortreichen, lauten und kontroversen Auseinandersetzungen zwischen den beiden, die in der Regel damit endeten, dass sein Vater völlig uneinsichtig unbedingt Recht behalten musste und Dennis auf sein Zimmer schickte.
Während sein Vater in seiner Erziehung überaus streng und in seinem politischen Denken sehr konservativ war, war Dennis gegenüber anders denkenden Menschen sehr aufgeschlossen, ja fast möchte ich sagen, er war geradezu begierig, neue unbekann-

te Denkrichtungen kennenzulernen, andere Ansichten, die von seinen abwichen, zu durchdenken. Gerechtigkeit gegenüber allen Menschen, das war sein zentrales Thema, das Dennis in allen Gesprächen, in allen Diskussionen umtrieb.
„Wir brauchen etwas, für das es sich zu leben lohnt!", das war der Satz, den er immer wieder aufs Neue in mein Denken schleuderte und der sich mir unauslöschlich in mein Herz einbrannte.
Der Einsatz für eine menschlichere, gerechtere Gesellschaft, in der einer für den anderen eintritt und sich einsetzt, in der es nicht mehr diese gewaltige, ungerechte Kluft zwischen den Reichen auf der einen und den Armen auf der anderen Seite gibt, das war eines der hehren Ziele, die Dennis für würdig hielt, sich dafür mit aller seiner Kraft, seinem ganzem Herzen und seiner die Menschen liebenden Seele einzusetzen, dafür zu leben und zu arbeiten.
Um sich fundiert und gründlich eine eigene, persönliche Meinung zu bilden, verschlang Dennis nächtelang alles, was ihm zu diesen wichtigen, zentralen Themen in die Finger kam. So war er wohl der Einzige in unserer Klasse, der das „Kapital" von Karl Marx las, der sich aus Peking die Pekingrundschau in deutscher Sprache schicken ließ und der eifrig die Maobibel studierte.
Eines Tages, die Sommerzeit hatte mit ihrer wolligen Wärme, ihrem regenbogenbunten Blumenreichtum und der köstlichen Fruchtvielfalt bereits Einzug gehalten, lud er mich zu sich nach Hause zu einem kleinen Grillfest ein, bei dem wir uns an gegrillten Würstchen, gebratenen Frikadellen und saftigen Steaks labten.
Später gegen Abend sahen wir uns gemeinsam in der ARD einen sehr sachlich gehaltenen Filmbericht über die damalige DDR an.
In diesem für damalige Zeit außerordentlich bemerkenswerten Film, bemerkenswert deshalb, weil der Film nicht durch abwertende ideologische Vorurteile belastet war, wurde der schwieri-

ge, kaum lösbare Versuch unternommen, ein Versuch, der dem Tanz auf einer Rasierklinge glich, die tatsächlichen Verhältnisse in der DDR sachlich korrekt darzustellen durch eine Gegenüberstellung der positiven und der negativen Aspekte der sozialistischen Planwirtschaft und der sozialistischen Ideologie.

In diesem Film wurde bemerkenswerterweise auch von der bis dahin totgeschwiegenen Tatsache berichtet, dass es nicht nur einseitig Flüchtlinge aus der DDR in die damalige Bundesrepublik Deutschland gäbe, sondern dass es auch durchaus, - so unglaublich das auch erscheinen möge -, wenn auch in nur geringem Umfang, Menschen gäbe, die aus der Bundesrepublik in die DDR überwechselten. Es handele sich dabei durchaus nicht um moralisch minderwertige Menschen, wie man vorschnell urteilen können, die in der Bundesrepublik also etwas auf dem Kerbholz hätten, sondern es handele sich dabei sehr wohl um moralisch wertvolle Menschen, die aus tiefer persönlicher, innerer Überzeugung nicht mehr in der Bundesrepublik Deutschland leben wollten.

So wurde unter anderem von einem Mann berichtet, der in der verbotenen KPD der Bundesrepublik eine gehobene Stellung innehatte und sich in die DDR abgesetzt hatte, wo er mit zahlreichen Ehrungen und mit einem großen Fernsehauftritt empfangen wurde.

Ich glaube in meinem kritischen, nachdenklichen Rückblick auf die damaligen Jahre, dass dieser Fernsehfilm tief im Inneren von Dennis etwas ausgelöst, etwas losgetreten hat.

Nur wenige Tage später lud er mich erneut zu sich ein und weite mich in sein beschlossenes Vorhaben ein, sich von seinen Eltern trennen und in die DDR, - das für ihn „Gelobte Land" -, übersiedeln zu wollen. Nachdem er mich wort- und gestenreich in alle Einzelheiten eingeweiht hatte, nahm er mir das feste, unverbrüchliche Versprechen ab, über sein Vorhaben zu schweigen

wie ein Grab und ihm bei der Durchführung seiner gewagten Flucht behilflich zu sein.
Tief in meinem Herzen konnte ich Dennis sehr gut verstehen, sogar mehr, als er je ahnen konnte, tief in meinem Herzen beneidete ich ihn um seinen starken Mut und seine feste Entschlossenheit und tief in meinem Herzen ehrte mich sein offenes Vertrauen zutiefst.
Er hatte genau das vor, wozu ich nie den Mut aufgebracht hatte, nämlich auszubrechen und dafür bewunderte ich ihn…
In den folgenden Wochen wurden seine emsigen Planungen für die bevorstehende Flucht in die DDR immer konkreter. Dennis erkundigte sich sehr sorgfältig nach der entsprechenden Zugverbindung nach Hannover, von wo der Interzonenzug nach Berlin eingesetzt wurde.
Sonntagsabends, seine Eltern waren bei Bekannten zu Besuch, telefonierten wir noch einmal miteinander und ich fragte Dennis eindringlich, ob er sich das alles auch richtig und mit allen Konsequenzen überlegt habe, und ich weinte ein wenig, wusste ich doch, dass ich mit Dennis einen guten Freund verlieren würde. Wenn man wie ich viele Jahre seines Lebens nur wenige Freunde gehabt hat, dann schmerzt der Verlust eines jeden Freundes besonders. Aber sein Entschluss stand unverrückbar fest. So verabredeten wir uns für den nächsten Morgen auf dem Bahnsteig im Bremer Hauptbahnhof.
Dennis packte statt der Unterrichtsmaterialien einige Anziehsachen in seine Schulmappe. Ich schmierte ihm zuhause heimlich einige belegte Brote und füllte ihm zusätzlich erfrischende Getränke ab und brachte ich ihm beides an den Zug.
Und so verließ Dennis nach einer langen Umarmung, während der wir uns immer wieder gegenseitig bekräftigend auf den Rücken klopften, und nach ein paar Tränen, die wir verdrückten, an einem ungemütlichen, regenverhangenen Montagmorgen Bremen.

Ich stand noch lange auf dem zugigen Bahnsteig, mein Anorak und meine Stoffhose flatterten um meinen dünnen Körper und ich fror nicht nur wegen der Kälte.
Ich winkte Dennis nach, selbst dann noch, als der Zug schon längst im Dunst der Ferne verschwunden war.
Zu gerne wäre ich zu ihm eingestiegen und mit ihm fortgefahren...
Am nächsten Morgen, kurz nach dem Aufstehen riefen mich die Eltern von Dennis an, die in allergrößter Sorge waren, weil Dennis am Tag zuvor nicht von der Schule heimgekommen war und augenscheinlich auch bei keinem Freund übernachtet hatte.
Da ich mir sicher sein konnte, dass Dennis inzwischen wohlbehalten in der DDR angekommen war, redete ich nicht lange um den Brei herum, sondern gestand offen, wo er befand. Daraufhin wurde ich mehrere Stunden später zu dem Vorgang auch von der Polizei vernommen.
Meine Mutter beschimpfte mich auf das Übelste wegen meiner Mithilfe, zu schlagen aber wagte sie mich nicht mehr.
Wie ich später von seiner Schwester erfahren habe, verließ Dennis in Magdeburg, wo der Interzonenzug nur kurz hielt, den Zug und erklärte den verdutzten Beamten der Volkspolizei, dass er den festen Entschluss gefasst habe, in die DDR überzusiedeln.
Aber die mit so vielen guten Hoffnungen gespickte Reise endete völlig anders, als sich Dennis das wohl gedacht hatte.
Kein Jubel brach aus nach seiner Eröffnung, niemand rollte ihm einen roten Teppich aus und das erhoffte Fernsehteam erschien auch nicht.
Stattdessen musste er eine ganze Nacht in einer kalten feuchten Zelle zubringen. In Handschellen, wie ein echter Schwerverbrecher, wurde Dennis am nächsten Tag wieder über die innerdeutsche Grenze abgeschoben.
Den Grund dafür habe ich erst nach vielen Recherchen herausgefunden. Es gab zu dem damaligen Zeitpunkt zwischen der Bun-

desrepublik Deutschland und der DDR eine stillschweigende geheime Vereinbarung, die vorsah, dass junge Menschen, die noch nicht volljährig waren und von der Bundesrepublik in die DDR oder von der DDR in die Bunderepublik Deutschland wechseln wollten, in ihr jeweiliges Herkunftsland zurückgeführt werden sollten.

Ich habe Dennis nie wieder gesehen.

Nur wenige Tage nach seiner missglückten Flucht wurde er von seinem Vater aus der Schule genommen. Ich habe nie wieder etwas von ihm gehört.

Die Leitung meines Gymnasiums wollte mich wegen meiner Beihilfe zu seiner Flucht von der Schule werfen, aber man nahm Abstand davon:

Zu verdanken habe ich dies meiner ganzen Klasse, die sich mit mir in einer tief berührenden Weise solidarisierte. Obwohl die Eltern der einzelnen Schüler und Schülerinnen dieser Klasse ihre Kinder aufgrund einer Mitteilung der Schulleitung gehörig unter Druck setzten, traten diese ausnahmslos in einen unbefristeten Streik und besuchten nicht mehr die Schule, ja sie drohten sogar, weitere Klassen zum solidarischen Mitmachen beim Streik aufzurufen. Den Streik wollten sie erst dann beenden, wenn mein weiterer Verbleib an der Schule gesichert sei.

Ein ganz besonderer Dank gebührt in diesem Zusammenhang meinem damaligen Klassenlehrer Udo Bohn, der sich in der Lehrerkonferenz vehement und nachhaltig für meinen Verbleib in der Schule einsetzte. Und so erhielt ich am Ende nur eine schriftliche Rüge.

Kapitel 16

1966

Johannes Lichte und der Tod im Schrank

„Prinzipien sind etwas für die wenigen Augenblicke im Leben,
in denen es auf Prinzipien ankommt,
ansonsten genügt etwas Barmherzigkeit.
Albert Camus“

Die kleineren Hunde kniffen ängstlich den Schwanz ein und verkrochen sich in den gegenüberliegenden Hauseingängen, die größeren dagegen bellten um die Wette. Die Erwachsenen schimpften wie die Rohrspatzen und tippten sich vielsagend mit dem Zeigefinger der rechten Hand an die Stirn und die Schüler und Schülerinnen unseres Gymnasiums blieben kopfschüttelnd wie angewurzelt stehen.
Jeden Morgen das gleiche unglaubliche Schauspiel, jeden Morgen das gleiche bizarre Szenario:
Pünktlich 7.40 Uhr, fünf Minuten vor Unterrichtsbeginn, ereignete es sich: Ein Mercedes 600, ein dunkelblaues Ungetüm mit getönten Scheiben, die keinen neugierigen Blick in das Innere des Fahrzeugs preisgaben, ein Ungetüm wie von einem fremden Stern mit einem Motor mit 6,4 Litern Hubraum und spikesbesetzten Breitreifen bog mit aufheulendem, ja fast brüllendem Motor in die schmale Straße zu unserer Schule ein und hämmerte mit seinen Spikes eine unübersehbare Spur in den Asphalt der Straße vor unserer Schule. Direkt vor dem Schultor kam der Mercedes abrupt mit quietschenden Bremsen zum Stehen und Johannes Lichte, ein Klassenkamerad von mir, entstieg dem Auto. Erneut heulte der Motor auf und der Mercedes ließ uns

mit offenen, immer wieder neu staunenden Mündern zurück, während er gleich einer Rakete in einer Wolke von Abgasen verschwand.
Johannes Lichte hasste diesen täglichen Auftritt seines Vaters. Johannes wäre viel lieber jeden Tag selber mit seinem Fahrrad zur Schule geradelt, aber das ließ sein überstrenger Vater nicht zu.
Johannes war zu dem damaligen Zeitpunkt 16 Jahre alt, während ich bereits auf meinen 18. Geburtstag zusteuerte.
Johannes war in seiner Familie ähnlichen mittelalterlichen Erziehungsmethoden ausgesetzt wie ich in meiner Familie. Ebenso wie ich war er von kleiner, fast zarter körperlicher Statur.
Johannes konnte auf eine wundervolle Weise zeichnen und malen. Manchmal saß ich ihm für ein Portrait Modell und man konnte hinterher tatsächlich eine gewisse Ähnlichkeit feststellen bis hin zu den kleinen Grübchen in meinem Gesicht. Am liebsten aber hockte Johannes, bewaffnet mit einem großen Zeichenblock und einer kleinen Holzkiste mit Buntstiften und versorgt mit einer Flasche Limonade und einigen Wurststullen, in einer vielfältigen bunten Blumenlandschaft mit alten knorrigen Obstbäumen und ließ die Stifte kreisen. Das war seine bevorzugte Welt, dort versank er ganz in seinem Tun und wurde eins mit der Landschaft, die er auf seinem Block neu erschuf.
Für seinen Vater, einen widerlich unsympathischen kühlen Managertyp, war die Malerei hingegen reine Zeitverschwendung, ein sinnloses Hirngespinst und eines aufstrebenden 17-jährigen jungen Mannes unwürdig. „Damit kann man kein Geld verdienen, werd endlich erwachsen", das war sein Standardausspruch zu dem besonderen Talent seines Sohnes.
Wenn Johannes etwas getan hatte, was seinen Eltern missfiel, so wurde er nicht, wie ich, sofort bestraft.
Hatte Johannes z.B. eine schlechte Note in der Schule geschrieben, - wobei „Schlecht" bereits bei einer 3, einem Befriedigend,

begann -, so wurde er nicht am gleichen Tag dafür hart bestraft, sondern ihm wurde zunächst unterschwellig und mit bösen Worten angedroht:
„Da kommt noch etwas nach, du wirst deine Strafe noch bekommen, wir müssen nur erst darüber nachdenken, wie hart wir dich bestrafen werden".
Johannes erzählte mir davon des Öfteren, dass er noch weit mehr unter den Androhungen litt, die tief in seinem Inneren eine schreckliche Angst auslösten, als unter den dann folgenden tatsächlichen drakonischen Strafen.
Nun geschah es, dass sich Johannes in ein junges, hübsches Mädchen verliebte, es aber nicht wagte, dies seinen Eltern zu gestehen, weil er in seinem Inneren zutiefst ahnte, dass seine streng katholischen und sehr konservativen Eltern dies niemals erlauben und auf gar keinen Fall hinnehmen würden.
So belog er schweren Herzens und mit großen inneren Skrupeln seine Eltern, wenn er beabsichtigte, sich heimlich mit seiner hübschen Freundin zu treffen.
Wie der unglückliche Zufall, ein entfernter Verwandter des Teufels, es wollte, wurde Johannes an einem warmen milden Maifreitagnachmittag von einer befreundeten wohlmeinenden Nachbarin seiner Eltern mitten in Bremen Arm in Arm mit seiner Freundin gesehen.
Diese „gute" Frau hatte nichts Eiligeres und Besseres zu tun, als dies brühwarm seinen Eltern zu hinterbringen.
Als Johannes abends fröhlich und mit einem kleinen Liedchen auf den Lippen nach Hause kam, fragten ihn seine Eltern ruhig und ein wenig scheinheilig, wo er denn jetzt herkomme, und er schwindelte sehr gekonnt, er sei bei einem guten Freund gewesen.
Sein Vater packte ihn mit brutaler Gewalt an beiden Schultern, hob ihn hoch, schüttelte ihn wie einen kleinen, nassen Sack und schnaubte in ohnmächtiger Wut: „Wir wissen alles, unsere

Nachbarin hat dich mit einem Mädchen gesehen, du brauchst uns nichts zu erklären."

Nachdem er ihn wieder hingestellt hatte, hielt ihn mit der linken Hand im Nacken fest und schlug ihm mit der rechten Faust derartig heftig und brutal mitten ins Gesicht, dass ihm das Blut aus der Nase spritzte, dann ließ er ihn zu Boden gleiten, beugte sich über ihn und brüllte ihn an, während Johannes sich auf dem Fußboden wie ein Embryo zusammenkrümmte: „So lange du deine Füße unter meinen Tisch steckst, wirst du das tun, was ich dir sage! Haben wir uns verstanden? Wir brechen jetzt zu einer kleinen Wochenendreise auf, aber wenn wir am Sonntagabend zurückkehren, sprechen wir uns noch, dann werden wir dich so hart bestrafen wie noch nie, das verspreche ich dir und bis dahin hast du strikten Hausarrest."

Kaum, dass seine Eltern das Haus verlassen hatten und zu ihrer Wochenendreise aufgebrochen waren, rief Johannes in heller Aufregung bei mir an und schilderte mir den Vorfall. Dabei wurden seine kaum verständlichen Worte immer wieder durch ein heftiges gurgelndes Schluchzen unterbrochen. Ich musste mehrfach nachfragen, um überhaupt so verstehen, was genau geschehen war, so aufgeregt war Johannes.

Das Bemerkenswerte aus meinem heutigen Rückblick ist, dass ich mich, obwohl mir das selbst damals noch gar nicht so bewusst war, in dieser neuen Schulklasse und aufgrund der wundervollen Hilfestellung und liebevollen Zuwendung unseres Klassenlehrers, Herrn Bohn, inzwischen zu einem etwas weniger ängstlichen jungen Mann entwickelt hatte. Herr Bohn half mir, meine eigenen Stärken und Talente zu entdecken und er vermittelte mir immer wieder das, was mir schon seinerzeit mein bester Freund Hans-Christoph Nordwig zugerufen hatte: Du bist etwas wert!

Und so geschah das, was niemals vorher geschehen war: Ich wurde zum zweiten Mal nach Dennis Lobenicht von einem

Menschen um Hilfe gebeten. Das wäre früher völlig undenkbar gewesen, niemand hätte mich lächerliches Etwas um Hilfe gebeten, niemand wäre auch nur auf die Idee gekommen. Das dies jetzt geschah, hatte aber auch noch einen zweiten Grund: Diese beiden jungen Schüler spürten sicher, dass ihnen da ein Mensch zur Seite stand, der selber sehr Schweres durchlitten hatte und daher umso mehr ihr Leid, ihre Verzweiflung verstehen konnte.
Leider reichte mein neues Selbstbewusstsein noch nicht so weit, dass ich damals Wege und Mittel gekannt hätte, wie ich Johannes hätte helfen können. Zu meiner Verteidigung muss man aber auch anmerken, dass selbst unser Klassenlehrer, Herr Bohn, dem Vater von Johannes nicht gewachsen war.
Um die entsetzliche Aufregung von Johannes in ihrer ganzen Tiefe und Verzweiflung verstehen zu können, muss man sich die Strafen seines Vaters vergegenwärtigen.
Nachdem ich mich in der Abschlussklasse mit Johannes angefreundet hatte, hat er mir zwei Beispiele anvertraut:
Einmal, im Alter von 14 Jahren, war Johannes von seinem Vater mit 14-tägigem Hausarrest bestraft worden, den er wegen einer schlechten Note in einer Mathematikarbeit erhalten hatte. Mit stiller Duldung seiner Mutter durchbrach er diesen Hausarrest und nahm an dem Grillfest eines Klassenkameraden teil, das dieser in dem Garten seiner Eltern veranstaltete. Leider kehrte sein Vater früher als erwartet von seiner Geschäftsreise zurück. Als Johannes dann nach Hause kam, verdrosch er ihm mit einer Reitpeitsche derartig brutal und ausdauernd den blanken Hintern, dass Johannes mehrere Tage krank zu Hause bleiben musste und noch wochenlang beim Duschen vor und nach dem Schwimmunterricht die kaum verheilten Striemen zu sehen waren. Das besonders Entwürdigende dieser Prügelstrafe bestand bei Johannes darin, dass er sich bei solchen Gelegenheiten „freiwillig“ vor seinen Eltern ganz nackt ausziehen musste und sich über den Schoß seines Vaters legen musste, der ihm dann unter

größtem „Bedauern“ und mit dem Hinweis, dass er zu dieser Strafe quasi bezwungen sei und dass die Strafe allein aus pädagogischen Gründen erfolge, verprügelte.
Bei einer anderen Gelegenheit hatte sein Vater ihn im Alter von 15 Jahren beim Onanieren erwischt, weil er unglückseligerweise vergessen hatte, sein Zimmer abzuschließen. Sein Vater beschimpfte ihn auf Übelste als ein schmutziges Ferkel, als ein übles Schwein, als eine dreckige Sau und verdrosch ihm diesmal mit einem Ledergürtel den nackten Po. In den dann folgenden vier Wochen fesselte sein Vater sowohl seine rechte als auch seine linke Hand jeden Abend vor dem Schlafen zur „Strafe“ und „Abschreckung“ mit einem Lederriemen jeweils rechts und links an das Bettgestell mit der zynischen Bemerkung, so werde er wohl kaum Gelegenheit finden, sich selbst zu befriedigen. Die verständliche Angst, die Johannes aufgrund der täglichen Fesselung empfand, und der manchmal auch auftretende natürliche Drang in der Nacht, eine Toilette aufsuchen zu müssen, dies aber nicht zu können, führten letztendlich dazu, dass er mehrere Male in diesen vier Wochen ins Bett machte, was sein Vater mit dem demütigenden Ausspruch kommentierte: „Nun siehst du selbst, wohin das Onanieren führt: Du wirst, obwohl bereits 15 Jahre alt, wieder zum Bettnässer und Hosenscheißer.“ Dabei demütigte er ihn jedes Mal, indem er ihm, während er noch gefesselt war, die Schlafanzughose auszog, sodass sein Missgeschick noch offenkundiger wurde und er sich abgrundtief schämte.
Nach ihrer Wochenendreise kehrten die Eltern von Johannes am späten Sonntagabend nach Hause zurück. Sie bogen mit ihrem Mercedes 600 langsam auf die Grundstückszufahrt ein und waren ein bisschen verwundert und zugleich ein wenig beunruhigt, ihr Haus ganz im Dunkeln vorzufinden. Keine mild strahlende Außenleuchte begrüßte sie, keine Lampe verbreitete im Wohnzimmer und im Zimmer ihres Sohnes ihr mildes warmes Licht.

Zunächst vermuteten sie, Johannes befinde sich vielleicht trotz ihres strengen Verbots bei einem guten Freund oder habe sich doch wieder mit seiner neuen Freundin getroffen.
Sie riefen deshalb aufgeregt bei fast allen Klassenkameraden an, so auch bei mir, um sich zu erkundigen, ob ihr Sohn vielleicht dort wäre.
Anschließend suchten sie gemeinsam mit Freunden die nähere und weitere Umgebung ihres Hauses nach Johannes ab, auch suchten sie ihn im Haus vom Keller bis zum Dachboden, aber Johannes war wie vom Erdboden verschwunden, es fand sich kein einziger Hinweis auf seinen Verbleib.
Endlich, es war schon fast Mitternacht, wurde die eifrige Suche zunächst eingestellt, mit der verständlichen elterlichen Absicht, diese am kommenden Tage unverzüglich wieder aufzunehmen und eine Vermisstenanzeige bei der Polizei zu erstatten.
Die Mutter von Johannes zog ihren Mantel aus, den sie von der Reise her noch immer trug und wollte ihn in ihren Kleiderschrank hängen. Sie öffnete die knarrende Tür des alten Kleiderschranks aus Eichenholz, dann schrie sie vor Schmerz laut gellend auf und sank ohnmächtig zu Boden:
Johannes hatte sich in seiner abgrundtiefen Verzweiflung an der Querstange im Kleiderschrank seiner Eltern erhängt.
Viele Jahre haben mich schwere Schuldgefühle geplagt und tief in mir bohrte die unablässige Frage: Hätte ich ihm helfen können und wenn ja, wie?

Kapitel 17

1966

Das berühmte Wembleytor -Ferien in England

***„Der Ball ist rund und das Spiel dauert 90 Minuten.“
„Das Runde muss in das Eckige“
Sepp Herberger***

Als ich im Mai 1965 zusammen mit meiner Freundin Franziska oben auf dem Bürgerschaftsgebäude in Bremen saß und tief unter uns die große Menge der Fans dem neuen Deutschen Fußballmeister Werder Bremen zujubelten, da fasste ich tief in mir den festen Entschluss, im Jahre 1966 in England bei den Spielen der Fußballweltmeisterschaft dabei zu sein.
Als ich gerade erst zarte 5 Jahre alt war, durfte meine Halbschwester Ute nach ihrem mit Glanz und Gloria bestandenen Abitur für ein Jahr als Au-pair-Mädchen zu der Pastorenfamilie Gilbert in Harlow in Essex, etwa fünfzig Kilometer von London entfernt, übersiedeln und im Gegenzug nahm unsere Familie deren Tochter Lydia für ein halbes Jahr bei uns auf.
Lydia Gilbert mochte mich, was mir als Kind sehr gut tat. In den folgenden Jahren besuchten sich meine Schwester und Lydia Gilbert immer wieder gegenseitig.
Zu Beginn des Jahres 1966, ich war inzwischen 17 Jahre alt, war Lydia wieder einmal gerngesehener Gast in unserem Hause. Eines Abends, draußen war es klirrend kalt, hatte meine Mutter mit meiner Schwester Ute das Wohnzimmer verlassen, um ein leckeres Abendessen vorzubereiten und um einen wärmenden Punsch zuzubereiten, da nahm ich mein ängstliches Herz in bei-

de Hände und meinen ganzen Mut zusammen, warf mein Herz über die Schnur und trug Lydia meine flehende Bitte vor, sie möge doch bei ihren Eltern ein gutes Wort für mich einlegen und sie fragen, ob ich nicht im Sommer des Jahres für einige Wochen nach England kommen könne. Gewünscht, erhofft und doch gezweifelt, aber das Wunder geschah: Lydia versprach mir, meinen Wunsch ihren Eltern vorzutragen und sich in dem Gespräch mit ihren Eltern für mich einzusetzen.

Meine gerade aufkeimende Hoffnung erhielt aber schon beim folgenden Abendessen einen kräftigen Dämpfer: Meine Schwester Ute und erst recht in besonderer Weise meine Mutter rieten Lydia dringend davon ab, sich für mich bei ihren Eltern einzusetzen, mit dem deutlichen Hinweis darauf, dass ich ein überaus schwieriges Kind sei, ich sei zwar schon 17, aber körperlich und geistig auf dem Stand eines 13-Jährigen und noch sehr kindlich.

So rechnete ich nicht wirklich mit einer Einladung nach England. Umso freudig überraschter war ich, als Herr und Frau Gilbert sich im darauffolgenden Frühling bei meiner Mutter telefonisch meldeten und mich für unglaubliche, herrlich lange acht Wochen nach England einluden.

Meine Mutter dachte gar nicht daran, mir die Reise zu erlauben, ein Bedenken jagte das nächste, mal war ich ihr zu dumm für eine solch weite Reise ins Ausland, mal war ich angeblich noch zu jung, zu unreif, zu unerzogen für den Besuch bei der befreundeten Familie, und überhaupt und grundsätzlich hätte ich Sauhund eine solche Reise auch gar nicht verdient.

Und, schlussendlich, wo, bitte schön, solle sie das Geld für eine solche Reise überhaupt hernehmen?

Ich ließ mich von den Ausflüchten meiner Mutter, von ihren vorgeblichen Argumenten und Besorgnissen keineswegs entmutigen und schrieb hinter dem Rücken meiner Mutter einen Brandbrief an meine herzensgute Großmutter, mit der Bitte, mir doch zu helfen.

Meine warmherzige Großmutter erklärte sich umgehend bereit, die gesamten Reisekosten zu übernehmen und zusätzlich steckte sie mir noch ein kleines Taschengeld für die Reise zu.
Meine Schwester Birgit hatte einen langjährigen guten Brieffreund in England. Albert, ihr Brieffreund, war der Sohn angesehener persischer Einwanderer, die sehr vermögend waren und eine große internationale Firma in London besaßen und lenkten. Als sie wieder einmal von Bremen mit ihm telefonierte, hörte ich zufälligerweise im Vorübergehen, wie sie ihm erzählte, dass ich demnächst nach London reisen würde.
Sie teilte mir hinterher mit spöttischem Unterton mit, Albert würde sich gerne in London während meines Aufenthaltes dort mit mir treffen, aber sie habe ihm dringend abgeraten, und ihm sehr bildhaft vor Augen geführt, dass ich für ihn kein ebenbürtiger Gesprächspartner sein würde, mit dem er sich auf gleicher Geistes- und Augenhöhe unterhalten könne, so kindlich, wie ich mit meinen 17 Jahren noch sei.
Ein weiteres, mich tief erfreuendes und tiefberührendes Wunder geschah: Kurz vor meinem Reiseantritt meldete sich Albert noch einmal, erstaunlicherweise wollte er aber nicht meine Schwester Birgit sprechen, sondern er verlangte nach mir.
Er gab mir seine Telefonnummern in London, seine persönliche und die in seiner Firma, mit der Bitte, mich sofort zu melden, wenn ich in England eingetroffen sei.
Befreit, glücklich und innerlich jubilierend bestieg ich den D-Zug nach Hoek van Holland.
Als die Zugtür ins Schloss fiel, kniff ich mich in den Arm und es tat weh, es war kein Traum und meine beklemmende Angst, ich könne gleich aufwachen, erwies sich als unbegründet. Ich schleppte meine schweren Koffer mit Mühe ins Abteil und fand auch sofort meinen vorbestellten Platz.
Immer wieder klopfte, ja fast hämmerte meine Mutter mit ihren Fingern gegen die Scheibe und so öffnete ich auf ihren Wunsch

das Abteilfenster. Eine Flut lauter Ermahnungen ergoss sich über mich. Ich aber schaltete meine Ohren auf Durchzug und überhörte geflissentlich, was meine Mutter von sich gab.
Endlich, es erschien mir fast wie eine halbe Ewigkeit, kam das ersehnte Zeichen zur Abfahrt und der Zug kam mit stampfenden, keuchenden Bewegungen ins Rollen und in dem selben Augenblick löschte ich für die nächsten acht Wochen jede Erinnerung an meine Familie.
Pastor Gilbert schien ein wenig verwirrt und erstaunt, als er mich erblickte, hatte er doch einen kräftigen, großen, blonden jungen Mann erwartet und nun stand ein schmaler, engbrüstiger Junge mit dunklen Haaren vor ihm, der zwar 17 Jahre alt war, aber nur 160 cm groß war und eher wie 12 oder 13 aussah.
Aber er ließ sich seine Verwunderung, sein Verwirrtsein kaum anmerken. Er nahm mich herzlich in die Arme, drückte mich fest an sich und wünschte mir von Herzen einen erlebnisreichen, unvergesslichen Aufenthalt in England und besonders natürlich in seiner Familie, die aus seiner Frau und 4 Kindern, angefangen bei Lydia, welche die Älteste war, bis zu Victor, der erst 14 Jahre alt war, bestand.
Ich bezog ein kleines, eigenes Zimmer im Dachgeschoss, dort unter den Dachschrägen, wo Victor sein kunterbuntes, von zahllosen selbstgebastelten Schiffs- und Flugzeugmodellen gefülltes Reich hatte. Man musste ein wenig mit den Augen suchen, um in dem geordneten Chaos sein Bett und seinen Schreibtisch zu entdecken.
Beim leckeren, reichhaltigen Abendbrot überreichte mir Herr Gilbert ein großzügiges, liebevolles Geschenk.
Er hatte vorausschauend von seinem eigenen Geld für die kommenden acht Wochen eine Dauerfahrkarte für mich gekauft, die mich in die glückliche Lage versetzte, nun fast täglich von Harlow mit dem Vorortbummelzug nach London fahren zu können, um die britische Hauptstadt, den Tower, den Buckingham-Palast

und die vielen anderen Sehenswürdigkeiten besichtigen zu können.
Schon am zweiten Tag meines Aufenthaltes in England rief ich Albert an und wir verabredeten uns ohne lange Umschweife für den kommenden Tag zum ausgiebigen Frühstück gegen 11.00 Uhr in einem kleinen, vornehmen Cafe in einer Straße mit Namen Strand.
Albert hatte von meiner Schwester wohl eine ziemlich gute Beschreibung meiner Person erhalten, denn er kam fröhlich und ohne jede Scheu sofort auf mich zu, drückte mir herzlich und recht kräftig die Hand und lud mich ein, an diesem Tag sein Gast zu sein. Es sei ihm eine große Ehre, dass ich seiner Einladung zu dem Treffen gefolgt sei.
Während er mich mit einer so herzlichen Offenheit begrüßte, blickte ich mich instinktiv um, um festzustellen, ob vielleicht jemand hinter mir stünde, aber da war niemand, er redete tatsächlich mit mir, und ein Gefühl der tiefen Freude durchwallte meinen Körper, während mein Geist noch Mühe hatte, das Geschehen zu begreifen. Albert sprach mehrere Sprachen fließend, darunter auch Deutsch.
Albert behandelte mich vom ersten Augenblick an nicht von oben herab wie ein kleines unmündiges Kind, sondern mit Respekt und Würde wie einen gleichgestellten Erwachsenen, und er nahm an meinem Denken und meinen Äußerungen Anteil, hörte mir genau zu und stellte mir interessierte Fragen, wie ich sie zuhause noch nie gehört hatte. Es war ihm wirklich wichtig, zu hören, wie es mir ging, zu verstehen, was ich über die Welt, was ich politisch dachte und welche beruflichen Vorstellungen ich für die Zukunft hatte.
In dem vornehmen britischen Cafe frühstückten wir in aller Ausgiebigkeit. Es war kein karges Frühstück, wie ich es von zuhause kannte.

Das reichhaltige, überbordende Frühstücksbüfett bot in seiner unglaublichen Vielfalt mehr, als ich je zu einem Mittagsessen gesehen hatte.
Zuhause war es mir strengstens verboten, mir selbst etwas zu nehmen, mir unter verschiedenen Speisen etwas auszusuchen, und genau dies durfte ich jetzt.
So stand ich ein wenig verlegen und konnte mich kaum entscheiden, welcher Köstlichkeit ich mich hingeben sollte.
Albert sah mir mit einem feinen, verstehenden Lächeln zu. Man sah ihm an, dass es ihm gefiel, wie es mir schmeckte.
Gesättigt und noch immer im Gefühl eines wunderschönen Traumes, aus dem aufzuwachen ich nicht hoffte, stieg ich mit Albert in seinen Bentley, ein unglaublich vornehmes und bequemes Auto.
Auf einer märchenhaften Sightseeing-Tour mitten durch die City von London machte er mich auf all die bemerkenswerten Sehenswürdigkeiten der Metropole aufmerksam, die ich mir unbedingt während meines mehrwöchigen Aufenthaltes in London näher ansehen solle.
Zurückgekehrt, parkte Albert in der Straße „Strand" und er zog mich mit sich in eine kleine enge, verwinkelte Gasse, die durch ein schäbig wirkendes großes Holztor verdeckt war.
Kaum waren wir durch das Holztor geschritten, bekam ich vor lauter Erstaunen meinen Mund nicht mehr zu.
Mit offenem Mund und weit aufgerissenen Augen betrachtete ich, was ich sah und doch nicht glauben konnte: Hinter dem eher schmutzigen, abweisenden Holztor befanden sich in einer schmalen Gasse die allerfeinsten Läden. Juweliere, Delikatessgeschäfte, Modegeschäfte mit Anzügen aus feinstem Tuch, ich konnte mich einfach nicht satt sehen an der Pracht.
Wie in Trance lief ich mit Albert durch die lange geduckte Gasse.
Es war wie im Weihnachtswunderland.

Albert flüsterte mir geheimnisvoll ins Ohr, dass hier in dieser von außen so unscheinbaren Gasse die allerfeinsten Leute einkaufen würden bis hin zur englischen Königin. Albert betrat mit mir einen Juwelierladen, vor dessen Tür zwei furchteinflößende Männer, die mir groß wie Big Ben und breit wie der Tower erschienen, in Livree Wache standen und kaufte dort für einen guten Freund wertvolle, goldene Münzen zu dessen bevorstehenden Geburtstag im Wert von rund 600.- englischen Pfund.
Um den Wert dieses Geburtstagsgeschenkes zu begreifen, muss man wissen, dass das englische Pfund damals dem Wert von 12 DM entsprach, oder nach heutigem Währung 6 Euro.
Beim opulenten Mittagessen fragte mich Albert, ob ich vor hätte, mir die Spiele der Fußballweltmeisterschaft, die zu der Zeit in England stattfand, anzusehen.
Ja, sagte ich lachend und mit vollem Mund, am Fernsehen und ich berichtete ihm gestenreich und immer wieder um die richtigen englischen Worte ringend, dass ich im Jahr zuvor regelmäßig zu den spannenden Heimspielen von Werder Bremen gegangen sei und dass Werder Bremen Deutscher Fußballmeister geworden sei.
Albert gab mir den Insidertipp, es gäbe in der Straße „Strand" ein kleines, aber sehr feines Geschäft „Only for Arabians", vielleicht könne ich dort noch Karten für die Spiele der Fußballweltmeisterschaft ergattern.
Mit einem Spaziergang durch den Stadtteil Soho und mit einer Tasse Kaffee in einem gemütlichen kleinen Straßencafe endete unser traumhaftes Zusammensein.
Zum Abschied legte Albert vorsichtig seine beiden Hände auf meine schmalen Schultern, blickte mich mit seinem freundlichen, gütigen Gesicht und seinen lustigen blauen Augen an und seine folgenden Worte fielen wie kühle Tautropfen auf einen ausgetrockneten, nach Erfrischung dürstenden Acker :

„Du Alexander, bist viel, viel besser, als deine Schwester dich geschildert hat, du bist wertvoll, du bist etwas Besonderes, du kannst es weit bringen, wenn du lernst, den in dir schlummernden Kräften zu vertrauen und wenn Du lernst, den Weg zu gehen, den du für richtig erkannt hast. Es war für mich eine echte Freude und eine große Ehre, Dich kennengelernt zu haben."

Im Auseinandergehen steckte mir Albert einen kleinen Umschlag zu mit der Bitte, diesen erst abends, zurück bei Knights, zu öffnen. Ich versprach es, konnte das Versprechen aber nicht halten. Ich hielt die Spannung einfach nicht aus, schon auf der Heimfahrt nach Harlow öffnete ich den Brief. Eine junge Mutter, die mit ihren Kindern im selben Abteil saß wie ich, versuchte mich zu trösten, als ich plötzlich hemmungslos weinte und schluchzte. In dem Umschlag, den mir Albert zugesteckt hatte, befanden sich 50 englische Pfund, ich hielt die unvorstellbare Summe von umgerechnet 600 DM in meinen kleinen, zittrigen Händen.

Noch nie in meinem Leben hatte mir jemand ein so großzügiges Geschenk gemacht wie Albert.

Ich hatte beträchtliche Mühe, zwischen meinen Tränen der besorgten jungen Mutter klar zu machen, dass ich aus Freude, nicht aus Schmerz weinte. Und ich heulte weiter hemmungslos wie ein Schlosshund.

Gilberts bewohnten ein großes, geräumiges Pfarrhaus, unten im Erdgeschoss befand sich das große spartanisch eingerichtete Wohnzimmer und das Arbeitszimmer von Herrn Gilbert, zu dem der Zutritt immer dann für alle strengstens verboten war, wenn Herrn Knight an seiner Predigt für den kommenden Sonntag bastelte.

In der geräumigen Küche wurde nicht nur gekocht, nein, dort wurden auch die reichhaltigen Mahlzeiten eingenommen.

Im ersten Stock befanden sich das Schlafzimmer von Gilberts und die Zimmer der meisten ihrer Kinder und ein Badezimmer

und im Dachgeschoss hauste Victor, der 14-Jährige, in seiner Bastelstube und dort war auch mein Zimmer, dass ich während meines Aufenthaltes in Harlow bewohnte und ein weiteres großes Badezimmer.
Oft hockte ich mich in Victors Zimmer auf den Fußboden und schaute ihm fasziniert zu, wie er mit immer neuen Schnitten und Kniffen ein weiteres luftiges oder maritimes Modell erschuf. Immer hatte er eine Schere in der Hand. Dass er die Schere auch mit ins Bett nahm, ist allerdings nur ein Gerücht.
Wir plauderten viel über unsere Länder, er gab mir einen Einblick in seinen Schulalltag und erzählte mir viel über England, London und Harlow und im Gegenzug beantwortete ich ihm alle seine klugen Fragen über Deutschland und das Gymnasium, das ich besuchte.
Wir lachten viel und arbeiteten mit Händen und Füßen, um uns verständlich zu machen, mein Englisch war nur leidlich und Victor sprach kaum Deutsch.
Zu der Zeit, als ich bei Gilberts diese herrlichen Ferien verlebte, hatte auch Victor Ferien. Vor Abenteuerlust sprühend schlug ich ihm vor, mich auf meinen täglichen Fahrten nach London zu begleiten. Einen kurzen Augenblick schwankte Victor zwischen der verständlichen Lust, weitere kühne Modellflugzeuge zu erschaffen und der ebenso verständlichen Neugier auf spannende Unternehmungen mit mir.
Dank des überaus großzügigen Geschenks von Albert hatte ich nun die feine Möglichkeit, Victor an meinen Unternehmungen und meiner Freude teilhaben zu lassen und seine Eltern freuten sich herzlich, dass wir uns so gut anfreundeten.
In den schwerelos dahineilenden Tagen und Wochen durchstöberten Victor und ich jeden dunklen Winkel Londons, der uns neue Abenteuer versprach, und wir drehten jeden Stein einzeln um, unter dem wir ein Geheimnis vermuteten. Dabei vergaßen wir nicht, uns Windsor Castle, den Buckingham-Palace, den To-

wer von London und die Royal Albert Hall anzusehen und jeden Londoner Bobby, - eine sympathische Mischung zwischen strengem Polizeibeamten und gutmütigem Grizzlybär -, mit unseren bohrenden Fragen zu löchern.
Ein großartiger Höhepunkt unserer unbeschwerten Zeit war ein grandioses Konzert von Simon & Garfunkel vor fast 200.000 Zuschauern im Londoner Hyde Park.
Auf der Fahrt von dem Konzert zurück nach Harlow sangen wir ohne Ende und aus voller Kehle, so laut, dass uns der Schaffner ermahnte, das wunderschön melancholische und zum Träumen einladende Lied von der „Bridge over troubled water".
Inzwischen waren von den acht Wochen meines Aufenthaltes bereits zwei Wochen wie im Fluge verstrichen, da erinnerte ich mich wieder an den hilfreichen Hinweis von Albert. Victor und ich suchten in London den kleinen Laden in der Straße „Strand" auf, in dessen Fenster unübersehbar das Schild hing: „Only for Arabians". Wir pressten unsere Nasen gegen die Scheibe und entdeckten in der übervoll ausgestatteten Auslage wie einen Schatz im Acker zwei Eintrittskarten für das Endspiel der Fußballweltmeisterschaft zum Preis von 2 Pfund pro Karte. Diese Eintrittskarten schienen uns zuzurufen: „Nehmt uns mit, nehmt uns mit!"
Ich verfolgte sämtliche Spiele der Fußballweltmeisterschaft voll innerer Spannung bei den Gilberts in Harlow vor dem Fernseher und meine sehnlichste Hoffnung war, dass es zu einem Endspiel England gegen Deutschland kommen würde, ein Wunsch, der dann tatsächlich in Erfüllung gehen sollte.
Zitternd vor Aufregung betrat ich mit Victor das Geschäft und stotternd machte ich dem Ladenbesitzer klar, was mein Begehr war.
Zunächst war der Ladeninhaber recht unfreundlich und wollte mir die begehrten und ersehnten Karten durchaus nicht verkaufen, für keinen Preis der Welt, wie er immer aufs Neue bekräftig-

te. Vor lauter Enttäuschung sackte mir das Herz fast bis in die Hose, und einige Tränen rollten mir über mein Gesicht. Zum Glück schickte mir mein Gehirn noch gerade rechtzeitig die mögliche Erklärung für die schroffe Ablehnung des Ladeninhabers. „Kann es sein", fragte mich eine innere Stimme, "dass er dir die Karten nicht verkaufen will, weil er dich für einen Engländer hält?" Und tatsächlich, so war es.

Ich holte mit einer schnellen Handbewegung meinen abgegriffenen und zerknitterten Personalausweis aus meinem Brustbeutel und wedelte ihn vor der Nase des Ladeninhabers hin und her.

Als er nun entdeckte, dass ich Deutscher war, war er wie verwandelt und von umwerfender Freundlichkeit.

Er war Ägypter und zwischen Deutschland und Ägypten bestand damals eine sehr große Freundschaft. So erwarb ich die zwei teuren, aber in Wirklichkeit unbezahlbaren Eintrittskarten für das Endspiel der Fußballweltmeisterschaft und steckte sie rasch in meinen Brustbeutel, immer in der Angst, der Verkäufer könne sich die Sache doch noch anders überlegen.

Stolz wie die Spanier verließen wir das Geschäft und kehrten zurück nach Harlow. Herr Gilbert drehte die Karten immer wieder ungläubig in seinen Fingern hin und her und fand es überaus bemerkenswert, was uns gelungen war, denn eigentlich waren alle Eintrittskarten für die Fußballweltmeisterschaft schon seit vielen Monaten ausverkauft und insbesondere die einheimischen Engländer, in deren Land die Weltmeisterschaft ja nun stattfand, hatten keine echte reale Chance, an eine der begehrten Tickets für das Endspiel zu kommen.

An einem sonnendurchfluteten Samstag, es war der 30.Juli 1966, fand das Endspiel um die Fußballweltmeisterschaft zwischen England und Deutschland statt. In der Nacht zuvor wälzte ich mich schlaflos von einer Seite zur anderen und ich konnte keinen Schlaf finden. Immer wieder musste ich die Toilette aufsuchen.

Schon am frühen Morgen brachen Victor und ich auf, ungeduldig wie kleine Kinder, die auf den Weihnachtsmann warten, um rechtzeitig vor Ort zu sein. Mit uns schleppten wir Proviant, um während der langen Wartezeit ja nicht zu verhungern und erfrischende Getränke, um die durch das Anfeuern geschwächte Stimme immer wieder erfrischen und ölen zu können.

Um Punkt 16.00 Uhr mitteleuropäischer Zeit begann das Endspiel, aber bereits gegen 10.00 Uhr morgens waren Victor und ich vor dem imposanten Stadion, wo ich für Victor eine große englische und für mich eine etwas kleinere deutsche Fahne erstand.

In meiner kindlichen Naivität glaubte ich, Victor und ich seien die ersten Zuschauer, die das Stadion zu dieser frühen Tageszeit betreten würden.

Wer kann mein ungläubiges Erstaunen ermessen, als Victor und ich das Stadion betraten und feststellen mussten, dass bereits mehr als 40.000 Zuschauer anwesend waren?

Vornehme britische Passanten, die gegen 12.00 Uhr am Wembley-Stadion vorbeigingen, haben sicher sehr verwundert den Kopf geschüttelt nach einem Blick auf ihren Taschenchronometer, den sie aus ihrem Blazer zogen und haben sich anschließend an die Stirn getippt. Denn unüberhörbar schallten aus dem Stadion die lauten Anfeuerungsrufe „Uwe, Uwe“, „Deutschland vor, noch ein Tor“ und „England, England“.

Victor und ich gesellten uns zum deutschen Fanblock und zwar so, dass wir genau an der Nahtstelle zwischen dem deutschen und dem englischen Fanblock standen. So konnten Victor und ich, ohne uns zu trennen, der eine für England jubeln und der andere Deutschland anfeuern.

Und so beteiligten wir uns an den Aufwärmübungen der schon anwesenden deutschen und englischen Zuschauer und stimmten enthusiastisch mit ein in den fröhlichen Schlachtgesang der „Uwe-Uwe“- und „England-England“- Rufe.

Etwa eine Stunde vor Spielbeginn war das überdachte Stadion mit 102.000 Zuschauern restlos gefüllt. Eine unglaubliche Atmosphäre atemloser Spannung durchwaberte das ganze Stadion, es kribbelte mir in den Füßen, Beinen, im Bauch, den Händen und dem Kopf und ich glaubte die Spannung nicht mehr aushalten zu können.

Plötzlich erhoben sich alle Zuschauer von ihren Plätzen und die Militärkapelle auf dem Spielfeld, die uns vorher mit flotten Swingmelodien unterhalten hatte, stimmte die englische Nationalhymne „God save the Queen“ an. Und da erschien sie, die englische Königin, in Begleitung ihres Gatten, nur 100 Meter von uns entfernt. Erst als sie sich gesetzt hatte, wagten die Zuschauer, es ihr nachzutun.

Dass das Endspiel um 16.00 Uhr begann und mit einem verdienten 4:2 Sieg der englischen Nationalmannschaft über Deutschland endete und dass es noch tage-, wochen- und monatelang heftige Diskussionen um das umstrittene Wembleytor gab, ist hinlänglich bekannt.

All das wird mir für immer unvergesslich in bester Erinnerung bleiben.

Aber noch tiefer, noch eindrücklicher hat sich mir eine kleine, scheinbar abseitige Begebenheit eingebrannt, die Victor und ich nach dem Spiel erlebten, als wir nach Harlow zurückkehrten.

Dazu muss man wissen, dass wir von dem Kleinstadtbahnhof in Harlow bis zum Pfarrhaus der Gilberts noch etwa 20 Minuten zu Fuß gehen mussten und dass die Kleinstadt Harlow vorwiegend aus kleinen Villen und Reihenhäusern bestand.

An diesem herrlich warmen Sommerabend hielten sich die meisten Familien in den Gärten auf, um ein Barbecuefest zu feiern und köstlich duftende Steaks zu grillen.

Als Victor und ich, gezeichnet von den Strapazen des Tages, aber auch erfüllt von unseren Erlebnissen, fröhlich unseres Weges zogen, begegneten mir die englischen Familien, besonders deren Väter mit Hochachtung und Respekt. Kein spitzes Wort der Häme oder der demütigenden Schadenfreude kam über ihre Lippen. Stattdessen entschuldigte man sich fast für den Sieg der Engländer und gratulierte mir zum guten Spiel der deutschen Mannschaft. Das war die sprichwörtliche Fairness der Engländer!

Wir benötigten für den Heimweg diesmal nicht 2o Minuten, sondern fast eine ganze Stunde, so viele Hände mussten wir schütteln, so oft wurde uns auf die Schultern geklopft.

Und hätten Victor und ich jede Einladung zum Essen eines Steaks angenommen, wir wären unweigerlich irgendwann geplatzt, und hätten wir jeden Schnaps und jeden Whisky getrunken, der uns angeboten wurde, wir hätten unser Zuhause niemals erreicht.

Kapitel 18

1967
Drauf hauen, drauf hauen – Begegnung mit Rudi Dutschke

„Ich bin ein Sozialist, der in der christlichen Tradition steht. Ich bin stolz auf diese Tradition. Ich sehe das Christentum als spezifischen Ausdruck der Hoffnungen und Träume der Menschheit“
Rudi Dutschke

Im Jahre 1967, ich war inzwischen 19 Jahre alt geworden, veränderte sich die Wetterlage dramatisch. Ich spreche nicht von Regen und Wind, ich spreche von dem Wind des kritischen Nachdenkens, von dem Sturm des freiheitsdürstenden Umdenkens und dem Orkan des schöpferischen Neudenkens.

In unserem altsprachlichen, traditionell sehr konservativen Gymnasium regte sich Unruhe, zunächst kaum hörbar, zunächst kaum spürbar, aber langsam und stetig wurde die Unruhe stärker und kräftiger. Am Horizont zogen unruhige Zeiten herauf.

Ein idealistischer und allem Neuen aufgeschlossener Kreis von Schülern, bei weitem nicht die Mehrheit, war nicht mehr bereit, ohne Widerspruch gehorsam die althergebrachten Gedanken und Vorstellungen ihrer Eltern und unserer Lehrer ungeprüft nachzubeten und zu übernehmen. Es herrschte eine explosive Aufbruchsstimmung, jeder spürte, dass etwas entscheidend Neues, etwas durchaus Lohnendes in der Luft lag, ein Hauch von geistiger Freiheit, von individueller Freiheit, eine kühne Freiheit, neu und anders zu denken, eine hinhörende Freiheit, sich mit der andersartigen Meinung Andersdenkender auseinanderzusetzen. Das begeisternde Ziel dieser neuen Freiheit war es, eine eigene, fundierte, durchdachte Meinung zu entwickeln

und diese ohne Angst und mit furchtlosem Blick in das Gesicht des Gegenüber offensiv zu vertreten.
Dieses kühne Vorhaben in die Praxis umzusetzen, gestaltete sich überaus schwierig. Unsere Schule in Gestalt unserer Lehrer und Lehrerinnen begrüßte die neue Entwicklung keineswegs mit freudigem Erstaunen. Die Reaktionen der Lehrer und Lehrerinnen schwankten zwischen harten, unbarmherzigen Repressalien und scheinbarer Toleranz.
Auch in meinem jugendlichen Kopf brodelte es heftig, auch ich versuchte, zitternd noch und ein wenig ängstlich vor den möglichen Konsequenzen, vorsichtig zum ersten Male in meinem Leben, meine bisher unmaßgeblichen Meinungen klar zu artikulieren und leise, noch ganz zarte Kritik an den Verhältnissen in unserer Schule zu üben.
Ich hoffte auf eine positive dynamische Veränderung des Verhältnisses der Schüler und Schülerinnen untereinander, weg vom reinen sach- und fachbezogenen Leistungsdenken, das in dem Mitschüler lediglich einen zu bekämpfenden Konkurrenten sah, hin zu Schülern, die ihre Spitzenleistung durch die Arbeit miteinander, durch die fruchtbare Diskussion untereinander und den persönlichen Einsatz füreinander erreichen.
Zunächst herrschte verständliche Irritation, ja fast könnte man sagen, Verwirrung über meine fortschreitende persönliche Veränderung, man mochte nicht glauben, was man sah.
Man wagte es nicht mehr, mir wie früher mit entwürdigender Herablassung zu begegnen, man antwortete mir nicht mit spöttischer Abkanzelung und nicht, indem man mein Anliegen ins Lächerliche zog, nein, die Gegenwehr war wesentlich subtiler, man ließ mich wie gegen Gummiwände laufen.
„Alexander, wenn es Ihnen hier bei uns nicht gefällt, kein Problem, Sie können jederzeit gehen, keiner hält Sie auf!“ Im Wortjargon der „neuen“ Zeit hieß dies „repressive Toleranz.“

In den Elternhäusern, in der Schule und in gemütlichen Schülerlokalen rotteten sich kleine, arbeitsintensive Gruppen von Schülern und Schülerinnen zusammen und diskutierten tage- und nächtelang mit heißem Kopf und kühlem Verstand die ansteckenden Ideen des neuen Denkens. Es herrschte eine explosive Stimmung, irgendetwas lag in der Luft, irgendetwas bereitete sich vor, jeder spürte es, jeder sog den Pulverdampf des Umbruchs begierig ein.

In dieser unruhigen, bewegten Zeit, es war Montag, der 27. November 1967, besuchte, unerwartet, aber heißersehnt, Rudi Dutschke, einer der geistigen Anführer der außerparlamentarischen Opposition, Bremen.

Am Abend sprach er zunächst zu 250 Zuhörern in der Lila Eule. Die Lila Eule in Bremen war ein berühmt-berüchtigtes Szenelokal junger Leute.

Das Programm in der Lila Eule war überaus abwechslungsreich. Samstags und sonntags wurde Beatmusik gespielt, montags gab es politische Veranstaltungen und dienstags wurden anspruchsvolle, nachdenkliche Filme gezeigt.

Am Morgen des 28. November 1967, einem Dienstag, gelang es dem Schulsprecher unserer Schule, mit großem Redeschwall und noch mehr Überredungskünsten Rudi Dutschke in die große Aula unserer Schule einzuladen.

Die unerwartete Nachricht von seinem persönlichen Erscheinen elektrisierte uns und sie verbreitete sich von Mund zu Mund und Ohr zu Ohr mit der Geschwindigkeit eines Windhundes.

Offiziell war Unterricht angesetzt, aber als die Lehrer zur vierten Stunde die merkwürdig stillen Klassenräume betraten, fanden sie diese verlassen vor.

Eng aneinandergedrängt wie die Pökelheringe standen wir in der völlig überfüllten Aula, kein Apfel ging mehr zur Erde und nach und nach trafen auch die Lehrer ein.

Als Rudi Dutschke gemessenen Schrittes unsere Aula betrat und langsam und bedächtig auf das Rednerpult zuschritt, hätte man eine Stecknagel fallen hören können, so ruhig, so still war es, fast andächtig blickten alle Schüler und Schülerinnen nach vorne zur Bühne unserer Aula.
Ich war ein wenig enttäuscht, ich hatte mir Rudi Dutschke wesentlich größer, wesentlich kräftiger, wesentlich imposanter vorgestellt. Nun stand ein Mann vor mir, schlank, drahtig, aber fast ein wenig zerbrechlich.
Aber mein erster Eindruck veränderte sich schlagartig, als er seinen Mund öffnete, um zu sprechen.
Sein Charisma, seine Ausstrahlung waren mit den Händen greifbar und wir waren von der ersten Sekunde an wie elektrisiert.
Rudi Dutschke stand schon im Begriff, zu seiner kurzen Rede anzusetzen, als unverhofft unser Lateinlehrer, der stellvertretende Direktor unserer Schule, der ebenfalls in der Aula anwesend war, laut und vernehmlich durch die Aula schrie: „Herr Dutschke, wer hat Sie überhaupt autorisiert, hier das Wort zu ergreifen?"
Ich an der Stelle von Rudi Dutschke, ich wäre vor lauter Verlegenheit hochrot geworden, ich wäre vor tiefer Scham sicher im Boden versunken, hätte wirr herumgestottert oder mich auf irgendeine imaginäre Person berufen, Rudi Dutschke aber beherrschte die Situation meisterlich. Schlagfertig schleuderte er unserem stellvertretenden Direktor entgegen: „Ich autorisiere mich selber!"
Tosender, orkanartiger Beifall durchflutete in immer neuen aufbrandenden Wellen die Aula und wir sogen wie ein trockener Schwamm alle seine folgenden Worte auf.
Rudi Dutschke sprach übers die Vision eines neuen, moralisch besseren Menschen, ein Mensch, der nicht gesteuert ist aus egoistischen Motiven, sondern der als Mensch solidarisch mit

anderen Menschen handelt, sodass mit der Zeit Ausbeutung, Hunger, Elend und Armut auf der Welt verschwinden.

Dutschke wandte sich auf eine ganz besonders eindringliche Weise in seiner kurzen Rede an jeden Einzelnen von uns und er forderte uns wieder und wieder auf, mutig zu sein, mutig für die Veränderung der Gesellschaft zu kämpfen, mutig die harten Widerstände zu überwinden, die sich uns in den Weg stellten und mit klugen, überzeugenden Argumenten für das neue Denken zu kämpfen.

Wichtig sei es, nicht alles auf einmal ändern zu wollen, wichtiger sei es, jeden Tag zu handeln, aber am wichtigsten sei es, Schritt für Schritt mutig voranzuschreiten.

Im kalten, frostdurchzogenen Dezember 1967 waren in Bremen eine neue Bürgerschaft und damit auch ein neuer Senat ins Amt gewählt worden.

Der Präsident dieses neugewählten Senats war Bürgermeister Hans Koschnick.

In seiner überaus bemerkenswerten Regierungserklärung propagierte er mit viel Engagement und Enthusiasmus eine neue, eine zukunftsweisende Leitlinie für den Umgang mit der jungen Generation:

„Die Leitlinie für den Umgang mit der jüngeren Generation ist es, nicht gleich nach der Staatsmacht zu rufen, wenn die Jugend Probleme hat bzw. macht, sondern erst einmal im Dialog zu versuchen, herauszufinden, wohin die Sache geht."

In den dramatischen Ereignissen des Januars 1968 konnte er dieses löbliche Vorhaben leider nicht in ein entsprechendes Handeln umsetzen.

Der Aufsichtsrat der Bremer Straßenbahn AG hatte Preiserhöhungen zwischen 14 und 15 Prozent beschlossen. Diese Preiserhöhungen sollten ihre Gültigkeit am 15. Januar 1968 erlangen.

So sollte z.B. der Einzelfahrschein für eine Person von 60 Pfennig auf 70 Pfennig verteuert werden.

In der Bremer Schülerschaft kursierte schon nach wenigen Tagen der spöttische Spruch: „Siebzig Pfennig, lieber renn ich!"
Am Montag, den 15. Januar 1968 herrschte in Bremen das pure Chaos, Wind mit Orkanstärke 12 tobte durch die Stadt, Betonplatten wurden aus Häuserfassaden herausgerissen, große kräftige Bäume entwurzelt und großflächige Dächer abgedeckt.
Am Abend dieses denkwürdigen Tages versammelte sich ein Häuflein von 50 aufrechten, wetterfesten Schülern, um am Hauptverkehrsknotenpunkt in der Bremer Innenstadt auf ihren Protest gegen die Preiserhöhungen aufmerksam zu machen.
Erst später, viele Jahre später kam die wundersame Legende auf, es sei von Anfang an geplant gewesen, aggressiv das Vorwärtskommen der Busse und Straßenbahnen zu behindern.
Aber davon kann in Wirklichkeit gar keine Rede sein. Wie mir glaubhaft Teilnehmer dieser ersten überschaubaren Demonstration erzählten, hatten sie mächtig Angst vor der eigenen Courage und es war in keiner Weise geplant, über die Weitergabe von Flugblättern an Passanten und über das informative Gespräch mit den Passanten hinaus, Busse und Bahnen durch eine Blockade anzuhalten und zu körperlichem Widerstand aufzurufen.
Als sich einige wenige Schüler auf die Straßenbahnschienen setzten, wurde ihnen Beifall von anderen Passanten zuteil, nur vereinzelt gab es Buhrufe von Menschen, die sich der Gelegenheit beraubt sahen, zügig und ohne Zeitverlust nach Hause kommen zu können.
Die Bremer Polizei verhielt sich zurückhaltend und friedlich, ja fast könnte man sagen fröhlich und gesprächsbereit, und trug die Schüler mit einer nicht enden wollenden Engelsgeduld von den Schienen, auch dann noch, wenn diese sich hinterher sofort wieder auf die Schienen setzten.
Die Leitung der Bremer Straßenbahn AG nahm dieses kleine unscheinbare Grüppchen Demonstranten auf die leichte Schulter,

die ruhig, gelassen und mit verbindlichen Worten vorgetragene Bitte um ein klärendes Gespräch wurde schroff abgeschmettert.
Man hatte nicht begriffen, dass ein neuer Geist durch Bremen wehte, ein frischer noch dazu, ein Geist, der sich nicht mehr unter den Teppich kehren ließ, der sich durch Drohungen nicht mehr einschüchtern und bändigen ließ, und man hatte nicht erkannt, dass die unverantwortlichen Preiserhöhungen der Bremer Straßenbahn AG nur der berühmte Funke war, der das Pulverfass des neuen Denkens, des Umdenkens, des Neudenkens zur Explosion brachte.
Es folgte, was fast zwangsläufig folgen musste:
Bei bitterer Kälte, einer Kälte, die vor der Kleidung nicht Halt machte und langsam und stetig durch die Ritzen des Stoffes kroch, kam es am nächsten Abend zu einer neuen Demonstration, nur das diesmal bereits über 500 Mitstreiter, darunter auch etliche Erwachsene und meine Wenigkeit, erschienen.
Die Menge der erwartungsvollen Demonstranten stand, wie das kleine Grüppchen tags zuvor, auf dem Hauptverkehrsknotenpunkt in der Bremer Innenstadt und harrte der Dinge, die da kommen sollten.
Rechts hinter unserer überschaubaren Gruppe stauten sich in einer langen Schlange die Straßenbahnen, die nicht weiterfahren konnten und deren erboste Fahrer vergeblich versuchten, durch Sturmklingeln für freie Fahrt zu sorgen, links reihte sich binnen kurzer Zeit eine Reihe von Gelenkbussen auf, deren Ende hinter der nächsten Kurve verschwand. Wir Demonstranten standen wie in einem großen gleichschenkligen Dreieck.
Der Fluchtweg nach hinten war versperrt, nur einzelne Schüler und Erwachsene hätten zwischen den Bussen und Straßenbahnen entkommen können.
Doch plötzlich und unerwartet, wie eine Fata Morgana aus einem beklemmenden, atemberaubenden Albtraum, tauchten aus einer versteckten Seitenstraße durch die Dunkelheit des

Abends mehrere geschlossene Ketten uniformierter Polizei auf, bewaffnet mit gezückten Schlagstöcken.
Ehe wir es uns versahen, ehe wir überhaupt begriffen, was vor sich ging, hatte die erste Kette von Polizisten die noch offene Flanke des Dreiecks geschlossen und uns überfallartig eingekesselt.
Die jungen Polizisten, von denen viele kaum älter waren als die meisten von uns, wirkten in der Dunkelheit des Januartages sehr bedrohlich, eine Bedrohlichkeit, die sich durch den langen grünen Uniformmantel, den Schutzhelm und den gezückten Schlagstock noch verstärkte.
Untergründige, schleichende Angst verbreitete sich unter den Demonstranten, als sie feststellen mussten, dass die jungen Polizisten jedes Gespräch verweigerten, sondern stumm und starr wie Komparsen aus einem Science-Fiction-Film keine Miene verzogen.
Plötzlich ertönten gellende, keifende Kommandos: Direkt hinter den Polizeiketten tauchte wie aus dem Nichts der Polizeipräsident von Bremen auf und schrie wie von Sinnen:
„Auf sie und draufschlagen! “
Kaum rückten die Polizisten vor, kaum hatten sie die ersten Demonstranten niedergeknüppelt, geiferte er erneut: „Draufhauen, Draufhauen, nachsetzen!“
Massive Angst verbreitete sich, immerhin befanden sich unter uns auch 12-jährige Schüler. Aber ohne eine erkennbare Regung im Gesicht, ohne ein Zeichen des Mitgefühls knüppelten die Polizisten auf die Schüler und Erwachsenen ein.
Unsere Angst, unsere Beklemmung brachen sich Bahn.
Mit vereinten Kräften schoben wir die schweren unbeweglichen Busse und Straßenbahnen zur Seite, wir älteren Schüler zogen die jüngeren Schüler in der Menge nach hinten, um sie vor den niedersausenden Knüppeln der Polizisten zu schützen, wir trennten einzelne Anhänger von ihren Straßenbahntriebwagen

ab, wir zwangen die Fahrgäste auszusteigen und wir zerstörten etliche Busse und Straßenbahnen. Endlich war der Weg frei, endlich waren wir der Einkesselung entkommen.
Ein Ende der von unserer Seite mit großem innerem Engagement und vonseiten der Polizei mit äußerster Härte und Brutalität geführten Auseinandersetzungen, ein Aufeinanderzugehen, ein Miteinanderreden, schien in weite Ferne gerückt zu sein.
Jeden Tag wuchs die Menge der Demonstranten,
jeden Tag prügelten die Polizisten auf uns ein und
jeden Tag wurde der angerichtete Sachschaden größer.
Hans Koschnick, der Bürgermeister und große Teile des Bremer Senats befanden sich zu vorgeblich wichtigen Gesprächen in Berlin.
Jeder in Bremen, der verantwortlich dachte, dem das Wohl der Stadt am Herzen lag, fragte sich beklommen, wo die Angelegenheit noch enden sollte.
Niemand hatte eine kluge Idee, wie man den Gordischen Knoten durchschlagen könne.
Aber, wie das manchmal so ist, in schweren Zeiten wachsen Menschen, denen man das eigentlich nicht wirklich zugetraut hat, weit über sich hinaus und ergreifen das Ruder, um das schlingernde Schiff wieder auf Kurs zu bringen.
In dieser Situation war es Frau Annemarie Meewissen, die damalige Bremer Senatorin für Wohlfahrt und Jugend, die sich der Verantwortung stellte. Schon vor den schweren Auseinandersetzungen wegen der ungerechtfertigten Preiserhöhungen der Bremer Straßenbahn AG war Frau Meewissen in Bremen wegen ihrer volksnahen, den Menschen zugewandten Art außerordentlich beliebt.
Am Freitag, den 19. Januar 1968, war es immer noch unerbittlich kalt und die Sonne schien tagsüber von einem klirrend blauen Himmel.

Wieder strömten gegen Abend in der hereinbrechender Dunkelheit Massen an Demonstrationsteilnehmern in die Bremer Innenstadt, wieder brachte der Polizeipräsident seine knüppelbewaffneten Polizisten in einer Nebenstraße in Stellung, wieder knisterte die Luft, wieder war uns heiß, wenn wir auch froren.
In diesem entscheidenden Augenblick, in dem man die knisternde Spannung mit Händen greifen konnte, riss Frau Meewissen die Handlungsinitiative an sich und unter gewollter Überschreitung ihrer eigenen Kompetenzen verbot sie dem Polizeipräsidenten strikt, die in der dunklen Nebenstraße unsichtbar wartenden und doch in unseren Köpfen allgegenwärtigen Polizisten gegen die Demonstranten einzusetzen.
Sie „zwang" zwei Abgeordnete der Bremer Bürgerschaft, die sich zu ihrer eigenen Sicherheit im Hause der Bürgerschaft verschanzt hatten, sie zu begleiten.
Verfolgt von den beiden zitternden Abgeordneten, die zwei große, schwere hölzerne Kisten und ein Megaphon hinter ihr her schleppten, bahnte sich Frau Meewissen resolut einen Weg durch die Menge der Demonstranten, die ihr, verwundert und erstaunt über so viel persönlichen Mut und Zivilcourage, bereitwillig Platz machten, bis sie glaubte, die Mitte der Demonstranten erreicht zu haben.
Frau Meewissen ließ die Holzkisten übereinander stapeln und stieg, mit Eloquenz und Schlagfertigkeit gerüstet, auf die Kisten und begann, per Megaphon mit uns Demonstranten zu diskutieren.
Worte und Fragen, Antworten und Nachfragen flogen hin und her und Frau Meewissen blieb uns keine Antwort schuldig.
Nach zwei kurzweiligen Stunden, die wie im Fluge dahineilten, endete die gewaltbereite Demonstration friedlich, nachdem Frau Meewissen uns fest versprochen hatte, sich mit all ihrer Kraft und all ihrem politischen Gewicht dafür einzusetzen, dass die Preise der Bremer Straßenbahn nicht erhöht würden.

Tatsächlich kam es so und seitdem hatte Frau Meewissen einen fast legendär guten Ruf in Bremen.
Ohne die zündende, anstachelnde Rede von Rudi Dutschke in unserer Aula und seine Ermutigung hätte ich mich nicht getraut, an diesen Demonstrationen teilzunehmen.
In stillen Stunden habe ich mich bisweilen nachdenklich gefragt, warum mich Menschen wie John F. Kennedy, Mahatma Gandhi und Rudi Dutschke so beeindruckt haben, ja, warum diese drei in ihrem persönlichen Wesen und in ihren verkündeten Botschaften so unterschiedlichen Menschen mir so sehr zum nachahmenswerten Vorbild wurden.
Ich denke, es lag daran, dass diese drei Menschen alle etwas verkörperten, was mir noch fehlte:
Sie hatten eine persönliche Stärke, sie hatten eine klare Vision, sie gingen unbeirrt ihren Weg, den sie für richtig erkannt hatten.

Kapitel 19

1970

Die Verletzungen der Seele – Ein Ort schlimmer als ein Gefängnis

„Wer es dahin gebracht hat, dem eigenen Leben zuschauen zu können, ist dem Leiden des Lebens entronnen.“
Oscar Wilde

„Die Würde des Menschen ist unantastbar“, so steht es, wie in Stein gemeißelt, im Grundgesetz der Bundesrepublik Deutschland.

Im Sommer des Jahres 1970 musste ich auf ernüchternde und grausame Weise erkennen und einsehen, dass dieser hehre Satz der realen Wirklichkeit des brutalen Alltags in keiner Weise standhält.

Nach dem frühen und mich persönlich völlig aus der Bahn werfenden Tod meines Freundes Hans-Christoph 1963 und der grauenvollen Ermordung meines großen Vorbildes John F. Kennedy im gleichen Jahr verstummte ich für 13 Monate.

Ich wurde sehr schwer krank und mein Körper wurde wochenlang von schweren Fieberschüben geschüttelt.

Allerdings nahm sich kein verantwortlicher Arzt die notwendige Zeit, machte sich kein Arzt die Mühe, den tieferen, wahren Hintergrund meiner schweren Erkrankung zu ergründen.

Meine lähmende Angst und meine ebenso düstere Hoffnungslosigkeit wurden mit starken Beruhigungsmitteln lediglich betäubt, nicht aber behandelt und etwa geheilt.

Wenn ich die Jahre seit meiner schweren Erkrankung vor meinem inneren Auge Revue passieren lasse, vor allem die Jahre, die ich von 1965 bis 1970 in der Klasse von Herrn Bohn zubrachte, so könnte man der fatalen Fehleinschätzung erliegen, ich hätte alle demütigenden Erniedrigungen, die systematische Zerschlagung meines Rückgrats und den vernichtenden Missbrauch meiner Kindheit und Jugend unbeschadet hinter mir gelassen wie eine lästige Fracht, die ich von meiner Seele gewälzt und in das unendlich tiefe Meer des gnädigen Vergessens geworfen habe.

Ich möchte dazu noch einmal einen kleinen Absatz zitieren, den ich in Kapitel 12 geschrieben habe:

„Endlich fand ich auch in der Schule vermehrt Freunde und endlich, welch herrliches, zu umarmendes Glück: Ich konnte jeden Tag ohne lähmende Angst, ohne tiefe Furcht, mit einem strahlenden Lächeln auf den Lippen und mit leuchtender Freude im Herzen zur Schule gehen. Manchmal erfüllte mich deswegen eine Freude, dass ich das Gefühl hatte, es könne mir die Brust zerreißen und ich hätte in solchen Augenblicken am liebsten meine ganze neue Klasse umarmt.“

Aber das war leider nur die halbe Wahrheit.

Nach außen erweckte ich den vordergründigen Anschein, alles Schlimme, alles Böse hinter mir gelassen zu haben, nach außen hin zeigte ich mich fröhlich, unbeschwert und der Zukunft zugewandt, innerlich aber wurde ich den elenden Schmutz meiner Kindheit, meiner Jugend nicht los.

So sehr ich auch verzweifelt wie um mein Leben strampelte, so sehr ich mich auch anstrengte, ich versank immer wieder aufs Neue in dem bodenlosen Sumpf des Ekels und der Verachtung vor mir selber.

Und so ergriff ich den vermeintlichen Rettungsanker, den mir die Ärzte gewissenlos zuwarfen und betäubte all den Schmutz,

all den Dreck, all den Ekel in mir und vor mir mit Beruhigungs- und Schlafmitteln.
Niemand klärte mich offen darüber auf, dass die spürbare Erleichterung nur von kurzer Dauer sein würde und dass immer größere Dosen der Beruhigungs- und Schlafmittel nötig sein würden, um den Deckel auf meiner geschändeten Seele geschlossen zu halten.
Im Frühjahr 1970, im Alter von inzwischen 21 Jahren war ich aufgrund des lange Jahre andauernden Tablettenmissbrauchs körperlich völlig am Ende. Mein Körper war vergiftet, mein Herz geschädigt, meine Nieren und meine Leber angegriffen.
Das Einzige, was mich noch aufrecht hielt, was mir jeden Tag aufs Neue Kraft verlieh, weiter zu machen, war zum einen die menschlich überaus feine Abschlussklasse, deren Mitglied ich sein durfte und die mir auf alle mögliche Weise das Leben erleichterte und mich beschützte, und zum anderen der sehnliche Wunsch, mein Abitur zu machen, denn das Abitur bedeutete für mich nicht nur einen Abschluss der Schule, sondern vor allem die aus meiner damaligen Sicht einzige Möglichkeit, der völligen Abhängigkeit von meinem Zuhause, meiner Familie zu entrinnen.
Am Tag meines Abiturs, am 10. Mai 1970, brach ich nach der letzten mündlichen Prüfung und der erlösenden Nachricht (denn ich war leistungsmäßig nur ein mittelmäßiger Schüler gewesen), das Abitur bestanden zu haben, ohnmächtig zusammen und musste mit einem Rettungswagen ins Krankenhaus gebracht werden.
Das dies genau am Tag meines Abitur geschah, war gewiss kein Zufall. Einerseits fiel die ungeheure Anspannung, unbedingt das Abitur schaffen zu wollen, plötzlich ab von mir und andererseits realisierte ich plötzlich und mit jähem Entsetzen, dass nun das Leben in meiner so geliebten Klasse, das mir in den letzten Jahren so viel Halt und Kraft gegeben hatte, abrupt zu Ende war.

Auf dringendes Anraten der Ärzte im Zentralkrankenhaus Bremen ließ ich mich wenige Tage später freiwillig und aus eigenen Stücken in die Psychiatrie der Klinik Bremen-Ost verlegen, um dort mit ärztlicher Hilfe meine exzessive Tablettensucht zu überwinden und zu besiegen.

Ich erschrak zutiefst, als ich die dortige Station, der ich zugewiesen wurde, betrat.

Ein Pfleger, baumlang und mit entschlossener, grimmiger Miene und mit einem großen Schlüsselbund an seinem Gürtel, öffnete mir unwirsch die Tür.

Mein aufgeregtes Herz sackte mir in die Hose und schon bereute ich meinen kurz zuvor gefassten Entschluss und wollte ich mich gerade wieder zum Gehen wenden, da packte mich der Pfleger grob am Arm und schrie mich böse an: „Hiergeblieben, wo willst du halbe Portion denn hin?"

Ohne mich eines weiteren Blickes zu würdigen, zerrte er mich hinter sich her auf die weißgekachelte Station und hinter mir fiel die Tür schwer ins Schloss und der Pfleger drehte langsam, aber konsequent den Schlüssel herum und erstickte damit in mir jeden weiteren Gedanken an eine Flucht.

Auf einem streng nach Desinfektionsmitteln riechenden Flur mit kalten, erbarmungslos jeden Winkel ausleuchtenden Neonlampen riss er ruckartig eine kleine Tür mit der furchteinflößenden Aufschrift „Elektroschockraum" auf und stieß mich in ein kleines, im Halbdunkel liegendes, fensterloses, vollgekacheltes und völlig leeres Zimmer hinein mit der barschen Anweisung:

„Zieh dich ganz aus, deine Klamotten brauchst du vorläufig nicht mehr, du bekommst Klinikkleidung zum Anziehen!"

Erst später, viel später erfuhr ich, dass Elektroschocks schon viele Jahre in dieser Klinik nicht mehr angewendet wurden.

Vor Angst halb wahnsinnig, was ich aber nach außen hin unter größter Kraftanspannung zu verbergen trachtete, zog ich mich splitternackt aus und stand zitternd und keines Wortes fähig in

der Mitte des Raumes, die Hände verschränkt über meinem Geschlecht und harrte der Dinge, die da kommen sollten.
In Kriminalfilmen, die ich mir mit großem eigenem Spürsinn und innerer Anspannung gerne ansah, erschienen mir Gefängnisse oft als Orte, die man tunlichst meiden sollte.
Ich sah, wie Menschen eingeschlossen, kontrolliert und zum Hofgang geführt wurden, aber ich stellte auch fest, dass die Gefängnisinsassen ihre Würde behielten und kleine Freiheiten genossen.
Sehr schnell musste ich feststellen, dass ich an einem Ort des Schreckens gelandet war, viel schlimmer als ein Gefängnis, ein Ort, der mehr dem Vorraum zur Hölle glich, und dass ich gezwungen war, meine menschliche Persönlichkeit und meine menschliche Würde an der Garderobe abzugeben.
Nach einer endlos erscheinenden Viertelstunde wurde die Türe jäh aufgerissen und herein stürmte der Pfleger, der mich empfangen hatte.
„Was haben wir den da für ein mageres Würstchen hereinbekommen? An dir ist ja gar nichts dran!“ und er musterte mich von oben bis unten, als wenn er auf einem Viehmarkt ein gemästetes rosa Ferkel erstehen wolle, um es sich zum leckeren Nachtmahl zu bereiten.
Als er mein für einen 21-Jährigen immer noch recht bescheidenes Equipment zwischen meinen Beinen sah, grinste er hämisch von einem zum anderen Ohr und lästerte: „Wie alt bist Du? 21? Ich finde, du siehst eher wie 15 aus!“
Er reichte mir ein großes Glas mit einer übelriechenden Flüssigkeit, von der ich später erfuhr, dass es sich um stark wirkendes Abführmittel gehandelt hatte und als ich mich weigerte, das eklige Gesöff hinunterzuwürgen, trat er hinter mich, umfasste meinen Kopf mit einem Klammergriff, öffnete mit einer seiner Hände gewaltsam meinen widerstrebenden Mund und flößte mir unter Tränen das widerliche Getränk gewaltsam ein.

Der Pfleger ergriff eine Fußfessel, packte meinen rechten Fuß und ehe ich mich versah und noch einen klaren Gedanken fassen konnte, hatte er meinen Fuß gefesselt und mit einer längeren, starken Kette an der Wand fixiert:
„Keine Angst, Hosenscheißer, nur ein kleine Vorsichtsmaßnahme", grinste er diabolisch, „damit du nicht auf dummen Gedanken kommst und in einem unbeobachteten Augenblick die Fliege machst!"
Etwa eine halbe Stunde später begriff ich, wozu dieser kleine Raum wirklich gedacht war, in dem ich mich, nackt und bloß, aufhielt. Im Fußboden entdeckte ich einen großen Abfluss und an der Stirnwand hing aufgerollt an einem großen Schlachterhaken ein überdimensionaler Gartenschlauch.
In meinem Bauch fing es an zu zwicken und zu zwacken, es rumorte gewaltig und wellenartige, schneidende Schmerzen setzten ein und es wurde mir hundeelend und rappelschlecht.
Ich krümmte mich und sank auf den nackten Fußboden nieder, auf dem ich mich instinktiv wie ein Embryo zusammenkauerte und es strömte derartig schmerzhaft und krampfartig vorne und hinten aus mir heraus, dass ich keinen Pfifferling mehr auf mein Leben gewettet hätte, und ich verfiel vor Erschöpfung in einen Dämmerzustand.
Plötzlich beugte sich der Pfleger über mich, riss meinen Kopf hoch, und ohne mich eines einzigen Wortes zu würdigen, trichterte er mir eine zweite Portion der bitteren Medizin ein.
Die grauenhaften Schmerzen kehrten verstärkt zurück und wenn noch etwas in mir war, gab ich es nun von mir und ich lag, meiner Scham völlig beraubt, in meinen eigenen Exkrementen.
Als sich die Tür erneut ruckartig öffnete, erschienen diesmal zwei Pfleger und mit vereinten Kräften brachten sie den Wasserschlauch in Stellung und unter abschätzigem Gelächter und zotigen Bemerkungen spritzen sie mit eiskaltem Wasser jede Stelle meines geschundenen Körpers sauber.

Die nächsten vierzehn Tage, die für die erfolgreiche Bekämpfung der Tablettensucht und die notwendige Entgiftung des Körpers entscheidend sind, waren schlimmer als alles, was ich mir im Horrorkabinett meiner Gedankenwelt jemals hatte vorstellen können.

Ich wurde nicht geschlagen, ich wurde nicht angebrüllt, was mir geschah, war viel schlimmer, niemand nahm Rücksicht auf mich als Person, auf meine Würde, meine Scham, mein Denken, niemand richtete ein Wort an mich, um mit mir ein Gespräch zu führen.

Ich wurde vollständig entmündigt.

Nackt, wie ein der Sprache noch nicht mächtiges Baby, wurde ich in einen Schlafsaal mit 12 Betten verfrachtet und wie ein unmündiges Kleinkind in ein vorbereitetes Bett gelegt.

Meine Arme und Beine wurden an der rechten und linken Seite des Bettes fixiert, unter starken Schmerzen und massiver Angst wurde mir ein Blasenkatheder gelegt und ein Magenschlauch gesteckt, durch den ich in den nächsten 14 Tagen flüssige Nahrung erhielt.

Nachdem man mir Blut für eine Laboruntersuchung entnommen hatte, wurde an meiner Armvene ein Tropf angesetzt und alle zwei Stunden wurde ich auf eine Bettpfanne gesetzt. Und dies alles vor den begierigen und jede Kleinigkeit aufsaugenden Augen der anderen elf Patienten, die, wie ich später erfuhr, dieselbe Prozedur bereits hinter sich hatten.

Zu meinem Entsetzen wurde mir nicht einmal ein Klinikhemd angezogen, das meine Blöße hätte bedecken können.

„Verhalte dich ganz ruhig“, sagte der für mich verantwortliche Pfleger zu mir, „dann kommen wir gut miteinander aus, wenn du dich nicht ruhig verhältst, kriegst du richtig Ärger mit uns“.

Am übernächsten Morgen erschien der für die Klinik verantwortliche Professor und ließ mein Bett in sein Untersuchungszimmer rollen, er klopfte und horchte mich von oben bis unten

ab und blickte intensiv und interessiert in jede meiner Körperöffnungen, wobei ich nicht recht verstehen konnte, was meine Körperöffnungen mit meiner Tablettensucht zu tun hatten.
Die ärztliche Untersuchung wurde durchgeführt, ohne dass auch nur ein einziges Wort zwischen uns gewechselt wurde.
Schlagartig, von einem Tag zum anderen, wurden die Tabletten, die ich bisher eingenommen hatte – es handelte sich dabei um bis zu 12 Beruhigungstabletten und bis zu 5 Schlaftabletten täglich - abgesetzt.
Die Folgen waren fürchterlich.
Jeden Tag durchlitt ich schlimmste Höllenqualen.
Jeder Muskel meiner Körpers, jeder Knochen meines Skeletts schmerzte, meine Zähne knirschten.
Ich durchlitt entsetzliche Höllenqualen und grauenhafte Angstzustände. Mein Herz raste wie ein Dampfhammer und meine ohnehin geschädigten Nerven waren zum Zerreißen gespannt.
Diese körperlichen und nervlichen Qualen waren so überwältigend, so die ganze Persönlichkeit vereinnahmend, dass mir die tägliche Waschung meines Körpers durch die Pfleger, die mir zu anderer Zeit und an anderem Ort entsetzlich demütigend und erniedrigend erschienen wäre, nun wie die erfrischende Wohltat zweier in weiße Gewänder gehüllter Engel erschien.
Und diese Qualen durfte ich nicht durchleiden in der bergenden Abgeschiedenheit und der schützenden Intimität eines Einzelzimmers, nein, all dies spielte sich auf dem öffentlichen Präsentierteller des Schlafsaales ab.
Wie ein Ausstellungsstück in einem Schaufenster lag ich auf meinem Bett, splitternackt und bloß, jeder angeborenen Scham beraubt, den ständigen Blicken der anderen Patienten ausgesetzt, welche die ihnen durch die Pfleger übertragene Aufgabe, sorgsam auf mich aufzupassen, ungewöhnlich ernst nahmen und meinen nackten Körper unentwegt von oben bis unten begafften.

Endlich, nach Ablauf von zwei schier endlos sich hinziehenden Wochen wurde ich auf Anweisung des Stationsarztes Witt losgebunden und ich durfte endlich ein meinen Körper verhüllendes Klinikhemd anziehen.
In den kommenden Tagen und Wochen erwachten meine gelähmten Lebensgeister langsam, aber sicher wieder, was auch eine positive Folge der körperlichen Entgiftung war.
Auf der psychiatrischen Krankenstation, deren Patient ich war, wurde großer Wert auf die zwingende Vorschrift gelegt, dass wir Patienten aus medizinischen Gründen um unserer Gesundung willen jeden Mittag zwei volle Stunden strikte Mittagsruhe einzuhalten hätten. Während dieser Mittagszeit wurden die jedes Licht absorbierenden Übergardinen zugezogen und jeder Patient hatte brav auf seinem Bett zu liegen und zu schlafen.
Jetzt, wo es mir wieder körperlich und nervlich ein wenig besser ging, erwachte der kritische Lebensmut wieder in mir, der mich in meinen letzten Schuljahren ausgezeichnet hatte.
Ich stachelte meine beeinflussbaren Mitpatienten auf, es mir gleich zu tun, und jedes Mal, wenn der Pfleger nach dem Zuziehen der Gardinen den Schlafsaal verlassen habe, die Gardinen wieder aufzuziehen und das helle Licht der hereinflutenden Sonne hineinzulassen.
Und so geschah es, der Pfleger zog mit energischem Griff die Gardinen zu, und kaum fiel die Tür des Schlafsaals ins Schloss, waren die Gardinen schon wieder in ihre ursprüngliche Ausgangsposition zurückgekehrt und alle Patienten lagen wie Unschuldslämmer auf ihren Betten.
Durch die lauten Geräusche im Schlafsaal aufgeschreckt, stürzte der Pfleger herein und stellte mit einem lauten, unüberhörbaren Fluch fest, dass wir gegen seine ausdrückliche Anweisung gehandelt hatten.
Der Pfleger brüllte los wie von Sinnen und zog umgehend die Gardinen wieder zu.

Dieses gemeine Spielchen wurde mit bewundernswerter Ausdauer auf beiden Seiten wieder und wieder gespielt und jedes Mal wurde der Pfleger wütender und ungehaltener, an seinem Kopf traten vor Aufregung dunkelblaue Adern hervor und sein Kopf leuchtete wie eine überdimensionale Tomate, die gleich zu zerplatzen droht. Die barsche und ständig wiederholte Frage des Pflegers „Wer war das?“ wurde geflissentlich überhört.

Erst als der Pfleger theatralisch mit angsteinflößenden K.O.-Spritzen drohte, wurde ich schmählich als übler Anstifter der bösen Tat verraten.

Der Pfleger rief zwei kräftige Kollegen zur Hilfe, die mich mit ihren Fäusten packten, die mich, obwohl ich wie eine geschmeidige Katze, die um ihr Leben kämpft, kratzte und biss und mich wie ein Aal hin und her wand, in Nullkommanix auszogen und mich in eiserner Umklammerung festhielten.

Der für den Schlafsaal verantwortliche Pfleger hatte inzwischen eine der gefürchteten K.O.-Spritzen aufgezogen und stach mir diese, nachdem seine Kollegen mich rücklings auf das Bett niedergedrückt und meine Beine nach hinten gebogen hatten, bis meine Füße das Bett berührten, unter dem zustimmenden und anfeuernden Gejohle der anderen Patienten brutal in eine meiner Pobacken.

Als ich wieder erwachte, dröhnte mein Kopf, als wäre ein Lastwagen darüber gedonnert, und ich war kaum eines zusammenhängenden Gedankens fähig und vor meinen Augen lag ein feiner Schleier, der mich alles nur wie im Traum verschwommen wahrnehmen ließ.

Ich lag mit dem Rücken nackt auf einem Behandlungstisch in der Ecke des Patientenbaderaumes, um die Brust war ich mit einem breiten Band an den Tisch gefesselt, die Beine waren angehoben und weit nach hinten gebogen und die Füße hatten sie mit Fesselriemen und Ketten an der Wand fixiert.

Eine schmerzhafte und eine entwürdigende Lage, wie sie schlimmer kaum sein kann.
Um mich herum drängten sich in einem dichten Pulk meine lachenden, feixenden, mich verspottenden Mitpatienten und in deren Mitte stand, wie der Satan höchstpersönlich, der Stationspfleger, wies mit seinem fetten Zeigefinger auf mich und brüllte die anderen Patienten an :
„Jeder, der sich in Zukunft meinen Anweisungen widersetzt, dem wird es ganz genauso ergehen."
Als der Pfleger meine weit aufgerissenen, mit einer bösen Vorahnung erfüllten Augen sah, beruhigte er mich auf scheinbare Weise, während sein Gesicht sich gleichzeitig zu einer teuflischen Grimasse verzog:
"Keine Angst Hosenscheißer, wir werden dich nicht schlagen, wir wollen uns ja nicht nachsagen lassen, dass wir zarte Wesen verprügeln, die zwar altersmäßig schon als Männer ausgewiesen sind, aber in Wirklichkeit noch halbwüchsigen, unreifen Kindern gleichen."
Und während er das sagte, strich er mir langsam immer wieder über den Kopf und tätschelte fast zärtlich mein angstvolles Gesicht.
Was an Horror nun folgte, war, von einem unbeteiligten Beobachter flüchtig betrachtet, eine vielleicht rein medizinische Maßnahme, mich jedoch warf es um Monate und Jahre zurück, ich empfand das, was mir angetan wurde, als eine brutale Vergewaltigung, als etwas so Entwürdigendes, wie es nur einem diabolischen Gehirn entspringen kann.
Schon die körperliche Lage, in die man mich gebracht und fixiert hatte, war hochnotpeinlich.
„Du bist selber schuld, Hosenscheißer", setzte der Pfleger seine spöttische Rede fort, „was machst du auch so einen Mist, hast wohl gedacht, du könntest mich austricksen, da hast du dich aber heftig in den Finger geschnitten."

Daraufhin wandte er sich zur Tür und während er geheimnisvoll ankündigte, nur kurz fortzugehen, um etwas Wichtiges zu holen, forderte er die bei mir bleibenden Patienten auf, - diabolisch grinsend -, recht lieb zu mir zu sein und mich tüchtig zu streicheln.

Plötzlich, wie ein sich ergießender Wasserfall, erfassten mich 22 Hände, denen ich nicht entkommen konnte, zuerst zögerlich, dann etwas mutiger, dann schon frech, zuletzt unverschämt zupackend.

Das Entsetzen raste über und durch meinen Körper und es gab keine Stelle meines Körpers, die nicht von neugierigen, prüfenden Händen in Augenschein genommen wurde und manche schweißnasse Hand berührte intensiv Stellen meines Körpers, die zu berühren sie sich niemals getraut hätte, wäre sie alleine auf dem Wege zu meinem Körper gewesen.

Nach einer geschlagenen Viertelstunde kehrte der Pfleger in Begleitung seiner Kollegen zurück.

Unter dem Arm trug er etwas, dass ich in meiner aufgeregten Verwirrtheit nicht identifizieren konnte.

Der Pfleger erzählte mit wortreichen Gesten, dass es sich um eine fast schon mittelalterliche Klistierspritze handele, die er vor einiger Zeit in einem alten Magazin in den Kellergewölben der Klinik gefunden habe.

Mithilfe dieser Klistierspritze werde man mir jetzt einen heilsamen und wohltuenden Einlauf verpassen, das würde mir bestimmt sehr gut tun.

Inständig hoffte ich, es handele sich bei dem, was ich gerade erlebte, nur um einen schlechten Traum, einen grauenhaften furchtbaren Alptraum, aus dem ich unverzüglich aufzuwachen hoffte.

Ich hoffte ebenso inständig, eine gnädige erlösende Ohnmacht möge mich vor den weiteren Handlungen bewahren, aber spätestens, als der Pfleger die Klistierspritze mit Wasser und einem

Abführmittel füllte und sie an meinem Po ansetzte, wusste ich, dass beides, das befreiende Erwachen oder die erlösende Ohnmacht, nicht eintreten würden.
Unter dem anfeuernden Gejohle der Mitpatienten und Pflegerkollegen rammte er mir brutal die dicke Klistierspritze tief hinein in meinen Körper. Aber er rammte sie nicht nur hinein, er bewegte sie auch rhythmisch hin und her, immer wieder zog er sie halb raus, um sie anschließend, gerade in dem Augenblick, wenn ich dachte, es nimmt endlich ein Ende, erneut noch tiefer, noch härter in meinen Körper zu rammen und dabei immer mehr von dem Inhalt in mich hineinzupumpen.
„Na, du Hosenscheißer, gefällt dir das?" fragte er mich, während er sich nach vorne beugte und mich mit seinem feisten Gesicht anblickte.
„Halt, hör sofort auf", schrie plötzlich einer der Pfleger-Kollegen, „hör sofort auf, der Junge ist ja schon käseweiß im Gesicht und Spaß macht es ihm augenscheinlich auch nicht."
Die Pfleger sorgten für meine Entleerung, beseitigten alle Spuren, wuschen mich und brachten mich zu Bett, wo ich, kaum angekommen, einschlief, so erledigt, so völlig fertig war ich.
Doch in der dann folgenden Woche hatte das Schicksal plötzlich und unerwartet, wenn auch immer sehnlichst erhofft, ein gnädiges Einsehen mit mir, plötzlich wendete sich alles für mich zum Guten, wenn man in einer Lage wie der meinen überhaupt vom „Guten" reden kann.
Der bisherige Stationsarzt, Dr. Wett wurde abgelöst und durch Frau Dr. Brack ersetzt, die von einer einjährigen Fortbildungsmaßnahme aus den USA zurückgekehrt war.
Frau Dr. Brack, - ich werde ihr bis zu meinem Lebensende unendlich dankbar sein -, erschien mir wie ein Engel aus einer anderen Welt und für mich wird sie nach Franziska und Hans-Christoph immer der dritte Engel sein, der mir in meinem damaligen jungen Leben begegnete.

Ich wurde von ihr auf eine so völlig andere Weise, als ich das bisher in dieser Klinik gewohnt war, behandelt, dass ich in den ersten Tagen außerordentlich misstrauisch war und durch nichts motiviert werden konnte. Seit dem Vorfall mit der Klistierspritze lag ich nur noch im Bett, zog die Decke über meinen Kopf, um eine Dunkelheit herzustellen, wie sie in mir herrschte, und ich wollte einfach nicht mehr leben, so müde, so überdrüssig war ich des Lebens. Ich war so abgrundtief lebensmüde, dass ich nicht einmal mehr die Kraft gehabt hätte, mir, wenn ich die Möglichkeit dazu gehabt hätte, das Leben zu nehmen.

Frau Dr. Brack setzte sich in den ersten Tagen ihres Dienstes mittags oft an mein Bett und suchte das Gespräch mit mir, zunächst ohne, später mit nur mäßigem Erfolg. Erst viel später habe ich erfahren, dass sie für diese Gespräche sogar ihre eigene Mittagspause opferte.

Frau Dr. Brack nahm mich von ihrem ersten Arbeitstag an respektvoll als ein wertvolles Gegenüber wahr und ernst, sie erforschte intensiv den genauen Lebenshintergrund meiner mich einengenden Ängste und meiner offensichtlichen völligen Selbstverachtung.

In der Folgezeit sorgte sie dafür, dass ich in einem der wenigen Zweibettzimmer untergebracht wurde. Oft kam sie dann mittags zu mir und bat mich darum, mit ihr eine Runde Tischtennis zu spielen und sie setzte dabei gekonnt ihren ganzen weiblichen Charme ein.

Ich war zu der Zeit noch viel zu verhuscht im Kopf, um zu begreifen, worum es Frau Dr. Brack tatsächlich ging und glaubte allen Ernstes, ihr einen Gefallen zu tun, wenn ich mit ihr, etwas wackelig und zittrig auf den Beinen, Tischtennis spielte. Erst viel später wurde mir klar, dass sie für mich regelmäßig ihre Pausen opferte und dass sie nur deshalb mit mir Tischtennis spielte, um mich aus dem Bett zu locken und damit ich langsam wieder zu Kräften kam.

Nachdem sie das erreicht hatte, motivierte sie mich durch kleine Einkaufsaufträge dazu, die Klinik stundenweise zu verlassen und in den normalen Alltag zurückzukehren. So bat sie mich mehrfach darum, für sie bestimmte Lebensmittel, wie z.B. leckere Orangen, einzukaufen, die aber aus bestimmten Geschäften sein mussten, die in weiterer Entfernung von der Klinik angesiedelt waren. Auch hier glaubte ich zunächst, dass sie das tat, weil sie z.B. unbedingt diese besonderen Orangen essen wollte, bis ich begriff, dass es ihr dabei allein um meine Person ging und darum, mich ins Leben zurückzuführen.
Eines Abends, Frau Dr. Brack hatte bereits Dienstschluss, lud sie mich zu einem längeren Spaziergang durch den weitläufigen Park der Klinik ein.
Während unseres fast zweistündigen Spazierganges machte sie mir in aller Klarheit deutlich, dass ich trotz allem, was man mir jemals angetan habe, ein wertvoller Mensch sei, ein Mensch mit großen Begabungen, mit einem feinen Talent und einem wachen Verstand.
Sie sagte in diesem Gespräch zu mir sinngemäß in etwa Folgendes:
„Du hast in Deinem Leben unbestreitbar ganz Grauenhaftes erlebt und dass in einer so unglaublichen Fülle und einer Dichte, dass dafür eigentlich drei Leben nicht ausreichen, um das alles einigermaßen zu verarbeiten.
In den letzten Jahren hast Du versucht, all die Erinnerungen an das Schreckliche, das Du erlebt hast, an all die Demütigungen, an all die Folterungen, die Quälereien und den Missbrauch in Dir zu ersticken unter einer Decke von Beruhigungs- und Schlafmitteln.
Du hast jetzt zwei Möglichkeiten und Du ganz allein entscheidest darüber, welche der beiden Möglichkeiten Du wählen wirst: Die eine Möglichkeit ist, diese Klinik zu verlassen, in Deinen bisherigen altbekannten Lebensbereich zurückzukehren und in

der Folge wieder zu Beruhigungs- und Schlafmitteln zu greifen. Aber ich kann Dir nur eines prophezeien: Da Du durch Deinen bisherigen exzessiven Tablettenmissbrauch schon Dein Kontingent an Tabletten für Dein diesseitiges Leben verbraucht hast und körperlich sehr geschädigt bist, wirst Du dann nicht mehr sehr viele Sommer erleben – das wäre dann Dein Ende und dann würden all diejenigen triumphieren können, die Dir all das Schreckliche angetan haben, dann haben sie ein letztes Mal gesiegt, wenn Du jetzt aufgibst, wenn Du jetzt wieder zu diesen Beruhigungs- und Schlafmitteln greifst.
Die andere Möglichkeit ist diese: Ich habe Dich in den letzten Wochen als einen wertvollen Menschen kennengelernt, mit großen Begabungen, mit einem feinen Talent und einem wachen Verstand. Nimm Dein Leben endlich und endgültig in Deine eigenen Hände, wirf Dein Herz über die Schnur und spring mutig hinterher! Versuche nicht, Dich mit denen, die Dir das angetan haben, zu sprechen oder Dich mit ihnen zu versöhnen, das mag die schwere Aufgabe einer fernen Zukunft sein, jetzt ist es Deine Aufgabe, für die Du alle Kraft benötigst, die Dir zur Verfügung steht, Dich von allen Menschen, die Dich bisher daran hindern wollten, Deinen Weg zu gehen und Dir Böses angetan haben, zu trennen und tapfer auf Deinem Weg vorwärtszuschreiten. Der Weg wird nicht leicht sein, ja, er wird sogar steinig sein. Du wirst oft noch von Ängsten geschüttelt werden und manchmal wirst Du das Gefühl haben, dass Dich der Mut verlässt, aber dann darfst Du nicht nach hinten auf das Sodom und Gomorrha Deines Lebens blicken, sonst erstarrt Du wie Lots Weib zur Salzsäule, sondern Du musst wie ein Wettläufer tapfer auf der Bahn Deines Lebens laufen und Du darfst niemals, hörst Du: NIEMALS AUFGEBEN!
Steck Dir ein Ziel, träume einen Traum, setze Dich für eine gute Sache ein, so wie es Dein Freund Dennis Dir gesagt hat, von dem Du mir erzählt hast:

Du brauchst etwas, für das es sich zu leben lohnt, dann hast Du eine große Chance, das Leben zu gewinnen, ja, fast möchte ich sagen, zum ersten Mal in Deinem Leben tatsächlich zu leben.
Mit tatkräftiger, ja fast freundschaftlicher Unterstützung von Frau Dr. Brack wurde ich körperlich jeden Tag ein wenig stärker und in die Lage versetzt, vier Wochen später die Klinik zu verlassen und niemals zurückzukehren.
Frau Dr. Brack und das, was sie für mich tat, werde ich niemals vergessen, deshalb sei ihr auch das abschließende Zitat gewidmet:
„Freunde sind Engel, die uns auf die Beine helfen, wenn unsere Flügel vergessen haben wie man fliegt.“
Unbekannter Autor

Kapitel 20

1972

Der Koffer der Erinnerungen

„Mehr als die Vergangenheit interessiert mich die Zukunft, denn in ihr gedenke ich zu leben."
Albert Einstein

Mein kleines, kaum 8 qm großes Zimmer, das ich als Kind und Jugendlicher in unserem Hause in Bremen bewohnte, barg sich im Dachgeschoss und zeichnete sich durch eine heimelige Gemütlichkeit und einige Dachschrägen aus.
Um den Platz hinter den Dachschrägen optimal zu nutzen, hatte man beim Bau des Hauses hinter dem Zimmer eine kleine Abseite eingebaut, die man durch eine kleine enge halbhohe Tür von meinem Zimmer aus erreichen konnte. Diese kleine Abseite, in der man nicht einmal aufrecht stehen konnte, war mein höchst eigenes privates Reich. Nicht einmal meine forsche, sonst auf nichts und niemanden Rücksicht nehmende Mutter versuchte, hier einzudringen.
Ich hatte den einen Teil einer alten dreiteiligen Matratze, der eigentlich dem Speermüll überantwortet werden sollte und bereits vor unserem Haus zur Abholung bereitstand, in einem unbeobachteten Augenblick in die Abseite geschleppt.
Hier in dieser dunklen, von keinem Licht durchdrungenen Abseite verwahrte ich meine Schätze oder das, was ich dafür hielt, hier versteckte ich meine Geheimnisse, hierhin zog ich mich still im Schein einer Kerze zurück, wenn ich, tief in mich selbst versunken, nicht gefunden werden wollte oder wenn ich nach

schlimmen persönlichen Demütigungen in der Schule oder brutalen Schlägen zu Hause Erholung suchte. Dann legte ich mich auf die Matratze, krümmte mich wie ein Embryo zusammen und zog eine Decke über meinen Körper und Kopf, um im unendlichen Ozean des Vergessens unterzutauchen.

Den Schlüssel zu diesem Reich trug ich immer an einem Band um meinen Hals, ein Band, das ich nicht einmal nachts ablegte.

Eines Nachts allerdings, ich war gerade 12 Jahre alt, hatte ich in der herabsinkenden Dunkelheit die namenlose und deswegen umso mehr mich würgende und den Hals zuschnürende Angst, es könne sich jemand in der kleinen Abseite versteckt haben und mir nachts im Schlaf auflauern.

Auf meiner völlig irrationalen Suche nach Hilfe gegen diese intensive Angst wagte ich mich an einem Tag, als ich allein zuhause war, auch in unseren dunklen, schummrigen Keller. Mein Herz klopfte mir bis zum Hals, meine Hände wurden vor Aufregung schweißnass, als ich die Kellertreppe hinunterschlich. Jedes Geräusch, das aus dem Keller heraufdrang, und das Knarren der Kellertür und das Quietschen der Türscharniere erschreckten mich fast zu Tode.

Plötzlich entdeckte ich in einem alten Küchenschrank, der im Keller nur noch ein bescheidenes Dasein fristete und nur noch zur Verwahrung von abgelegtem Gerümpel diente, einen alten Druck von Dürers Zeichnung „Ritter, Tod und Teufel“.

Bei dieser, mit einem schönen edlen Rahmen versehenen Zeichnung Dürers handelte es sich um ein altes Erbstück, das einerseits aus Pietätgründen nicht fortgeworfen wurde, andererseits in unserer Familie nicht sehr beliebt war, weil es allen ein wenig unheimlich war. So fristete es, unbeachtet und gedankenlos beiseite getan, sein unwürdiges Aschenputteldasein im Keller.

Aus einem unerklärlichen Impuls heraus klemmte ich mir das Bild unter den Arm und verließ den furchteinflößenden Keller und eilte mit neuem Mut gerüstet, dem Sieg über meine Angst

nahe, meinem Zimmer zu und hängte diese Zeichnung, nachdem ich den Rahmen und das Glas gründlich gereinigt hatte, direkt über die kleine Eingangspforte zu der Abseite und schlief von da an jeden Abend ohne Angst ein und wie ein Murmeltier.
Jetzt, mit 21 Jahren fast doppelt so alt, stand ich vor einem neuen aufregenden Abschnitt in meinem Leben und ich verspürte zwei gegenseitig einander widerstrebende Gefühle in mir:
Ich freute mich einerseits darüber, nun auch räumlich durch den Umzug in eine fremde Stadt meine Vergangenheit hinter mir zu lassen, ich freute mich auf neue menschliche Begegnungen, unbekannte Orte, aufregende Erkenntnisse, interessante Entdeckungen.
Andererseits spürte ich auch ein Gefühl der Beklommenheit, der Angst in mir, ob ich den auf mich zukommenden Aufgaben und Anforderungen wirklich gewachsen sein würde.
Es war früher Freitagmorgen, aber draußen wetteiferte die Sonne bereits um den imaginären Preis der höchsten Tagestemperatur des Sommers, als ich aus der psychiatrischen Klinik entlassen wurde, in der ich mich aufgrund meiner exzessiven Beruhigungsmittel-Tablettensucht aufgehalten hatte.
Zum Glück hatte ich meine kurzfristige Entlassung aus der Klinik vor meiner Mutter verbergen können und Frau Dr. Brack hatte mich in diesem Vorhaben intensiv unterstützt.
Meine Mutter hatte ihre ganz speziellen unveränderlichen Rituale, die unbedingt und unter Beschwörung des Weltuntergangs eingehalten werden mussten. Nur dann war für sie die Welt tatsächlich in Ordnung.
Zu diesen Ritualen, die den Tag wie klebrige freiheitsberaubende Spinnweben durchzogen, in deren Mitte wie eine große schwarze Witwe meine Mutter hockte, die nur darauf wartete, denjenigen zu verschlingen, der ihre Kreise der Rituale störte, gehörten das tägliche Bad, der Eintopf am Samstag und das Fischgericht am Freitag, die selbstgebackenen Plätzchen in der

Adventszeit und der Gottesdienstbesuch am Sonntagmorgen und am Weihnachtsabend.
Aufgrund eines weiteren unabdingbaren mütterlichen Rituals wusste ich, dass sich meine Mutter freitags morgens immer zu unaufschiebbaren, vorgeblich wichtigen Einkäufen in der Bremer Innenstadt aufhielt.
Um ihr aber auf keinen Fall unversehens in die Arme zu laufen, rief ich zu meiner Sicherheit vom Telefonhäuschen vor der Klinik bei ihr an. Das Telefon läutete und läutete, aber trotz mehrfachen Klingelns nahm niemand den Hörer auf.
Nach dem Telefonanruf kehrte ich noch einmal kurz in das Klinikgebäude zurück und verabschiedete ich mich persönlich von allen Pflegern und Ärzten, mochten sie auch auf noch so missachtende menschenunwürdige Art und Weise meine menschliche Würde mit Füßen getreten haben.
Frau Dr. Brack aber nahm ich fest in meine Arme und dankte ihr unter Tränen für alles, was sie durch ihr berufliches, aber vor allem durch ihr persönliches Engagement für mich getan hatte und ich danke ihr für all die Hoffnung und Zuversicht, die sie mir geschenkt hatte. Dann verließ ich mit eiligen, leicht zittrigen Schritten und, ohne noch einmal zurückzublicken, die Klinik durch das große schwere schwarze Eingangstor.
Ich kehrte nur ganz kurz und innerlich unruhig nach Hause zurück, um aus der dunklen Abseite hinter meinem Zimmer einen meiner wertvollsten Schätze, eines meiner tiefsten Geheimnisse zu bergen: einen kleinen braunen, sehr abgegriffenen Lederkoffer. Ich presste den Lederkoffer fest an mich. Einen weiteren größeren Koffer füllte ich in aller Hast mit Anziehsachen von mir.
Körperlich noch sehr schwach durch den langen Klinikaufenthalt und den übermäßigen Tablettenmissbrauch und innerlich zitternd vor Aufregung fuhr ich mit einem Taxi zum Bremer Hauptbahnhof.

Vor Aufregung pochte mein Herz bis in meine Schläfen und ich hatte das Gefühl, mein Kopf würde gleich zerspringen.
Am Hauptbahnhof löste ich eine Fahrkarte ohne Wiederkehr nach Göttingen, bestieg den D-Zug von Bremen nach Würzburg und blickte aus dem geöffneten Abteilfenster ein letztes Mal mit Schmerzen, aber auch mit einer tiefen Vorfreude zurück auf Bremen, als der Zug langsam und ruckartig aus dem Bahnhof rollte.
Ich sank in den weichen Sitz des Abteils und zum ersten Mal an diesen Tag fiel die starke innere Anspannung von mir ab und eine tiefe wunderbare innere Ruhe breitete sich in mir wie ein wolliges Gefühl aus. Ein Zurück gab es nun nicht mehr.
Während der Zeit in der Klinik hatte ich mithilfe von Frau Dr. Brack mit dem Bremer Studienhaus, einem Studentenheim der Bremer Landeskirche, in Göttingen Verbindung aufgenommen und dort kurzfristig für das kommende Wintersemester, aber schon jetzt im Juli beziehbar, einen Wohnplatz bekommen. 60.- DM Miete kostete damals ein solches kleines, aber sehr gemütlich eingerichtetes Zimmer in diesem Studentenheim und das Wunderbare dabei war, dass darin auch noch das Frühstück und das Mittagessen von montags bis freitags enthalten waren. Nicht einmal für die Reinigung unserer Zimmer mussten wir sorgen, das erledigte eine sehr liebevolle und im positiven Sinne mütterliche Hausdame mit einer Helferin für uns Studenten.
Das kam mir sehr entgegen, hatten doch die Kosten für die Taxifahrt zum Bremer Hauptbahnhof, die Zugfahrt nach Göttingen und die erste Miete in dem Studentenheim fast alle meine finanziellen Reserven verbraucht, die ich mir mühevoll über die Jahre zusammengespart und in einer Dose in der Abseite verwahrt hatte.
Aber schon am ersten Tag meines Studiums in Göttingen kam mir ein glücklicher Zufall, ein Engel in Gestalt eines Professors zu Hilfe.

Ich betrat zum ersten Mal das Gebäude der Theologischen Fakultät, an der ich in Zukunft studieren wollte, als ich mehr zufällig beobachtete, wie ein Professor an ein Schwarzes Brett einen Zettel hing, mit dem er eine wissenschaftliche Hilfskraft suchte, die ihn in seinem wissenschaftlichen Tun und Handeln unterstützen sollte.

Ich nahm all meinen vorhandenen Mut zusammen, ich warf sozusagen mein Herz über die Schnur, ich traute mir alles zu und sagte mit fester Stimme, innerlich aber vor Anspannung vibrierend: „Herr Professor, Ihren Zettel können Sie gleich wieder abnehmen, ich bin derjenige, den Sie suchen, ich möchte Ihre wissenschaftliche Hilfskraft werden."

Der Professor, es handelte sich um Professor Gernot Wusner, Professor für Religionsgeschichte, nahm mich sogleich mit in sein Büro. Ich gebe zu, er war zunächst ein wenig pikiert, als er erfuhr, dass ich bisher noch keinen einzigen Tag studiert hatte, hatte er doch eher einen erfahrenen Studenten als Hilfskraft gewinnen wollen. Aber wie er mir später erzählte, als wir Freundschaft geschlossen hatten, hat ihm mein Auftreten derartig imponiert, dass er sich tatsächlich entschloss, mir die Stelle zu geben. Ich habe Professor Wusner außerordentlich viel zu verdanken, er hat mich in den folgenden Jahren auf jede nur denkbar mögliche Weise gefördert.

Als der Postbote mir wenige Tage später einen Umschlag der Universität Göttingen am Eingang zum Garten und Haus des Studentenheimes überreichte, den ich mit zitternden Händen öffnete, hielt ich den ersten Arbeitsvertrag meines Lebens in der Hand, der mir ein damals fürstlich erscheinendes monatliches Gehalt von 461.- DM zusicherte. Ich konnte nicht an mich halten und weinte etliche Freudentränen. Dieser Arbeitsvertrag war nicht nur die Bestätigung für meine Stelle, sondern er sicherte auch endgültig meine Freiheit, meine Unabhängigkeit, denn nun war ich zum ersten Mal in meinem Leben für mich selbst allein

verantwortlich und musste auch niemanden um finanzielle Unterstützung bitten.
Entsprechend fröhlich feierte ich am 15. September 1970 in Göttingen nachmittags meinen 22. Geburtstag in dem Studentenheim.
Ich feierte allein, niemand bekam davon etwas mit.
Ich saß still und allein ich meinem Zimmer und zündete mir eine rote, dicke Stumpenkerze an, wie sie dem Engel meiner Kindheit, dem besten Freund meiner Jugend, Hans-Christoph, gut gefallen hätte, und blickte lange in den warmen, leicht flackernden Lichtschein der Kerze.
Gegen Abend, es war inzwischen draußen schon dunkel geworden, verschloss ich meine Zimmertür fest und öffnete meinen kleinen abgegriffenen alten braunen Lederkoffer. Nur zu besonderen Gelegenheiten, an Geburtstagen und hohen Festtagen, öffnete ich ihn.
Er enthielt die Schätze meines Lebens:

- Eine Pfeife, nach der ich tanzen musste
- Einen Bambusstock, der mir mit Schlägen zeigte, wo es langging
- Eine kleine Kiste, denn man schlug mich gerne, damit ich in keine passte
- Ein Paket Kakao, durch den man mich gerne zog
- Eine Pfanne, in die man mich bei vielen Gelegenheiten gehauen hat
- Eine Klappe, die ich meist halten musste
- Ein Dutzend Stricke, die mir meine Familie und Verwandtschaft drehten
- Einen Bären aus Plüsch, der mir sehr oft aufgebunden wurde
- Einen harten Knüppel, der mir gerne zwischen die Beine geworfen wurde
- Ein Glas mit Hopfen und Malz, das nach Meinung meiner Mutter bei mir verloren war

- Zwei alte Knochen, bis auf die mich meine Mutter gerne vor anderen Menschen blamierte

Aber auch

- Eine rosarote Brille, mit deren Hilfe ich -- gegen alle Wirklichkeit -- versuchte, die Welt positiv zu sehen
- Einen Mantel, mit dem ich die schlimmen Übergriffe meiner Familie, meiner Verwandtschaft und der Schule gegen mich -- trotz allem – mit Liebe zudeckte
- Einen Hut, den ich noch heute bisweilen symbolisch und respektvoll vor all den Menschen ziehe, die in meiner Kindheit und Jugend zu mir gehalten haben und den ich vor all den Menschen ziehe, die mir heute mit Respekt und Würde begegnen

Jeden einzelnen kostbaren Gegenstand nahm ich als einen unverrückbaren Teil meines jungen Lebens in meine leicht zitternden Hände und betrachtete ihn mit Aufmerksamkeit lange und intensiv und dachte still versunken darüber nach, was mir die Zukunft wohl bringen würde.
Und ich erinnerte mich an die Mut machenden, hoffnungsvollen Worte von Hans-Christoph und ich beschloss, NIEMALS AUFZUGEBEN.
Ich beschloss, mir meine eigene kleine Welt zu erobern und zum ersten Mal in meinem Leben freute ich mich aus ganzem Herzen und tiefster Seele auf die Zukunft…

Und so möchte ich meinen Roman beschließen mit einem Zitat von Leo Tolstoi:

„Fürchte nichts und niemanden.
Das Teuerste in dir kann durch nichts und niemanden Schaden leiden."